智慧财务管理与内部审计研究

季 芳 李敬阳 许 婧 主编

吉林科学技术出版社

图书在版编目（CIP）数据

智慧财务管理与内部审计研究 / 季芳，李敬阳，许婧主编 . -- 长春：吉林科学技术出版社，2024.5
ISBN 978-7-5744-1361-0

Ⅰ.①智… Ⅱ.①季…②李…③许… Ⅲ.①财务管理②内部审计 Ⅳ.① F275 ② F239.45

中国国家版本馆 CIP 数据核字 (2024) 第 099192 号

智慧财务管理与内部审计研究

主　　编	季　芳　李敬阳　许　婧
出 版 人	宛　霞
责任编辑	郭建齐
封面设计	周书意
制　　版	周书意
幅面尺寸	185mm×260mm
开　　本	16
字　　数	342 千字
印　　张	17.75
印　　数	1~1500 册
版　　次	2024 年 5 月第 1 版
印　　次	2024 年 10 月第 1 次印刷

出　　版	吉林科学技术出版社
发　　行	吉林科学技术出版社
地　　址	长春市福祉大路 5788 号出版大厦 A 座
邮　　编	130118
发行部电话/传真	0431-81629529　81629530　81629531　81629532　81629533　81629534
储运部电话	0431-86059116
编辑部电话	0431-81629510
印　　刷	廊坊市印艺阁数字科技有限公司

书　　号	ISBN 978-7-5744-1361-0
定　　价	98.00 元

版权所有　翻印必究　举报电话：0431-81629508

编委会

主　编　季　芳　李敬阳　许　婧
副主编　卫　娜　杨　帆　郭西京
　　　　刘　畅　周爱姣

PREFACE 前　言

　　财务管理是单位管理的核心之一，涉及资金的筹集、分配、使用等方面。内部审计则是确保单位内部控制有效、合规、风险可控的重要手段。智慧财务管理与内部审计是借助先进的技术和方法，提高财务管理的智能化水平，实现更高效、精准的决策支持。同时，通过智慧内部审计，提高内部审计的质量和效率，为单位提供更全面、更有价值的审计服务。

　　在日益复杂多变的经济环境中，财务管理和内部审计作为单位管理的关键环节，对于单位的生存和发展起着至关重要的作用。智慧化、信息化和数字化的财务管理和内部审计已成为现代单位提升运营效率、降低风险、提高竞争力的必由之路。

　　随着科技的进步，人工智能、大数据、云计算等新兴技术在财务管理和内部审计领域的应用越来越广泛。这些技术的应用不仅提高了财务管理的效率和准确性，还为单位提供了更广阔的数据分析和决策支持空间。同时，作为单位内部控制的重要环节，智慧化的内部审计有助于提高审计效率和质量，降低审计风险。

　　在当今这个数字化、信息化的时代，财务管理和内部审计的重要性日益凸显。面对复杂多变的经济环境，单位需要更高效、更智能的财务管理和内部审计方法，以应对各种挑战并抓住机遇。本书正是为了满足这一需求而写作的，旨在为读者提供有关智慧财务管理与内部审计的全面、实用的知识和技能。

　　本书围绕"智慧财务管理与内部审计研究"这一主题，由浅入深地阐述了财务管理目标与基本原则、主要理论、基本方法、环境，系统地论述了云计算环境下、大数据环境下、区块链环境下、人工智能环境下的财务管理，深入探究了财务共享与业财融合，诠释了内部审计概要与发展趋势、智慧型内部审计以及智慧财务管理与内部审计的整合等内容，以期为读者理解与践行智慧财务管理与内部审计提供有价值的参考和借鉴。本书内容翔实、条理清晰、逻辑合理，适用于从事财务管理与审计工作的专业人士。

　　本书采用通俗易懂的语言，旨在帮助读者轻松掌握智慧财务管理与内部审计的核心知识和技能。我们的目标是让读者能够运用智慧财务管理与内部审计的理论和方法，提高财务管理和内部审计的效率和质量，为单位创造更大的价值。

　　最后，我们希望通过本研究，能为单位在复杂多变的经济环境中提供有效的财务管理和内部审计支持，帮助单位实现可持续发展。

CONTENTS 目 录

第一章　财务管理综述 ·· 1
第一节　财务管理目标与基本原则 ··· 1
第二节　财务管理主要理论 ··· 6
第三节　财务管理基本方法 ··· 8
第四节　财务管理环境 ·· 13
第五节　财务管理应用 ·· 19

第二章　财务管理程序 ·· 39
第一节　财务预算及其编制 ··· 39
第二节　财务控制管理 ·· 42
第三节　财务分析与业绩评价 ··· 48

第三章　智慧财务管理 ·· 56
第一节　智慧财务管理概述 ··· 56
第二节　云计算环境下的财务管理 ··· 58
第三节　大数据环境下的财务管理 ··· 64
第四节　区块链环境下的财务管理 ··· 69
第五节　人工智能环境下的财务管理 ·· 74

第四章　财务共享与业财融合 ·· 80
第一节　财务管理信息化 ·· 80
第二节　财务共享 ··· 86

第三节　业财融合 …………………………………………………… 92

第五章　资金管理与风险控制 …………………………………………… 99
第一节　资金管理的原则与工具 …………………………………… 99
第二节　资金管理风险控制 ………………………………………… 115
第三节　智慧资金管理的技术与策略 ……………………………… 124

第六章　内部审计概要与发展趋势 ……………………………………… 133
第一节　内部审计概要和流程 ……………………………………… 133
第二节　内部审计现状和发展趋势 ………………………………… 144

第七章　内部审计技术与工具 …………………………………………… 156
第一节　内部控制评价 ……………………………………………… 156
第二节　大数据技术在智能审计中的应用 ………………………… 173
第三节　信息系统审计 ……………………………………………… 181

第八章　内部审计项目 …………………………………………………… 189
第一节　经济责任审计 ……………………………………………… 189
第二节　经营审计 …………………………………………………… 194
第三节　管理审计 …………………………………………………… 198
第四节　内部控制审计 ……………………………………………… 206
第五节　风险管理审计 ……………………………………………… 209
第六节　审计证据的审定 …………………………………………… 217

第九章　内部审计管理基础 ……………………………………………… 222
第一节　内部审计管理概述 ………………………………………… 222
第二节　内部审计部门管理 ………………………………………… 224
第三节　内部审计项目管理 ………………………………………… 229

  第四节 内部审计质量控制 ……………………………………………… 233

第十章 智慧型内部审计 … 240
  第一节 内部审计数字化核心能力建设 ……………………………… 240
  第二节 大数据审计 …………………………………………………… 243
  第三节 人工智能审计 ………………………………………………… 252

第十一章 智慧财务管理与内部审计的整合 …………………………… 262
  第一节 智慧财务管理与内部审计的关联性 ……………………… 262
  第二节 智慧财务管理与内部审计的协同发展路径 ……………… 264
  第三节 智慧财务管理与内部审计的未来发展趋势 ……………… 268

结束语 …………………………………………………………………………… 271

参考文献 ………………………………………………………………………… 272

第一章 财务管理综述

第一节 财务管理目标与基本原则

一、财务管理的目标

关于财务管理目标的定义,可阐述为单位开展财务管理活动的目的。财务管理目标通常作为评价单位经营是否合理的参考依据,能够为单位财务管理决策的制定与工作的开展提供重要的行为导向。对于一个公司,其财务管理的基本目标一般会受到公司总目标的决定性影响。站在投资者的立场来讲,之所以要创立公司,其根本目的——获得利益。就那些正在运行的公司而言,通常已经确定了某些目标,如提高员工的待遇水平、优化职工的劳动条件、抢占更多的市场份额、提高产品和服务的质量以及控制环境污染等。不过,相比之下,单位的根本目标、核心目标在任何情况下都不会发生改变,就是为了盈利。

需要明确的一点是,单位在确定财务管理目标的过程中,应该切实考虑自身既定的发展目标,必须在二者之间达成统一。创办公司的初衷和意图在于获得利润,并同时达成其他的目标。财务计量对于一个独立的公司,往往被认为是最基本也是最具综合性的计量标准。也就是说,公司的目标设定需要切实以公司的财务管理目标为中心。涉及公司财务管理目标的定义和特点,可总结为以下四个方面。

(一)利润最大化

所谓的利润可阐述为单位通过业务开展所创造的净利润。利润在某种意义上反映出单位一系列经营活动所获得的成果,也展现出单位在一段时间内所创造的经济效益的高低。利润最大化理论强调,利润是公司通过业务活动而创造的财富。也就是说,利润与公司的财富之间有着显著的正向关系。利润的增加,会让单位更快达成既定的发展目标。

单位财务管理目标的设定需遵循利润最大化原则。①利润可理解为单位通过生产、经营和管理等活动而获取的价值，对于单位的生存和发展有着深刻的影响，是推动社会经济稳定健康发展的先决条件。②利润在某种程度上映射一个单位对资源的整合和利用能力，可为单位经营绩效的评估和测量提供参考。③利润在投资收益中的占比非常大，是单位创办者的主要经济来源，也是单位长时间完成资本积累的关键。也就是说，单位财务管理目标的设定需遵循利润最大化这一原则，只有这样才能确保最终提出的单位财务管理目标与单位的利益需求保持高度统一。

根据实践经验可知，遵循利润最大化的原则来设定单位的财务管理目标也暴露了一定的弊端。①忽视了货币所具有的时间价值。单位一般会对各个时间段的利润所得进行对比和分析，但最终得出的结果是不科学的。究其原因，主要是这一对比忽略了不同时间段创造的利润具有的时间价值差异。②忽视了利润与投入资本之间固有的内在关系。利润在某种意义上是一个绝对值，因此单纯地依据单位的规模和时间段来对比利润的高低是不合理的。③忽略了风险问题。站在单位的立场来讲，如果期望获得的报酬处于较高水平，那就必须承担更大的风险。④忽视了单位与利益相关者之间存在的必然关系。利润最大化目标的提出通常会把单位当成主体，而忽视了其他相关利益者所获得的利益，导致各自之间的利益关系无法达到良好的平衡状态。⑤只关注利润最大化可能会妨碍单位的长期发展。

（二）每股收益最大化

关于每股收益（Earning Per Share，EPS）的定义，可阐述为单位在一段时间内所创造的净利润与普通股股数之间的比例关系，是一个比较常见的相对数指标。该观点指出，公司的利润在一定程度上取决于股东的注入资本。基于每股收益来设定单位的财务管理目标的方式，能够消除遵循利润最大化原则来设定单位财务管理目标的弊端，可以准确展现出单位的经济效益水平。

该观点的缺陷：其一，忽视了每股收益在时间上的差异；其二，忽视了每股收益所承担的财务风险。

（三）股东财富最大化

关于股东财富最大化的定义可概括为，单位基于财务方面各项活动的组织与开展来创造更多的股东财富价值。股东在某种意义上被认为是单位的所有者，也是资本的注入者。股东以投资的形式来获得报酬，既包含股利也涉及股权交易得到的现金。因此，财富最大化目标通常也被称为股价最大化。

股东权益所具有的市场价值可作为评估股东财富的参考依据。随着股东财富的不断累积，股东权益所具有的市场价值也会随之增加，其与投资资本之间的差额在专业领域称为

"股东权益的市场增加值"。需要明确的一点是，股价的升降是一种正常现象，反映投资者对公司股权价值的衡量、评估和感知。如果股东的投资资本维持稳定，那么股价的最大化在某种意义上可以认为是股东财富的增加，二者的意义和内涵不存在实质性的差别。此外，如果单位与股东之间发生了一系列的交易行为，那么股价就必然会受到影响，而股东的财富却会受到影响。例如，随着股利的分派，股价会有所下降；而随着股票的回购，股价则会呈现上升的趋势。

在某些情况下，我们还可以用单位价值的最大化来概括和解释财务管理的目标。随着股东权益价值的不断增加，或是债务价值的持续提高，公司的价值必然会随之增加。

（四）相关者利益最大化

单位的利益相关者一般有两种类型，一种是合同利益相关者，另一种是非合同利益相关者。就合同利益相关者而言，泛指客户、员工或供应商等主体。这些主体和单位之间形成了稳定的法律关系，任何行为都要接受合同的制约。就非合同利益相关者而言，一般指的是政府、社区员工等不存在直接利益关系的主体。该观点指出，单位的财务管理目标设定需切实考虑各方的利益相关者的实际利益。站在利益相关者的立场来说，也承担着一定的财务风险。由此可见，单位财务管理目标的设定除了要考虑单位、股东的实际利益以外，也要对其他利益相关者的切身利益做出考量，只有这样才不会导致各主体之间产生利益的纠纷和矛盾。

需要明确的一点是，在对相关者利益进行评估和衡量时，应突出股东在这一环节中的主体。也就是说，虽然单位财务管理目标的设定有必要考虑利益相关者的利益，但其优先级排在股东后面。此外，要注重风险与报酬之间所要维持的均衡状态。简言之，相关者的利益必然要考虑，但也要确定其不会超出合理的范围。经营者利益的评估，需构建健全的激励机制，突出经营者对一系列经营活动和业务流程的监督和管理，从而高效率达成单位既定的战略目标，促进单位的稳定健康发展。如果涉及单位员工的实际利益，那么单位就要为员工创建和谐、稳定的工作和生活环境，给予员工的日常生活、身心健康以及情感心理等更多的关注。在涉及债权人的利益时，需要在签订的借款合同中适当写下一些限制性的条款，如界定贷款的用途或目的等。如果察觉到公司存在对债权人利益造成损害或威胁的情况，债权人可以直接拒绝后续的合作。在涉及客户的利益时，需要尽快形成畅通的客户沟通渠道，在单位利益与客户利益上达成统一。在涉及供应商的利益时，需要与供应商之间建立良好的协作关系，树立积极的单位形象，严格按照合同规定开展相关活动，不断提高单位的信用等级。

总的来说，相关者利益最大化观点在某种意义上与合作共赢的发展理念达成了高度的统一，可以帮助单位创造可观的经济效益，还能促使单位获得丰富的社会效益，且是加快单位稳定发展的有效途径。不过，基于相关者利益最大化来设定单位的财务管理目标往往需要考虑大量复杂的因素，因此，在现实中可能很难实现。

综上所述，财务管理目标的设定需要将股东财富最大化作为前提和基础，只有这样才能在最短的时间内达成单位的发展目标，体现单位的核心价值。

二、财务管理的基本原则

财务管理的基本原则是从单位财务管理实践中总结出来的，并且已经被广泛用于单位财务管理实践中，是一系列单位财务管理价值观所构成的准则和规范。财务管理的基本原则可以概括为以下几个方面。

（一）资金合理配置原则

资金合理配置原则是财务管理的基本原则之一。这一原则要求单位在财务管理过程中，要根据单位发展的战略目标，结合单位财务状况，合理分配资金，确保资金的有效利用和合理配置。具体来说，单位在进行资金配置时，要考虑到单位的长期发展目标、短期经营计划、市场环境、行业趋势等因素，合理分配各项资金，既要保证单位的正常运营，又要为单位的发展提供足够的资金支持。

（二）成本收益比较原则

成本收益比较原则是指单位在财务管理过程中，要对各项财务活动进行成本收益分析，以实现单位的经济利益最大化。这一原则要求单位在财务管理过程中重视成本的控制和收益的核算，既要考虑到各项财务活动的直接成本和间接成本，又要考虑到收益的大小和时间。通过比较分析，选择最优的财务决策方案。同时，单位还要加强对财务风险的防范和控制，确保财务活动的安全性和稳定性。

资金合理配置原则是财务管理的基本原则之一，它对于单位的长期发展具有重要的意义。首先，合理分配资金可以保证单位的正常运营，避免资金短缺或浪费现象的出现。其次，合理分配资金可以提高单位的经济效益，通过优化资源配置，降低成本，提高收益。最后，合理分配资金可以增强单位的市场竞争力，为单位的发展提供足够的资金支持。

成本收益比较原则是财务管理的重要原则之一，它对单位的经济效益和财务风险管理具有重要的意义。首先，通过成本收益比较分析，单位可以更好地了解各项财务活动的成本和收益情况，选择最优的财务决策方案。其次，通过对财务风险的防范和控制，可以降低单位的财务风险，提高财务活动的安全性和稳定性。最后，成本收益比较原则可以促进单位的精细化管理，提高单位的管理水平和效率。

(三)风险收益均衡原则

在财务管理中,风险收益均衡原则是指在进行财务决策时,必须考虑风险的存在,并根据风险的程度来调整预期的收益。具体来说,这一原则包括以下两方面。

一方面,风险和收益是对立统一的关系。投资者在进行投资决策时,不仅要考虑投资带来的收益,也要考虑风险的存在和可能产生的损失。风险是投资行为的必要成本,不同的投资决策所承担的风险不同,产生的收益也不同。投资者应通过对各种可能的结果进行全面分析,权衡风险和收益的关系,选择最适合自己的投资决策。

另一方面,投资者应通过分散投资等方式来降低风险,同时根据风险的程度调整预期的收益。分散投资是指将资金投向不同的领域、不同的项目或不同的市场,以降低单一投资的风险。投资者还可以通过多元化投资组合来分散风险,同时保持预期的收益水平。

(四)资金收益平衡原则

资金收益平衡原则是指在进行财务管理时,应充分考虑资金的使用效益和成本之间的关系,合理安排资金的使用顺序和结构,以达到最优的收益水平。具体来说,这一原则包括以下三方面。

首先,投资者应根据项目的性质和特点,合理安排资金的使用顺序。在投资决策中,资金的投入顺序会影响投资的效果和收益水平。因此,投资者应将资金按照不同的优先级进行分配和使用,以实现最优的投资效果。

其次,投资者应合理安排资金的结构和比例。不同的资金来源会产生不同的成本和风险,投资者应根据自己的实际情况和需要,合理安排资金的结构和比例,以降低成本、提高收益、降低风险。

最后,投资者应充分考虑市场环境的变化和自身的实际情况,灵活调整资金的使用策略。市场环境的变化和自身的实际情况都会对投资效果产生影响,投资者应根据实际情况的变化及时调整资金的使用策略,以适应市场的变化和需求。

(五)利益关系协调原则

在任何单位中,利益关系都是核心问题。财务管理需要处理和协调各种利益关系,包括股东、经营者、员工、政府、客户等。协调原则的核心是公平、公正和合理,即在保证单位整体利益最大化的同时,兼顾各方面的利益,避免出现利益冲突和矛盾。

为了实现这一原则,财务管理需要制定合理的财务政策,确保财务信息的透明度和真实性,加强内部控制和风险管理,提高单位的风险应对能力。此外,财务管理还需要关注单位内部的组织结构和制度建设,促进内部协调和合作,形成良好的组织文化和团队氛围。

（六）分级分权管理原则

分级分权原则是指财务管理需要根据不同的层级和部门，进行相应的授权和管理，包括股东会、董事会、经理层和各部门等各级之间的权力和责任分配。分级分权管理有助于提高单位的整体效率和执行力，确保各级之间相互支持、协作和监督。

在实际操作中，财务管理需要根据单位实际情况制定合理的分级授权制度，明确各级的权利和责任范围。同时，还需要加强部门间的沟通和协作，确保信息传递的及时性和准确性。在决策过程中，需要充分考虑各级的意见和建议，避免出现决策失误和资源浪费。

综上所述，财务管理的基本原则是财务管理工作的重要指导思想，有助于确保单位的整体利益最大化，同时兼顾各方面的利益。为了实现这些原则，财务管理需要制定合理的财务政策、加强内部控制和风险管理、促进内部协调和合作、制定合理的授权制度等。在实际操作中，财务管理还需要注重信息的及时性和准确性、充分考虑各级的意见和建议等。这些原则的落实将有助于提高单位的整体效率和执行力，确保单位在市场竞争中取得优势地位。

第二节　财务管理主要理论

在财务管理学科的发展过程中，对财务管理的理解不断深化，论述不断完善，形成了一系列的基本理论。这些理论对财务管理实务起着指导作用，是了解财务管理的逻辑基础。财务管理的基本理论包括现金流量理论、价值评估理论、风险评估理论、投资组合理论及资本结构理论。

一、现金流量理论

现金流量理论是关于现金、现金流量和自由现金流量的理论，是财务管理最为基本的理论。现金是公司流动性最强的资产，是公司生存的"血液"。持有现金的多少体现了公司资金流动性的强弱，进而在一定程度上影响公司的风险和价值。现金也是计算现金流量和自由现金流量的基础要素。

现金流量包括现金流入量、现金流出量和现金净流量（Net Cash Flow，NCF），对于公司整体及其经营活动、投资活动和筹资活动都需要计算现金流量，进行现金流量分析、现金预算和现金控制。依据现金流量建成的现金流量折现模型，用于证券投资、项目投资等价值评估。随着研究的深化，现金流量又进化为自由现金流量。

自由现金流量是指真正剩余的、可支配的现金流量。自由现金流量是由美国西北大学拉巴波特、哈佛大学詹森等学者于1986年提出的，经过30多年的发展，特别是在以美国安然、世通等为代表的公司相继破产之后，以自由现金流量为基础的现金流量折现模型成为价值评估领域中最健全、使用最广泛的评估模型。需要注意的是，财务意义上的现金流量与会计学中的现金流量并不完全等同，主要差别在于是否包括现金等价物，财务学中的现金流量不含现金等价物。

二、价值评估理论

价值评估理论主要是关于内在价值、净增加值和价值评估模型的理论，是财务管理的核心理论。从财务学的角度看，价值主要是指内在价值、净增加值。例如，股票价值实质上是指股票的内在价值，项目的价值实质上是指项目的净增现值。内在价值、净现值（Net Present Value，NPV）是以现金流量为基础的折现估计值，并非精确值。

现金流量折现模型是对特定证券现值和特定项目净现值的评估模型。从投资决策的角度看，证券投资者需要评估特定证券的现值，与其市场价格相比较，做出相应的决策；项目投资者需要评估特定项目的净现值，以取得和比较净增加值，做出相应的决策。

价值评估除了研究现金流量外，还需要确定折现率。资本资产定价模型（Capital Asset Pricing Model，CAPM）就是用于计算折现率的重要模型。资本资产定价模型由财务学家夏普在20世纪60年代提出。按照该模型，金融资产投资的风险分为两种：一种是可以通过分散投资来化解的可分散风险（非系统风险）；另一种是不可以通过分散投资化解的不可分散风险（系统风险）。在有效市场中，可分散风险得不到市场的补偿，只有不可分散风险能够得到补偿。证券的不可分散风险可用系数β来表示，β系数是用来测定一种证券或证券组合的收益随整个证券市场收益变化程度的指标，它反映了该证券或证券组合报酬率对市场组合报酬率的敏感程度。市场组合是指市场上全部证券的投资组合，因此，形成了资本资产定价模型。资本资产定价模型解决了股权资本成本的估计问题，为确定加权平均资本成本扫清了障碍，进而使计算现值和净现值成为可能。

三、风险评估理论

从财务学的角度看，风险导致财务收益的不确定性。在理论上，风险与收益成正比，因此，激进型的投资者侧向于高风险就是为了获得更高的利润，而稳健型的投资者则看重安全性而偏向于低风险。在实务中，风险无时不在、无处不在。投资、筹资和经营活动都存在风险，需要进行风险评估。投资项目决策过程中采用的敏感性分析、资本结构决策中对经营风险和财务风险的衡量均属于风险评估范畴。

四、投资组合理论

投资组合是投资若干种证券构成的组合,其收益等于这些证券收益的加权平均值,但其风险并不等于这些证券风险的加权平均数,投资组合能降低非系统性风险。投资组合理论的奠基人是经济学家马科维茨,1952年,马科维茨首次提出投资组合理论,并进行了系统、深入和卓有成效的研究。

从资本市场的历史中认识到风险和报酬存在某种关系:一是承担风险会得到报酬,这种报酬称为风险溢价;二是风险越高,风险溢价越大。但是,人们一直没有找到二者之间的函数关系。马科维茨把投资组合的价格变化视为随机变量,以变量的均值来衡量收益,以变量的方差来衡量风险,揭示了投资组合风险和报酬的函数关系。因此,马科维茨的理论又称为均值—方差分析。马科维茨是首位对"投资分散化"理念进行定量分析的经济学家,马科维茨认为通过投资的分散化既可以在不改变投资组合预期收益的情况下降低风险,也可以在不改变投资组合风险的情况下增加预期收益。

五、资本结构理论

资本结构是指公司各种长期资本的构成及比例关系。公司的长期资本包括永久的权益资本和长期的债务资本,权益资本和长期债务资本的组合,形成一定的资本结构。资本结构理论是关于资本结构与财务风险、资本成本及公司价值之间关系的理论。资本结构理论主要分为无税MM理论、有税MM理论、权衡理论、代理理论和优序融资理论等。

第三节　财务管理基本方法

财务管理方法,也称财务管理环节。单位财务管理过程从总体上划分为五个基本环节:财务预测、财务决策、财务预算、财务控制和财务分析。这些环节相互联系、相互配合,形成周而复始的财务管理循环过程,构成完整的财务管理方法体系。

一、财务预测的方法

财务预测是根据财务活动的历史资料,考虑现实的要求和条件,对单位未来的财务活动和财务成果做出科学的预计和测算。财务预测环节的主要任务在于:测算各项生产经营方案的经济效益，为决策提供可靠的依据；预计财务收支的发展变化情况，以确定经营目标；测定各项定额和标准，为编制预算服务。财务预测环节的主要步骤包括以下方面。

（一）明确预测对象和目的

预测的对象和目的不同，则对预测资料的收集、预测模型的建立、预测方法的选择、预测结果的实现方式等也有不同的要求。

（二）收集和整理资料

根据预测对象和目的，广泛收集与预测目标相关的各种资料信息，包括内部和外部资料、财务和生产技术资料、计划和统计资料等。对所收集的资料除进行可靠性、完整性和典型性检查外，还必须进行归类、汇总、调整等加工处理，使资料符合预测的需要。

（三）建立预测模型

根据影响预测对象的各个因素之间的相互联系，选择相应的财务预测模型。常见的财务预测模型有因果关系预测模型、回归分析预测模型、时间序列预测模型等。

（四）实施财务预测

利用财务预测模型，选取适当的预测方法，对经过加工整理的资料进行定性、定量分析，确定预测结果。

二、财务决策的方法

财务决策是根据单位经营战略的要求，在既定目标的总体要求下，通过专门的方法从各种备选方案中选择最佳方案的过程。在市场经济条件下，财务管理的核心是财务决策，财务决策是编制财务预算、进行财务控制的基础。决策关系到单位的兴衰成败，必须科学地制定财务决策程序。财务决策的基本程序包括以下几点。

（一）确定决策目标

以预测数据为基础，结合单位总体经营战略，从单位实际出发，确定决策期内单位需要实现的具体理财目标。

（二）提出备选方案

根据决策目标，运用一定的预测方法，对所收集的资料进行进一步的加工、整理，提出实现目标的各种可供选择的方案。

（三）评价选择最优方案

通过对各种可实施方案的分析论证和对比研究，评定出各方案的优劣，运用一定的决策方法，选择最优方案。

三、财务预算的方法

预算是用数字编制未来某一时期的计划，是用财务数字或非财务数字来计量预期的结果。财务预算是集中反映未来一定期间（预算年度）现金收支、经营成果和财务状况的预算，它是单位全面预算（包括经营预算、投资预算和财务预算）的重要组成部分。财务预算一般包括现金预算、利润表预算、资产负债表预算、现金流量表预算和成本费用预算等内容，它是财务预测和决策结果的具体表现，也是日常财务控制、财务分析的重要依据。有效的财务预算在财务管理中具有规划、控制、协调、评价和激励功能。

单位的预算管理模式应与单位的基本管理模式一致。预算管理的一般模式以目标利润为导向，以销售预算为起点，以现金流量预算为中心。编制预算的基本步骤包括以下几点。

（1）根据公司总体战略目标确定年度预算目标，并确定年度目标利润。

（2）根据市场调研和分析结果编制年度销售预算。

（3）根据年度销售预算编制生产预算和成本费用预算，包括直接材料预算、直接人工预算、制造费用预算、期间费用预算。

（4）根据以上预算编制现金预算、利润表预算、资产负债表预算和现金流量表预算。

编制预算的常用方法有以下4种。

（1）固定预算法，又称静态预算，是根据预算期内正常的可能实现的某一业务活动水平而编制的预算。这种方法的特点是不考虑预算期内业务水平可能发生的变动，以计划期内某一共同的水平为基础，一般适用于经营发展比较稳定或对经营发展能够较为准确预测的单位。

（2）弹性预算法，是根据可预见的不同业务活动水平，分别设定相应目标和任务的预算。这种方法的特点是针对不同的预期，在某一相关范围内的多种业务活动水平的基础上确定不同的预算额，也可按实际业务水平调整确定预算额；预算期末将实际执行结果与预算额比较，使预算执行情况的评价建立在更客观可比的基础上。

（3）滚动预算法，又称连续预算，是一种经常稳定保持一定期限的预算。基本做法：当预算执行一个阶段后，即对下一个周期的预算进行顺延编制。例如，以年为周期进行滚动预算的编制，在预算执行1个月后，即根据当月预算执行过程中表现出来的与预算编制假定不一致的信息，对其余11个月的预算加以修订，并续编1个月，重新形成1个年度的预算。这种方法的优点是能对未来1年的经营活动进行持续不断的计划，并在预算中经常保持一个稳定的视野，但预算编制和管理成本较高、耗时较长。

（4）零基预算法，它要求在编制预算时，应从起点（零基）开始来编制预算。零基即对于每项作业活动或职能，均不以其存在为依据，而是重新评估，以求及时发现收益不佳的作业，杜绝资源浪费及效率低下的情形。

四、财务控制的方法

财务控制是在财务管理过程中，利用有关信息和特定手段，对单位财务活动施加影响，以实现财务预算目标的环节。单位财务控制的常用方式有两种：一种是制度控制，它是以公司章程、财务制度为依据，从合法性、合规性和合理性的角度对单位财务行为和财务活动实施的控制；另一种是预算控制，它是以财务预算的分解指标为标准，对单位财务预算指标及其主要措施的实施情况进行的控制。实行财务控制是落实预算任务、保证预算实现的有效措施。财务控制的一般步骤包括以下几点。

（1）确定控制目标。财务控制目标可按财务计划指标确定，对于一些综合性的财务控制目标应当按照责任单位或个人进行分解，使之成为能够具体掌握的可控指标。

（2）建立控制系统。按照责任制度的要求，落实财务控制目标的责任单位和个人，形成从上到下、从左到右的纵横交错的控制组织体系。

（3）信息传递与反馈。这是一个双向流动的信息系统，它不仅能够自下而上地反馈财务预算执行情况，也能够自上而下地传递调整财务预算执行偏差的信息。

（4）纠正实际偏差。根据信息反馈，及时发现实际执行情况与预算目标的差异，分析原因，采取措施加以纠正，以保证财务预算目标的实现。

五、财务分析的方法

财务分析是以单位财务报表为主要依据，运用专门的分析方法，对单位财务状况和经营成果进行解释和评价，以便于投资者、债权人、管理者及其他信息使用者做出正确的决策。单位进行财务分析常用的方法有比较分析法、因素替换法、比率分析法，其中比较分析法是单位财务分析的基本方法。

（一）比较分析法

比较分析法是将可比的财务指标进行比较，根据比较的差异，分析单位财务状况和经营成果的一种方法。指标比较的范围，包括以下方面。

以报告期实际指标与计划（预算、目标等）指标相比较。这种比较一方面可以揭示计划（预算、目标）的完成情况，另一方面可以评价计划（预算、目标）本身的正确性和先进性。

以报告期实际指标与上期实际指标相比较。这种比较可以反映指标的变动情况及其发展速度，据此研究其发展变化趋势。

以报告期实际指标与本单位历史最高水平相比较。这种比较可以了解单位的现状，以便找出差距，分析原因，赶超历史先进水平。

以报告期实际指标与条件大体相同的先进单位相比较。这种比较可以找出本单位的薄弱环节，反映单位在同行业竞争中的地位。

在运用比较法进行分析时，必须注意指标之间的可比性，做到指标时间范围必须一致，指标内容和计算方法必须相同，不同单位之间的生产经营条件大体相同。

（二）因素替换法

因素替换法又称为连环替换法。它是在比较分析法的基础上，分析某项财务指标的差异受哪些因素影响及其影响程度的一种方法。单位各项财务指标的完成情况是受许多因素综合影响的结果，这些因素可能按照不同的方向发生不同的影响，同时各个因素所发生的影响又是相互联系的。因此，要分析各个因素对财务指标完成结果的影响程度，只有有序地把其中一个因素当作可变的，而暂时把其他因素当作不变的情况下，才能单独地反映出这个因素的变动对被分析指标的影响程度。这样能帮助人们找出影响指标变动的主要因素与次要因素，以便抓住主要矛盾，使分析更深入。

（三）比率分析法

比率分析法是把某些彼此存在关联的项目加以对比，计算出比率，据以确定财务活动变动程度的分析方法。采用这种方法，能够把某些条件下的不可比财务指标变为可以比较的指标。比率指标主要包括结构比率、效率比率和相关比率三种。结构比率是某项财务指标的各个组成部分与总体的比率，反映部分与总体的关系。其一般计算公式为：

$$结构比率 = \frac{某个组成部分数额}{总体数额}$$

利用结构比率可以考察总体中某个部分的构成和安排是否合理，以便协调各项财务活动。效率比率是某项财务活动中所费与所得的比率，反映投入与产出的关系，如成本费用与销售收入的比率、利润与资本的比率等。利用效率比率指标，可以进行得失比较，考察经营成果，评价经济效益的水平。相关比率是以某个财务指标与和其有关但又不同的另一指标加以对比所得的比率，反映有关财务活动的相互关系。利用相关比率指标，可以考察有联系的相关业务安排是否合理，以保障单位经营活动顺畅进行，如将流动资产与流动负债对比，计算出流动比率，据以判断单位的短期偿债能力。

第四节　财务管理环境

一、财务管理环境的基本内容

财务管理环境是指对单位财务活动和财务管理产生影响作用的单位内外部的各种条件。通过环境分析，提高单位财务行为对环境的适应能力、应变能力和利用能力，以便更好地实现单位财务管理目标。

单位财务管理环境按其存在的空间，可分为内部财务环境和外部财务环境。内部财务环境主要包括单位资本实力、生产技术条件、经营管理水平和决策者的素质四方面。内部财务环境存在于单位内部，是单位可从总体上采取一定的措施施加控制和改变的因素，而外部财务环境存在于单位外部，它们对单位财务行为的影响无论是有形的硬环境，还是无形的软环境，单位都难以控制和改变，更多的是适应和因势利导。因此，本章主要介绍外部财务环境及其变化。影响单位外部财务环境的因素有多种，其中最主要的有法律环境、经济环境、金融市场环境、技术环境和社会文化环境。

（一）法律环境

财务管理的法律环境是指单位和外部发生经济关系时所应遵守的各种法律、法规和规章制度。市场经济是一种法治经济，单位的一切经济活动都必须在一定法律规范范围内进行。一方面，法律提出了单位从事一切经济业务所必须遵守的规范，从而对单位的经济行为进行约束；另一方面，法律为单位合法从事各项经济活动提供了保护。单位财务管理应遵循的法律法规主要包括以下方面。

1.企业组织法

企业是市场经济的主体，不同组织形式的企业所适用的法律不同。按照国际惯例，企业可划分为个人独资企业、合伙企业和公司制企业。各国均有相应的法律来规范这些企业的行为。因此，不同组织形式的企业在进行财务管理时，必须熟悉其组织形式对财务管理的影响，从而做出相应的财务决策。

2.税收法规

税法是税收法律制度的总称,是调整税收征纳关系的法律规范。与单位相关的税种主要有以下五种。

(1)所得税类。所得税类包括单位所得税、外商投资单位和外国单位所得税、个人所得税。

(2)流转税类。流转税类包括增值税、消费税和城市维护建设税。

(3)资源税类。资源税类包括资源税、土地使用税和土地增值税。

(4)财产税类。财产税类,即财产税。

(5)行为税类。行为税类包括印花税、车船使用税和屠宰税。

3.财务法规

财务法规是规范单位财务活动、协调单位财务关系的法令文件。

4.其他法规

其他法规有《中华人民共和国证券法》《中华人民共和国票据法》《中华人民共和国银行法》等。从整体上说,法律环境对单位财务管理的影响和制约主要表现在以下三方面。

(1)在筹资活动中,国家通过法律规定了筹资的最低规模和结构。例如,虽然《中华人民共和国公司法》不再对注册资本最低限额提出具体要求,但发起人必须自行决定最低注册资本,并在公司章程中做出明确规定;法律、行政法规以及国务院另有规定的,从其规定。《中华人民共和国公司法》还规定了筹资的前提条件和基本程序,同时对公司发行债券和股票的条件做出了严格的规定。

(2)在投资活动中,国家通过法律规定了投资的方式和条件。例如,《中华人民共和国公司法》规定股份公司的发起人可以用货币资金出资,也可以用实物、工业产权、非专利技术、土地使用权作价出资,规定了投资的基本程序、投资方向和投资者的出资期限及违约责任;又如,单位进行证券投资必须按照《中华人民共和国证券法》所规定的程序来进行,单位投资必须符合国家的产业政策,符合公平竞争的原则。

(3)在分配活动中,国家通过法律,如《中华人民共和国税法》《中华人民共和国公司法》等,规定了单位成本开支的范围和标准、单位应缴纳的税种及计算方法、利润分配的前提条件、利润分配的去向、一般程序及重大比例。在生产经营活动中,国家规定的各项法律也会引起财务安排的变动或者在财务活动中必须予以考虑。

(二)经济环境

财务管理作为一种微观管理活动,与其所处的经济管理体制、经济结构、经济发展状况及宏观经济调控政策等经济环境密切相关。

1.经济管理体制

经济管理体制是指在一定的社会制度下,生产关系的具体形式及组织、管理和调节国民经济的体系、制度、方式和方法的总称。它分为宏观经济管理体制和微观经济管理体制两类。宏观经济管理体制是指整个国家宏观经济的基本经济制度,而微观经济管理体制是指一国的单位体制及单位与政府、单位与所有者的关系。宏观经济管理体制对单位财务行为的影响主要体现在:单位必须服从和服务于宏观经济管理体制,在财务管理的目标、财务主体、财务管理的手段与方法等方面与宏观经济管理体制的要求相一致。微观经济管理体制对单位财务行为的影响与宏观经济管理体制相联系,主要体现在如何处理单位与政府、单位与所有者之间的关系方面。

2.经济结构

经济结构一般是指从各个角度考察社会生产和再生产的构成。它包括产业结构、地区结构、分配结构及技术结构等。经济结构对单位财务行为的影响主要体现在产业结构上。一方面,产业结构会在一定程度上影响甚至决定财务管理的性质,不同产业所要求的资金规模或投资规模不同,不同产业所要求的资本结构也不一样;另一方面,产业结构的调整和变动要求财务管理做出相应的调整和变动,可能导致单位日常财务运作艰难,财务目标难以实现。

3.经济发展状况

任何国家的经济发展都不可能呈长期的快速增长之势,而总是表现为"波浪式前进,螺旋式上升"的状态。当经济发展处于繁荣时期时,经济发展速度较快,市场需求越旺盛,销售额大幅度上升。单位为了扩大生产,需要增加投资,与此相适应,则需筹集大量的资金,以满足投资扩张的需要。当经济发展处于衰退时期时,经济发展速度缓慢,甚至出现负增长趋势,单位的产量和销量下降,投资锐减,资金时而紧缺、时而闲置,财务运作出现较大困难。另外,经济发展中的通货膨胀也会给单位财务管理带来较大的不利影响,主要表现:资金占用额迅速增加;利率上升,单位筹资成本加大;证券价格下跌,筹资难度增加;利润虚增,资金流失。

4.宏观经济调控政策

政府具有对宏观经济发展进行调控的职能。在一定时期,政府为了协调经济发展,往往通过计划、税收和金融等手段对国民经济总体运行机制及子系统提出一些具体的政策措施。这些宏观经济调控政策对单位财务管理的影响是直接的,单位必须按国家政策办事,否则将寸步难行。例如,国家采取收缩的调控政策时,会导致单位的现金流入减少,现金流出增加、资金紧张、投资压缩;当国家采取扩张的调控政策时,单位财务管理则会出现与之相反的情形。

（三）金融市场环境

金融市场是指资金筹集的场所。广义的金融市场，是指一切资本（包括实物资本和货币资本）流通的场所，其交易对象为货币借贷、票据承兑和贴现、有价证券买卖、黄金和外汇买卖、办理国内外保险、生产资料的产权交换等。狭义的金融市场，一般是指有价证券市场，即股票和债券的发行和买卖市场。

1. 金融市场的分类

（1）按交易的期限，金融市场可分为短期资金市场和长期资金市场。短期资金市场是指期限不超过1年的资金交易市场，因为短期有价证券易于变成货币或作为货币使用，故也称货币市场；长期资金市场是指期限在1年以上的股票和债券交易市场，因为发行股票和债券主要用于固定资产等资本货物的购置，故也称资本市场。

（2）按交易的性质，金融市场可分为发行市场和流通市场。发行市场是指从事新证券和票据等金融工具买卖的转让市场，也称初级市场或一级市场；流通市场是指从事已上市的旧证券或票据等金融工具买卖的转让市场，也称次级市场或二级市场。

（3）按交易的直接对象，金融市场可分为同业拆借市场、国债市场、单位债券市场、股票市场及金融期货市场等。

（4）按交割的时间，金融市场可分为现货市场和期货市场。现货市场是指买卖双方成交后，当场或几天之内买方付款、卖方交出证券的交易市场；期货市场是指买卖双方成交后，在双方约定的未来某一特定的时日才交割的交易市场。

2. 金融市场与单位财务活动

单位从事投资活动所需要的资金，除了所有者投入以外，主要从金融市场取得。金融政策的变化必然影响单位的筹资与投资。因此，金融市场环境是单位主要的环境因素，它对单位财务活动的影响包括以下方面。

（1）金融市场为单位提供良好的投资和筹资场所。当单位需要资金时，可在金融市场上选择合适的筹资方式，而当单位有闲置资金时，又可在市场上选择合适的投资项目，为其资金寻找出路。

（2）金融市场为单位的长短期资金相互转化提供方便。单位可通过金融市场将长期资金（如股票、债券）变现为短期资金，也可通过金融市场购进股票、债券等，将短期资金转化为长期资金。

（3）金融市场为单位财务管理提供有意义的信息。金融市场的利率变动反映资金的供求状况，有价证券市场的行情反映投资人对单位经营状况和盈利水平的评价，这些都是单位生产经营和财务管理的重要依据。

3.中国主要的金融机构

（1）中国人民银行。中国人民银行是我国的中央银行，它代表政府管理全国的金融机构和金融活动，经理国库。

（2）政策银行。政策银行是指由政府设立，以贯彻国家产业政策、区域发展政策为目的，不以营利为目的的金融机构。我国目前有三家政策银行：国家开发银行、中国进出口银行和中国农业发展银行。

（3）商业银行。商业银行是以经营存款、放款、办理转账结算为主要业务，以盈利为主要经营目标的金融企业。我国商业银行有国有独资商业银行、股份制商业银行。

（4）非银行金融机构。我国主要的非银行金融机构有保险公司、信托投资公司、证券机构、财务公司及金融租赁公司。

4.金融市场利率

在金融市场上，利率是资金使用权的价格。其计算公式为：

$$利率＝纯利率+通货膨胀附加率+风险附加率$$

纯利率是指在没有风险和通货膨胀情况下的平均利率。在没有通货膨胀时，国库券的利率可视为纯利率。

通货膨胀附加率是指由于通货膨胀会降低货币的实际购买力，为弥补其购买力损失而在纯利率的基础上加上的利率。

风险附加率是由于存在违约风险、流动性风险和期限风险而要求在纯利率和通货膨胀之外附加的利率。其中，违约风险附加率是指为了弥补因债务人无法按时还本付息而带来的风险，由债权人要求附加的利率；流动性风险附加率是指为了弥补因债务人资产流动不好而带来的风险，由债权人要求附加的利率；期限风险附加率是指为了弥补因偿债期限较长而带来的风险，由债权人要求附加的利率。

（四）技术环境

财务管理的技术环境，是指财务管理得以实现的技术手段和技术条件，它决定着财务管理的效率和效果。目前，我国进行财务管理所依据的会计信息是通过会计系统提供的，占单位经济信息总量的60%~70%。在单位内部，会计信息主要供管理层决策使用；在单位外部，会计信息则主要为单位的投资者、债权人等提供服务。

（五）社会文化环境

社会文化环境包括教育、科学、文学、艺术、新闻出版、广播电视、卫生体育、世界观、理想、信念、道德、习俗，以及与社会制度相适应的权利义务观念、道德观念、组织纪律观念、价值观念、劳动态度等。单位的财务活动不可避免地受到社会文化的影响，但是社会文化的各方面对财务管理的影响程度是不同的，有的具有直接影响，有的只有间接影响；有的影响比较明显，有的影响微乎其微。

例如，随着财务管理工作的内容越来越丰富，社会整体的教育水平显得非常重要。事实表明，在教育水平落后的情况下，为提高财务管理水平所做的努力往往收效甚微。又如，科学的发展对财务管理理论的完善也起着至关重要的作用，经济学、数学、统计学、计算机科学等诸多学科的发展，都在一定程度上促进了财务管理理论的发展。另外，社会的资信程度等也在一定程度上影响着财务管理活动。当社会资信程度较高时，单位间的信用往来会加强，会促进彼此之间的合作，并减少单位的坏账损失。同时，在不同的文化背景中做生意的公司，需要对现有员工进行文化差异方面的培训，并且在可能的情况下雇用文化方面的专家。忽视社会文化对公司财务活动的影响，将给公司的财务管理带来难以预料的问题。

二、财务管理环境的改变

（一）政策和法律环境的改变

目前，各国都开始对自己国内单位组织的发展重视起来，也在努力扶持国内各单位组织的发展。国家对那些严格履行金融法规的公司采取各种优惠政策，从而减轻单位纳税负担，使纳税对象更好地得到国家政策的照顾。所以，国家对单位的政策和法律，特别是对税收和金融法律法规的修订，能够更容易也更方便地减轻单位的财务负担。

（二）社会文明及经济环境的改变

随着我国人民生活水平的不断进步，人们的素质也伴随着文明的进步而提高，每个人的思维都变得敏感起来，更加包容文化，社会也日益开放。这样的文明环境对新的财政管理产生了很多有利影响，也为财务管理人员采取更为灵敏化、更加人性化的管理方式带来更多有利条件。随之而来的是国内经济的繁荣，各种专业、各种需求急速增加，这使单位开始意识到科技转型以适应新社会及新环境的迫切性。

（三）科学创新环境的改变

在全球经济迅速繁荣发展的今天，科学技术方面的进步与提高是巨大的。投资的收益应以工人生产状况及质量为基础，以公司科学进步和未来发展潜力为检验准则，这种情况则不可用传统的货币和财务收益来简单衡量。

（四）国际贸易大环境的改变

世界贸易全球化和经济全球化是大势所趋，是未来世界经济发展的必然方向。中国的产品不仅需要依靠国内市场，更需要紧紧拥抱国际市场。在中国走出去的过程中，面临的竞争压力会越来越大，激烈的竞争对中国产生严重的影响，对中国制造提出了更高的要求，同时会导致日益复杂的国际贸易环境。因此，财务管理相关部门就会预留一些积累资金，用于世界交流沟通。例如，在资金调配中可划分部分作为引进外国人才、科学技术、管理经验等费用。

（五）单位内部管理环境的改变

一个社会的思想文明和道德文明对一个单位内部管理环境的影响是显而易见的。当今社会各种文化交流频繁，思维交汇融合，政策的制定受思维变化的影响，对一个单位而言，应该对这个时代流行的趋势进行跟踪追溯。制定财务管理政策也不应再局限于对资本的控制管理，而应该延伸到单位外的各方面。

第五节　财务管理应用

一、行政事业单位全面预算管理

"调整与优化全面预算管理工作对于行政事业单位运行管理的标准性以及实效性具有非常关键的作用，所以行政事业单位应当充分施展全面预算管理的根本效用，从细节着手，将其具体落实到内部各个部门与具体人员身上，各方相互融合、相互促进，这样才可以从根源处弥补预算管理存在的不足，持续发挥行政事业单位公共服务方面的职能效用，充分贯彻落实国家有关方针政策，构建良好的政府形象。"[①]

（一）行政事业单位全面预算管理概念

行政事业单位财政预算管理是做好行政事业单位财政收支管理的第一步，也是管理好行政事业单位财政收支的重要一步。全面预算是由全员、全额、全程三方面组成的：①全员指的是让每一个与预算相关的人员参与到预算编制中来，预算指标分解到每一名参与人

---
① 陈颖超. 行政事业单位全面预算管理中存在的问题及对策[J]. 中国管理信息化，2022，25（24）：6.

员身上，人人树立预算意识；②全额是指预算金额的总体性，对于行政事业单位来说，不仅包括财政拨款，还包括政府公益金和一些自有收入等；③全程是指对预算管理流程要实施全面控制，是要通过预算的执行和监控、预算的分析和调整、预算的考核与评价，真正发挥预算管理的权威性和对各种财务活动的指导作用。

行政事业单位全面预算具有三个特征：①统一性。要求包括单位的一切事务。②年度性。行政事业单位每年都向本级财政部门呈递预算。③明确性。应让公众理解并审查其内容。④公开性。要求预算成为公开文件，其内容能被全社会了解。

预算还是管理的工具，好的政策依赖好的预算管理。在促进政策目标的整个资金流动过程中，预算管理起着关键作用。早期的预算管理更多地强调合规性，对公共资金使用所产生的结果未给予充分关注。现代预算管理方法认为，片面强调合规的传统预算理念已不适应环境变化的要求，赋予支出机构管理灵活性对于有效地利用资源、达成既定目标非常重要。

（二）行政事业单位全面预算管理的目标和原则

1.行政事业单位预算管理的目标

经济政策的基本目标可界定为增长、平等和稳定。如果没有促进宏观经济稳定和社会平等的政策，经济增长就是不可持续的。因为这三个目标之间也会产生矛盾，所以在预算中要把这三个目标综合在一起考虑。这一框架应致力追求三个关键的公共支出管理目标和两个一般目标。

预算作为最重要的政策文件，预算管理应同时追求经济政策的三大目标。经济政策的三项一般性目标就转化为全面预算管理的三个关键目标：财政纪律与总量控制、基于政策优先性资源配置、营运管理与运作效率。

财政纪律和总量控制是所有预算制度的首要任务。基于政策优先性的资源配置有效不仅意味着政府引导资源增量转向新的更高优先级用途，还意味着将资金从低价值的用途转向高价值用途的意向和程序。运营效率要求推动支出机构提高服务交付的生产率，从而降低政府购买货物和服务的成本。

两个一般目标分别为合规性和管理财政风险，这也是预算管理的基本要求。合规性意味着预算管理过程的所有参与者必须严格遵守国家有关的法律法规及规章制度。风险可以定义为损失和收益的不确定性，风险控制主要针对消极的而不是积极的风险，也就是那些可能造成损失的风险。风险管理的目标是控制风险损失，通常有三种方法：转移风险、消除或减少风险、承担风险。在任何情况下，对风险进行精准的确认，并对风险进行评定；确认风险时，要尽可能对风险进行量化，并确定它的来源、性质等属性。评估风险要求对风险的严重性和频率进行计量，确认和评估的结果应予公布。

2.行政事业单位全面预算管理的原则

行政事业单位在进行全面预算管理时应做到：在做预算编制时，采用科学合理的方法，力求预算的精确性；在预算执行时，严格按照《中华人民共和国预算法》要求进行支出，做到厉行节约，减少铺张浪费；在预算监控时，要对每一笔支出进行实时监控，确保符合法律条例规定，对不符合规定的及时进行调整；在预算考核时，建立科学合理并且可操作性强的预算考核体系，对预算执行进行考核，确保预算资金的使用效率，避免低效率的产生；年末决算要认真填报，做到账实相符；在资产使用管理方面，合理配置资产资源，提高资产使用效率，防止资产流失。预算编制做到科学合理，是行政事业单位提高资金使用效益的关键性因素，可以细化事业单位预决算公开内容，逐步将部门预决算公开到基本支出和项目支出。行政事业单位的全面预算管理必须遵照以下原则实施：

（1）坚持合法合规的原则。在编制行政事业单位预算时，要按照国家的法规和政策方针有关规定和单位的工作任务和目标进行。

（2）坚持完整性和统一性原则。在编制行政事业单位预算时，要涵盖所有的收入，不仅仅是财政补助收入，收支的口径要和国家《中华人民共和国预算法》要求一致。

（3）坚持以收定支、收支平衡的原则。编制预算要保证收支平衡，略有结余，严禁编制赤字预算。

（4）坚持统筹兼顾、保证重点的原则。要考虑到行政事业单位的发展目标和国家的财政收入水平，分清轻重缓急，保证重点项目的资金。

（5）坚持勤俭节约、注重绩效的原则。最大限度地增加收入，节约支出，提高预算资金的使用效率水平。

（三）行政事业单位全面预算管理组织体系

全面预算管理的组织设置模式包括以下两种：

1.预算管理委员会

预算管理委员会在全面预算管理的组织结构中起着枢纽的作用，它由行政事业单位负责人和部门主管构成。它的工作任务：①拟定预算管理的相关规定、章程、规范等；②提出预算编制方针和程序并确定年度发展目标及事业计划；③审查并确定单位所有的预算草案；④审阅实际执行与预算差异的汇报；⑤如经过调研发现有需要，做出预算调整的决定。

2.预算管理办公室

预算管理办公室是直接服务于预算管理委员会的机构，承担着组织单位员工完成预算管理工作，并对各部门之间的障碍进行沟通与协调。它可以对预算管理委员会直接汇报工作。预算管理办公室的工作任务是：①拟定预算管理工作的相关条例；②制定根据行政事业单位事业发展的总体目标；③提出年度工作计划的预算编制要求；④对各部门编制预算的人员进行培训；⑤对各部门上报的预算进行审核和汇总；⑥对提出预算调整的方案进行汇总；⑦对预算执行效果进行考核和评估；⑧监督和控制预算执行情况，完成预算年度的总目标；⑨将预算过程中的所有情况向预算管理委员会进行相关汇报。

（四）行政事业单位全面预算管理流程循环

全面预算管理系统包括预算编制、预算执行、预算监控、预算考核四个方面，这四个方面相辅相成，相互影响。为了达到事业单位设定的总体目标，在实行全面预算管理时应完善全面预算管理运行流程；从科学编制预算开始，严格约束每一项经济活动，形成有效的预算执行信息；加强对预算的监管与控制，及时进行预算分析；当实际情况出现偏差时，立即采取措施进行预算调整，确保总目标的实现。实行考评奖惩和激励，也是实现行政事业单位的战略目标。全面预算管理强化预算管理的目标性，预算管理目标与行政事业单位战略目标的协同性，使预算控制的力度和作用得以发挥。全面预算管理包括预算分析、预算考评和激励，从而使整个流程更加科学化。

（五）行政事业单位预算编制

1.行政事业单位预算编制原则

行政事业单位在编制预算时，应深入贯彻新《预算法》和《行政事业单位内部控制规范》：①完善基本支出定额标准体系；②加快推进项目支出定额标准体系建设；③充分发挥支出标准在预算编制和管理中的基础支撑作用。由于行政事业单位预算是由各行政事业单位按照财政部门预算编制要求进行编制的，应在领会和把握预算编制相关规定的基础上，结合本单位各部门的具体职责研究确定计划年度的工作任务，经单位预算管理委员会审核通过后，再根据相关基本数字和各项收支标准采用"零基预算法"准确编制本单位预算。无规矩不成方圆，所以行政事业单位预算编制必须遵循一定原则，才能编制出合理的、有参考价值的高质量预算。

原则是编制部门预算的前提条件，必须加强行政事业单位部门编制预算的原则性，使预算编制工作更加严谨。具体原则体现在以下方面：

（1）把国家的各项政策和法律作为依据。

（2）把当地的经济发展水平作为关键因素。

（3）对预算的把握是收支平衡尽量减少结余。

（4）必须遵循完整性原则。部门预算的编制中要涉及行政事业单位所有的收入和支出。

（5）必须遵循真实性原则。编制预算的有关所有数据的预测要有依据，不可随便估计；对机关运行经费进行严格管理，加快制定机关运行经费实物定额和服务标准；加强人员编制管理和资产管理，完善人员编制、资产管理与预算管理相结合的机制。

（6）统一性原则。在进行部门预算的编制时，对于同一类别的预算项目要用一致的预算科目。编制预算时，对收支标准的规定也要相统一。

（7）年度性原则。行政事业单位编制预算时，要和财政年度相一致。

（8）讲政治的原则。行政事业单位的预算编制基于自身强烈的政治责任感。

2.行政事业单位预算编制的方法和程序

（1）行政事业单位预算编制方法。零基预算法的本质是不考虑过去年度项目费用的影响，根据实际情况确定项目预算的数额。这就要行政事业单位做到充分了解自身的资源情况，经过认真调查，配置资源，编制预算并对预算进行考核。在编制预算时，着重分析项目的成本效益情况，按照轻重缓急安排项目的优先次序。零基预算排除了以前年度预算的不合理因素，从投入和效率的角度，合理安排项目，从而提高财政资金的使用效率；避免了过去采用基数调整的不科学的预算编制方法，提高了预算编制的准确性。

（2）行政事业单位预算编制程序。我国行政事业单位的部门预算是现代政府预算的组成部分，一般要经过四个阶段的程序：政府行政部门编制草案、政府财政部门汇总审核、政府领导审核批准、议会审核。具体实行的是"二上二下"的编报程序。

3.行政事业单位预算编制的具体步骤

行政事业单位预算编制的具体步骤包括以下方面：

（1）建立预算编审的组织。预算编审组织的成员是单位负责人和财务部门人员。预算编审组织的所有成员要划分好工作职责，落实责任，完成行政事业单位的预算工作。预算编审组织的第一个任务是确定年度的总体目标。

（2）编制预算的基础工作。

（3）编制行政事业单位的收入预算。

（4）编制支出预算。要依照收支平衡、略有结余的思想来编制支出预算。编制支出预算时，要充分考虑所有的可能性因素，实现资源的优化配置。行政事业单位在编制支出预算时主要涉及的是基本支出和项目支出。

（5）本单位的预算。经过编审组织的审核汇总，形成本单位的预算控制数，并把预算控制数的形成过程整理成说明书上交到财政部门。各科室根据年度预算建议计划，完成预算信息数据的采集、编制、汇总和审核工作，在规定时间内提交财务处审核。支出预算根据本处室年度工作目标和重点，以及上年预算安排执行情况编制。

综合预算和零基预算是年度支出的预算编制方法。支出预算要充分考虑年度内所有影响预算支出的因素和项目，分轻重缓急，按资金性质安排科目、项目支出。各项支出要有可靠的资金来源。审核平衡年度预算并下达修正意见。财务处收到各业务处室提交的项目立项申报后，初步进行筛选，剔除重复申报项目。财务处和预算编审委员会制作项目评分指标表，听取各项目主管部门对项目整体情况的介绍后结合上年度预算执行情况，现场对各项目进行量化评分。财务处根据分数高低情况，确定各部门预算申报项目的优先次序；结合预算年度财力状况，按照以收定支原则汇总，完成对各处室年度支出预算的审核平衡工作，形成年度支出预算修正意见。各处室对项目支出项目进行适当修正，报经主管局领导同意后，在规定时间内向局财务处提出，同时报送预算编制说明。符合单位重大项目金额标准的项目需根据预算金额大小按照职责权限进行审批。财务处负责汇总平衡各处室年度预算，形成本单位年度预算草案。财务处将年度预算草案提交局长办公会进行审议批准，然后报送同级财政部门批准。

二、行政事业单位预算业务内部控制基础

内部控制是指行政事业单位为实现控制目标，通过制定制度、实施措施和执行程序，对经济活动的风险进行防范和管控。行政事业单位业务层面的内部控制主要包括有预算业务控制、收支业务控制、政府采购业务控制、资产控制、建设项目控制和合同控制，这些业务构成了行政事业单位的主要经济活动内容。其中，预算业务控制是主线和核心。行政事业单位预算业务指的是预算管理的整个过程，可以根据业务流程分为五个环节：预算的编制、执行、调整、支出决算和绩效评价。预算业务流程中的各个环节都存在一定风险：

（1）预算编制风险：①预算编制不切实际，出现"漫天要价"的现象；②预算编制时，财务处不与各业务部门沟通而仅靠财务处编制，导致预算与业务脱节；③预算编制的项目不够细化，某些业务部门企图"浑水摸鱼"，导致预算没有足够的约束力。

（2）预算执行风险：①没有严格按照批复的预算来安排各项收支；②预算执行缺乏有效沟通，导致预算进度偏快或偏慢。

（3）预算调整风险：预算调整没有严格控制，导致预算约束力不足。

（4）支出决算风险：决算不够真实完整，不能充分利用前一年的决算分析结果来指导下一年的预算编制。

（5）绩效评价风险：绩效评价机制往往不够完善甚至缺乏该机制，导致无法有效及时地监督预算管理。因此，为了加强单位预算业务的内部控制体系建设，需要开展风险评估，识别预算业务中各环节的关键风险点，针对风险点采取有效的控制措施。

行政事业单位的预算业务内部控制是指行政事业单位开展预算工作时，为了达到预算业务内部控制的目标，通过构造完善预算业务内部控制体系，找出预算业务过程中的关键风险点；对预算编制、执行、调整、决算、考核等环节的风险进行管控与防范，确保预算业务执行的控制与监督。预算业务内部控制是行政事业单位内部控制的主线，其目标包

括：①单位的预算编制应该方法科学、程序规范、项目细化、内容完整、编制及时、数据准确；②严格管控预算调整程序，尽可能确保预算管理控制作用；③确保预算的严格有效执行，确保预算能够严格按照批复的额度和用途来执行；④建立预算执行反馈机制，提高预算执行的有效性；⑤及时进行有效、真实、完整的决算分析工作，与预算要相互反映，相互促进；⑥加强预算绩效的管理工作，建立全过程管理的预算绩效机制。

三、行政事业单位会计核算方法与要求

（一）会计核算基本理论

1. 会计基本假设

行政事业单位在提供会计信息时，会面临某些不确定的事情，对这些事物作出判断，并给出合理推定，是会计核算工作赖以存在的前提条件。会计基本假设就是会计人员对会计核算所处的变化不定的环境作出的合理判断，是对会计核算所处的时间、空间环境所作的合理设定，主要包括会计主体、持续经营、会计分期、货币计量。

2. 会计基础

会计基础也称会计处理基础、会计确认基础，是指确认行政事业单位一定会计期间的收入和费用，进而确定其经营成果和财务状况的方法。由于会计核算工作要分期进行，因此有可能产生在同一会计期间各项交易和事项的发生与款项的实际收取和支付不一致的情况。对此，会计上有两种不同的处理标准（会计基础）：一种是权责发生制，另一种是收付实现制。

根据新《事业单位会计制度》规定：事业单位会计核算一般采用收付实现制，但部分经济业务或者事项的核算可采用权责发生制。

相对经营性业务来说，采用权责发生制可以正确反映各个会计期间所实现的收入和实现收入所负担的费用，从而可以把各期的收入和与其相关的费用成本相配合，加以比较，并在此基础上正确确定各期的收入和费用。事业单位对于生产经营性的业务宜采用权责发生制作为其记账基础。

（二）会计核算方法

会计核算的方法是对会计对象进行确认、计量、记录和报告的方法，主要包括设置和运用账户、填制和审核凭证、登记账簿、编制财务会计报告等方面。设置账户前须先将会计对象划分为主要的会计要素，然后在会计要素下按其经济内容和用途设置相应的会计科目，根据会计科目来设置账户，按照会计等式原则填制和审核凭证，采用复式记账的方法登记账簿，最后根据账簿记录编制财务会计报告。

1. 会计要素

会计要素是对会计对象的基本分类，是会计用于反映行政事业单位财务状况、确定经营成果的基本单位。会计要素又称为会计报表要素，是构成会计报表结构的基础。会计要素分为资产、负债、净资产、收入、支出或者费用。

2. 会计科目及账户设置

行政事业单位会计科目是对行政事业单位会计要素按其经济内容和用途所作的具体分类项目。通过设置会计科目，可以将会计要素的增减变化分门别类予以登记，为行政事业单位内部经济管理和外部有关方面提供一系列具体的分类数量指标。会计科目是会计核算的专门方法之一。

行政事业单位会计科目按其提供会计信息的详细程度可分为总账科目和明细科目。总账科目是对会计要素的具体内容进行总括分类的会计科目，是进行总分类核算的论据，提供的是总括信息；明细科目是对总账科目所含内容再作详细分类的会计科目，提供更加详细具体的信息。

3. 会计记账方法

行政事业单位会计采用复式记账法，就是指对于任何一笔经济业务都要用相等的金额，在两个或两个以上的有关账户进行相互联系的记录的一种方法，以"借"和"贷"作为记账符号来记录和反映会计要素增减变动情况及其结果，其理论依据是会计恒等式：资产=负债+净资产。记账规则是"有借必有贷，借贷必相等"。

在行政事业单位会计中，借贷记账法中的"借"表示资产类和支出类账户的增加以及负债类、净资产类和收入类账户的减少或转销，"贷"表示资产类和支出类账户的减少或转销以及负债类、净资产类和收入类账户的增加。

4. 编制财务会计报告

行政事业单位的财务会计报告是反映行政事业单位某一特定日期的财务状况和某一会计期间的事业成果、预算执行情况等会计信息的文件。财务会计报告应依据登记完整、核对无误的账簿记录和其他有关资料编制，应做到数字真实、计算准确、内容完整、报送及时。

财务会计报告构成主要有资产负债表、收入支出表和财政补助收支情况表三大主要报表及会计报表附注，与其他应当在财务会计报告中披露的相关信息和资料。

5. 会计循环

会计循环就是会计人员将一定时期内所发生的经济业务按照一定的步骤、方法加以记录、归类、汇总，直至编制会计报告的整个过程，在连续的会计期间里周而复始、不断循环的工作就是会计循环。

（三）会计核算信息的基本要求

为了保证行政事业单位会计工作的顺利进行，向信息使用者提供准确、及时的财务会计信息，会计核算中使用的信息应遵循以下基本原则：

（1）可靠性。行政事业单位应当以实际发生的经济业务或者事项为依据进行会计核算，如实反映各项会计要素的情况和结果，保证会计信息真实可靠。

（2）全面性。行政事业单位应当将发生的各项经济业务或者事项统一纳入会计核算，确保会计信息能够全面反映行政事业单位的财务状况、事业成果、预算执行等情况。

（3）及时性。行政事业单位对于已经发生的经济业务或者事项，应当及时进行会计核算，不得提前或者延后。为了保证会计信息的及时性，行政事业单位应做好三个方面的工作：①要及时收集会计信息，对于各种生产经营活动，应判断其性质，决定是否将其纳入会计系统，并及时收集整理各种原始凭证；②对已经发生的经济业务应及时加工处理，不得拖延和积压；③将编制完毕的财务报表及时传递给使用者。

（4）可比性。行政事业单位提供的会计信息应当具有可比性。同一行政事业单位不同时期发生的相同或者相似的经济业务或者事项，应当采用一致的会计政策，不得随意变更。确需变更的，应当将变更的内容、理由和对单位财务状况及事业成果的影响在附注中予以说明。同类行政事业单位中不同单位发生的相同或者相似的经济业务或者事项，应当采用统一的会计政策，确保同类单位会计信息口径一致，相互可比。

（5）相关性。行政事业单位提供的会计信息应当与其受托责任履行情况的反映、会计信息使用者的管理、决策需要相关，有助于会计信息使用者对事业单位过去、现在或者未来的情况作出评价或者预测。会计信息的价值在于其与经济决策相关，有助于人们作出各种决策。当使用者通过信息评估过去、现在或未来的事件，或者通过信息确认或纠正使用者过去的评价，影响到使用者的经营决策时，信息就具有相关性。

（6）可理解性。行政事业单位提供的会计信息应当清晰明了，便于会计信息使用者理解和使用。

（四）会计凭证填制的基本要求

1.原始凭证的基本要求

原始凭证是经济业务发生时取得的书面证明，是会计事项的唯一合法凭证，是登记明细账的依据。行政事业单位原始凭证按照来源的不同，又分为外来原始凭证和自制原始凭证，主要包括各级财政到款和支付凭证、其他开户银行转来的有关收付款凭证、各种实物资产入库或出库的凭证、各种往来结算凭证、其他足以证明会计事项发生经过的凭证和文件等。

2.记账凭证的基本要求

记账凭证可以分为收款凭证、付款凭证和转账凭证，也可以使用通用记账凭证。

3.凭证传递的基本要求

（1）各单位会计凭证的传递程序应当科学、合理，具体办法由各单位根据会计业务需要自行规定。

（2）会计机构、会计人员要妥善保管会计凭证。会计凭证应当及时传递，不得积压。会计凭证登记完毕后，应当按照分类和编号顺序保管，不得散乱丢失。

（3）记账凭证应当连同所附的原始凭证或者原始凭证汇总表，按照编号顺序折叠整齐，按期装订成册，并加具封面，注明单位名称、年度、月份和起讫日期、凭证种类、起讫号码，由装订人在装订线封签处签名或者盖章。

对于数量过多的原始凭证，可以单独装订保管，在封面上注明记账凭证日期、编号、种类，同时在记账凭证上注明"附件另订"和原始凭证名称及编号。

对于各种经济合同、存出保证金收据以及涉外文件等重要原始凭证，应当另编目录，单独登记保管，并在有关的记账凭证和原始凭证上相互注明日期和编号。

（4）原始凭证不得外借，其他单位如因特殊原因需要使用原始凭证时，经本单位会计机构负责人、会计主管人员批准，可以复制。向外单位提供的原始凭证复印件应当在专设的登记簿上登记，并由提供人员和收取人员共同签名或者盖章。

（5）从外单位取得的原始凭证如有遗失，应当取得原开出单位盖有公章的证明，并注明原来凭证的号码、金额和内容等，由经办单位会计机构负责人、会计主管人员和单位领导人批准后，才能代作原始凭证。如果确实无法取得证明的，如火车票、轮船票、飞机票等凭证，由当事人写出详细情况，由经办单位会计机构负责人、会计主管人员和单位领导人批准后，代作原始凭证。

（五）登记会计账簿的基本要求

（1）各单位应当按照国家统一会计制度的规定和会计业务的需要设置会计账簿。会计账簿包括总账、明细账、日记账和其他辅助性账簿。

（2）现金日记账和银行存款日记账必须采用订本式账簿，不得用银行对账单或者其他方法代替日记账。

（3）实行会计电算化的行政事业单位用计算机打印的会计账簿必须连续编号，经审核无误后装订成册，并由记账人员和会计机构负责人、会计主管人员签字或者盖章。

（4）启用会计账簿时，应当在账簿封面上写明单位名称和账簿名称。在账簿扉页上应当附启用表，内容包括启用日期、账簿页数、记账人员和会计机构负责人、会计主管人员姓名，并加盖名章和单位公章。记账人员或者会计机构负责人、会计主管人员调动工作时，应当注明交接日期、接办人员或者监交人员姓名，并由交接双方人员签名或者盖章。

启用订本式账簿，应当从第一页到最后一页顺序编定页数，不得跳页、缺号。使用活页式账页，应当按账户顺序编号，并须定期装订成册，装订后再按实际使用的账页顺序编定页码。另加目录，记明每个账户的名称和页次。

（5）会计人员应当根据审核无误的会计凭证登记会计账簿。

（6）实行会计电算化的行政事业单位，总账和明细账应当定期打印。对于发生收款和付款业务的，在输入收款凭证和付款凭证的当天必须打印出现金日记账和银行存款日记账，并与库存现金核对无误。

（7）账簿记录发生错误，不准涂改、挖补、刮擦或者用药水消除字迹，不准重新抄写。

（8）各行政事业单位应当定期对会计账簿记录的有关数字与库存实物、货币资金、有价证券、往来单位或者个人等进行相互核对，保证账证相符、账账相符、账实相符。对账工作每年至少进行一次。

（9）各行政事业单位应当按照规定定期结账。

四、行政事业单位财务会计报告

财务会计报告是反映行政事业单位某一特定日期的财务状况和某一会计期间的事业成果、预算执行等会计信息的文件，能反映行政事业单位职责的履行情况，能为财务会计报告使用者合理配置资源、进行社会经济决策服务。财务会计报告是财政部门和上级单位了解情况、掌握政策、指导行政事业单位预算工作的重要资料，是行政事业单位加强内部管理、高效执行财政预算、提高预算资金使用效果的体现，也是编制下年度单位财务预算的基础。

财务会计报告是对行政事业单位财务状况、事业成果和预算执行等会计信息定期反映的财务文件。

（一）财务会计报告编制要求

行政事业单位财务会计报告应当按照规定的编制基础、编制依据、编制原则和方法，依据登记完整、核对无误的账簿记录和其他有关资料编制。财务会计报告应做到数字真实、计算准确、内容完整、报送及时。

（二）财务会计报告构成

财务会计报告包括财务报表和其他应当在财务会计报告中披露的相关信息和资料。

（1）财务报表是财务会计信息的主要载体，由会计报表及其附注构成。会计报表至少应当包括资产负债表、收入支出表和财政补助收支情况表三大主要报表。会计报表附注是指在会计报表中对列示项目所作的进一步说明，以及对未能在这些报表中列示项目的说明等。

（2）其他应当在财务会计报告中披露的相关信息和资料。通常行政事业单位会编制报表分析报告，在分析报告中披露相关信息和资料。

（三）财务会计报表的编制期间和报送要求

1.会计报表的编制期间

会计报表分为月报、季报和年报（年度决算报表）三种。会计年报自公历1月1日起至12月31日，月报、季报亦采用公历月份、季度起止日期。

2.会计报表的报送要求

行政事业单位应当按照上级要求及时报送财务会计报告，在规定的期限内，按照规定的程序报送给规定的对象，以便及时反映行政事业单位的财务状况和收支、结余情况。

（四）资产负债表

资产负债表是指反映行政事业单位在某一特定日期的财务状况的报表。它反映了行政事业单位在某一会计期末全部资产、负债和净资产的情况，包括行政事业单位按照制度要求，将单独核算的基本建设投资并入会计"大账"的相关数据。

资产负债表是行政事业单位会计报表体系中主要的报表，它综合反映了行政事业单位在某一时点占有或使用的经济资源和债务的分布及偿债能力等情况。资产负债表主要向各相关方提供以下三方面信息：

（1）行政事业单位该时点所掌握的经济资源及这些资源的分布和结构。

（2）行政事业单位的负债情况。

（3）行政事业单位的基金情况。

这些信息是上级管理部门和决策部门管理行政事业单位重要的会计资料。

（五）收入支出表

收入支出表是反映行政事业单位某一会计年度内各项收入、支出和结转及结余情况，以及年末非财政补助结余的分配情况的报表。按照规定，收入支出表采取结余计算和结余分配二合一的形式编报，既反映行政事业单位在一定期间的财务成果，又反映财务成果的分配过程。

收入支出表是行政事业单位会计报表体系中重要的报表之一，它可向主管部门、财政部门及有关方面提供以下信息：

（1）收入支出表可以反映行政事业单位的活动成果，通过该表可以全面反映行政事业单位业务活动发生的收入、支出及结转结余情况，并通过比较，确定行政事业单位在某一会计期间的业务活动成果。

（2）收入支出表为评价事业单位管理机构、管理者的业绩提供了重要依据。利用收入支出表提供的收入、支出数据资料，可以反映行政事业单位管理机构、管理者的业绩，有助于考核管理者受托经济资源管理责任的履行情况。

（3）收入支出表有助于反映净资产的增减变动情况。净资产的增减变动情况是行政事业单位资源提供者较为关注的内容之一，通过收入支出表可以向资源提供者报告行政事业单位净资产的增加、使用和结存情况。

通过收入支出表可以了解行政事业单位的结余水平，判断行政事业单位的运营成果，考核行政事业单位的运营业绩，分析行政事业单位的获利能力，预测行政事业单位未来运营与结余发展趋势，为编制未来结余预算、作出未来运营决策提供依据。同时，将收入支出表中的信息与资产负债表中的信息相结合，可以提供分析行政事业单位财务状况的基本资料，为评价其业绩、预测其发展趋势提供会计方面的信息需求。

（六）财政补助收入支出表

财政补助收入支出表是指反映行政事业单位某一会计年度财政补助的收入、支出、结转及结余情况的报表。

财政补助收入支出表为主管部门、财政部门和有关信息使用者了解、评论财政拨款预算执行情况，进行财政拨款决策，加强财政拨款、结余资金管理等提供有用的会计信息。

五、行政事业单位资产管理

行政事业单位国有资产是指行政事业单位占有、使用的，依法确认为国家所有，能以货币计量的各种经济资源的总称。国有资产包括由财政性资金形成的资产、国家调拨的资产、按照国家规定组织收入形成的资产，以及接受捐赠和其他经法律确认为国家所有的资产，其表现形式为流动资产、固定资产、无形资产和对外投资等。

1.管理原则

行政事业单位国有资产管理活动应当坚持资产管理与预算管理相结合、资产管理与财务管理相结合、实物管理与价值管理相结合、分级监管与授权管理相结合的原则。

2.管理体制

行政事业单位国有资产实行国家统一所有，分级监管，单位占有、使用的管理体制。

3.管理机构

各行政事业单位国有资产管理主管部门负责对本单位的国有资产实施监督管理。行政事业单位所属各级单位负责对本级及所属单位国有资产实施监督管理。

4.管理内容

国有资产管理的内容包括资产配置、资产使用、资产处置、资产评估、资产信息管理、产权登记等方面。其中，行政事业单位资产管理工作中主要涉及的内容为资产配置、资产使用、资产处置、资产评估等方面的管理。

（一）资产配置

资产配置是指各行政事业单位根据履行职能的需要，按照国家有关法律、法规和规章制度规定的程序，新增资产、配备国有资产的行为。资产配置的方式主要有购置、基建移交、接受调剂、接受捐赠、自行研制等。

1.资产配置的基本原则

（1）依法、依规并按照配置标准配置资产。

（2）与履行职能需要适应。

（3）科学合理，结构优化。

（4）厉行节约，从严控制。

2.资产配置标准

资产配置标准是指对资产配置的数量、价格和技术性能等的设定，是编制购置计划、审核购置预算、实施资产采购和对资产配置进行监督、检查的依据。

3.资产购置

资产购置是指单位申请财政资金或使用自有资金，以购买的方式新增资产的行为。资产购置必须纳入年度部门预算。

4.基建移交

基建移交资产是指建设单位依据基本建设管理程序，按照规定编制竣工项目交付使用资产表，办理资产移交的行为。

已完成竣工验收，竣工财务决算经有关部门批复后，办理验收和交接手续，分别移交给工程管理单位或有关部门，接收单位根据"交付使用资产明细表"登记资产价值。

5.接受调剂

资产调剂是指为满足行政事业单位履行职能的需要，按照国家有关法律、法规和规章制度规定的程序，根据上级单位的批复无偿调入资产的行为。

6.接受捐赠

接受捐赠是指无偿接受各种达到固定资产标准物品的行为。

各行政事业单位接受捐赠资产，应与捐赠方签订捐赠协议。捐赠协议应包括捐赠双方名称、资产清单、价值依据和相关条件。

各行政事业单位接收的捐赠资产，应按照捐赠协议要求与相关费用凭据或评估报告分析入账。

7.自行研制

自行研制是指各行政事业单位根据需要利用自有的人力、物力条件自行研制资产的行为。自行研制固定资产的成本包括建造该项资产至交付使用前发生的全部必要支出。

8.资产验收、登记

各行政事业单位对以购置、接受调剂、基建移交、接受捐赠、自行研制等方式配置的资产，应当进行验收、登记。验收的方法可以采取实物查看、抽样检查、操作实验、验票验物等。资产验收完毕后，实物资产管理部门依据资产验收材料编制或修改资产卡片。资产验收、登记应提供以下资料：

（1）资产的购置发票和其他有关票据。

（2）资产的采购合同或其他接收证明。

（3）资产的技术资料说明书。

（4）经过批复的资产移交表。

（5）经过批复和审计的竣工决算资料。

（6）自制、改建、扩建、改良资产的支出证明材料。

（7）其他需要提供的资料。

（二）资产处置

国有资产处置是指国有资产处置单位对其占有、使用的国有资产进行产权转让或者注销产权的行为。

1.资产处置方式

资产处置方式包括无偿调拨（划转）、对外捐赠、转让、置换、报废、报损、货币性资产损失核销等。

2.基本原则和要求

（1）资产处置的基本原则。资产处置应当遵循公开、公正、公平、竞争、择优的原则。

（2）资产处置的要求。

第一，权属清晰。

第二，严格审批程序。

第三，公开处置。

第四，注重保密。

第五，上缴处置收入。

（3）处置权限。根据规定，行政事业单位对国有资产处置授权审批权限：单位价值或批量价值在800万元以下的，由财政部授权主管部门审批，主管部门应当于批复之日起15个工作日内将审批文件报财政部备案；单位价值在800万元以上（含800万元）的，报主管部门审核，财政部审批。

（4）资产处置的报批手续。行政事业单位处置国有资产时，应办理报批手续，并提供下列材料。

第一，拟处置资产申请文件。

第二，《中央级事业单位国有资产处置申请表》。

第三，《国有资产报废报损鉴定表》。

第四，可行性研究报告、相关说明文件或证明材料。

第五，拟处置资产的名称、数量、规格、单价等清单。

第六，资产价值凭证及产权证明，如购货发票或收据、竣工决算副本、记账凭证、固定资产卡片、国有土地使用权证、房屋所有权证、股权等凭证的复印件（加盖单位公章）。

第七，行政事业单位经审计的年度财务报表附件。

第八，行政事业单位法人证书、企业营业执照或个人身份证复印件。

第九，其他相关材料。

（5）资产处置收入的相关规定。根据规定，国有资产处置收入归国家所有，实行"收支两条线"管理，处置收入上缴中央国库管理。

（三）资产评估

资产评估是对资产价值形态的评估，是指专门的机构或专门评估人员遵循法定或公允的标准和程序，运用科学的方法，以货币作为计算权益的统一尺度，对在一定时点上的资产进行评定估算的行为。

1.资产评估的基本原则

（1）经济行为批准在前的原则，即涉及资产评估的经济行为未经批准不得实施资产评估。

（2）评估法定的原则，即资产评估必须委托依法设立的有相关资质的资产评估中介机构，且依照国家规定的标准、程序和方法对评估范围内的资产进行价值评定与估算。

（3）"谁批准、谁备案"的原则，即资产评估备案实行分级管理，资产评估结果应报送经批准经济行为的单位备案。

（4）资产评估结果时效性原则，即资产评估结果自评估基准日起1年内有效，因此，评估备案申请应自评估基准日起9个月内提出。

2.需要进行资产评估的经济行为

（1）取得没有原始凭证的资产。

（2）整体或部分改制为企业。

（3）以非货币性资产对外投资。

（4）合并、分立、破产、清算。

（5）资产拍卖、有偿转让、置换。

（6）整体资产或者部分资产租赁给非国有单位产权转让。

（7）确定诉讼资产价值。

（8）法律、法规规定的其他需要进行资产评估的事项。

3.不需要进行资产评估的经济行为

（1）整体或者部分资产无偿划转。

（2）下属行政事业单位之间的合并、划转、置换和转让。

（3）其他不影响国有资产权益的特殊产权变动行为，报财政部确认可不进行资产评估的。

六、行政事业单位采购管理

科学地开展政府采购，不仅可以提高资金的使用效益，维护国家利益和社会公共利益，保护政府采购当事人的合法权益，而且将大力促进廉政建设。

政府采购是指各级国家机关、行政事业单位和团体组织，使用财政性资金采购依法制定的集中采购目录以内的或者采购限额标准以上的货物、工程和服务的行为。

政府采购应当遵循公开透明原则、公平竞争原则、公正原则和诚实信用原则。

政府采购应当严格按照批准的预算执行。

政府采购工程进行招标投标的应遵循招标投标法。

（一）政府采购的组织形式

政府采购组织形式分为政府集中采购、部门集中采购和单位自行采购。

（1）政府集中采购，是指中央单位将属于政府集中采购目录中的政府采购项目委托集中采购机构代理的采购活动。

（2）部门集中采购，是指主管部门统一组织实施部门集中采购项目的采购活动。

（3）单位自行采购，也称分散采购，是指中央单位实施政府集中采购和部门集中采购范围以外、采购限额标准以上政府采购项目的采购活动。

（二）政府采购的方式

政府采购的主要方式有公开招标、邀请招标、竞争性谈判、单一来源采购、询价以及国务院政府采购和监督管理部门认定的其他采购方式。

（三）政府采购的程序及要求

1.政府采购程序

政府采购程序：①制订采购需求计划。②公开采购需求。③选择采购方式采购合同的签订。④采购合同的执行等方面。

政府采购程序是政府采购公开透明、公平竞争、公正和诚实基本原则的表现形式，也是对政府采购工作实施监督管理的基础。

负有编制部门预算职责的部门在编制下一财政年度部门预算时，应当将该财政年度政府采购的项目及资金预算列出，报本级财政部门汇总。部门预算的审批按预算管理权限和程序进行。

对于货物或者服务项目采取邀请招标方式采购的，采购人应当从符合相应资格条件的供应商中，通过随机方式选择3家以上的供应商，并向其发出投标邀请书。

对于货物和服务项目实行招标方式采购的，自招标文件开始发出之日起至投标人提交投标文件截止之日止，不得少于20日。

2.政府采购流程中的相关要求

（1）招标采购原则。在招标采购中，出现下列情形之一的，应予废标。

第一，符合专业条件的供应商或者对招标文件作实质响应的供应商不足3家的。

第二，出现影响采购公正的违法、违规行为的。

第三，投标人的报价均超过了采购预算，采购人不能支付的。

第四，因重大变故采购任务取消的。

在废标之后，采购人应当将废标理由通知所有投标人。除采购任务取消情形外，应当重新组织招标；对于需要采取其他方式采购的，应当在采购活动开始前获得设区的市、自治州以上人民政府采购监督管理部门或者政府有关部门批准。

3.竞争性谈判采购原则

采用竞争性谈判方式采购的，应当遵循下列程序。

（1）成立谈判小组。谈判小组由采购人的代表和有关专家共3人以上的单数组成，其中专家的人数不得少于成员总数的2/3。

（2）制定谈判文件。谈判文件应当明确谈判程序、谈判内容、合同草案的条款以及评定成交的标准等事项。

（3）确定邀请参加谈判的供应商名单。谈判小组从符合相应资格条件的供应商名单中确定不少于3家的供应商参加谈判，并向其提供谈判文件。

（4）谈判。谈判小组所有成员集中与单一供应商分别进行谈判。在谈判中，谈判的任何一方不得透露与谈判有关的其他供应商的技术资料、价格和其他信息。对于谈判文件有实质性变动的，谈判小组应当以书面形式通知所有参加谈判的供应商。

（5）确定成交供应商。谈判结束后，谈判小组应当要求所有参加谈判的供应商在规定时间内进行最后报价，采购人从谈判小组提出的成交候选人中根据符合采购需求、质量和服务相等且报价最低的原则确定成交供应商，并将结果通知所有参加谈判的未成交的供应商。

4.单一来源采购原则

对于采取单一来源方式采购的，采购人与供应商应当遵循政府采购法规定的原则，在保证采购项目质量和双方商定合理价格的基础上进行采购。

5.询价采购原则

对于采取询价方式采购的，应当遵循下列程序。

（1）成立询价小组。询价小组由采购人的代表和有关专家共3人以上的单数组成，其中专家的人数不得少于成员总数的2/3。询价小组应当对采购项目的价格构成和评定成交的标准等事项作出规定。

（2）确定被询价的供应商名单。询价小组根据采购需求，从符合相应资格条件的供应商名单中确定不少于3家的供应商，并向其发出询价通知书，让其报价。

（3）询价。询价小组要求被询价的供应商一次报出不得更改的价格。

（4）确定成交供应商。采购人根据符合采购需求、质量和服务相等且报价最低的原则确定成交供应商，并将结果通知所有被询价的未成交的供应商。

6.采购验收

采购人或者其委托的采购代理机构应当组织对供应商履约的验收。对于大型或者复杂的政府采购项目，应当邀请国家认可的质量检测机构参加验收工作。验收方成员应当在验收书上签字，并承担相应的法律责任。

7.采购文件保存

采购人、采购代理机构对政府采购项目每项采购活动的采购文件应当妥善保存，不得伪造、变造、隐匿或者销毁。采购文件的保存期限为从采购结束之日起至少保存15年。

采购文件包括采购活动记录、采购预算、招标文件、投标文件、评标标准、评估报告、定标文件、合同文本、验收证明、质疑答复、投诉处理决定及其他有关文件、资料。

采购活动记录至少应当包括下列内容。

（1）采购项目类别、名称。

（2）采购项目预算、资金构成和合同价格。
（3）对于采用公开招标以外的采购方式的，应当载明原因。
（4）邀请和选择供应商的条件及原因。
（5）评标标准及确定中标人的原因。
（6）废标的原因。
（7）采用招标以外采购方式的相应记载。

（四）政府采购的范围

对于采购人采购纳入集中采购目录的政府采购项目，必须委托集中采购机构代理采购；对于采购未纳入集中采购目录的政府采购项目，可以自行采购，也可以委托集中采购机构在委托的范围内代理采购。

对于政府采购限额标准，属于中央预算的政府采购项目由国务院确定并公布，属于地方预算的政府采购项目由省、自治区、直辖市人民政府或者其授权的机构确定并公布。

第二章　财务管理程序

企业生产经营活动的复杂性，决定了企业管理必须包括多方面的内容，如生产管理、技术管理、劳动人事管理、设备管理、销售管理、财务管理等。本章围绕财务管理，主要内容包括财务预算及其编制、财务控制管理、财务分析与业绩评价。

第一节　财务预算及其编制

一、财务预算的内容与类型

（一）财务预算的主要内容

"预算管理在现代企业财务工作中发挥着关键作用，确保预算的科学性既有助于企业管理者改善资源配置，也有助于企业提高竞争力以避开市场风险。"[1]企业预算是企业在预测、决策的基础上，以数量和金额的形式反映企业未来一定时期内经营、投资、财务等活动的具体计划，是为实现企业目标而对各种资源和企业活动的详细安排。企业预算的内容主要包括日常业务预算、专门决策预算和财务预算三大类。

日常业务预算是指与企业日常经营活动直接相关的经营业务的各种预算。具体包括销售预算、生产预算、直接材料消耗及采购预算、直接人工预算、制造费用预算、产品生产成本预算、经营费用和管理费用预算等，这些预算前后衔接、相互钩稽，既有实物量指

---

[1] 李宝霞. 财务预算管理对企业的重要性分析 [J]. 中国商论，2021（18）：158.

标,又有价值量指标。

专门决策预算是指企业为不经常发生的长期投资决策项目或一次性专门业务所编制的预算,具体包括资本支出预算、一次性专门业务预算等。资本支出预算根据经过审核批准的各个长期投资决策项目进行编制,实际上是决策选中方案的进一步规划。一次性专门业务预算是为了配合财务预算的编制,为了便于控制和监督,对企业日常财务活动中发生的一次性的专门业务,如筹措资金、投放资金、其他财务决策(发放股息、红利等)编制的预算。

财务预算是指反映企业未来一定预算期内预计现金收支、经营成果和财务状况的各种预算,具体包括现金预算、预计损益表和预计资产负债表。前面所述的各种日常业务预算和专门决策预算,最终大都可以综合反映在财务预算中。这样一来,财务预算就成为各项经营业务和专门决策的整体计划,故也称为"总预算",各种业务预算和专门决策预算就称为"分预算"。

(二)财务预算的类型划分

1.按预算期的长短划分

财务预算按预算期的长短,可以分为长期预算和短期预算。

(1)长期预算,是指预算期超过一年的预算,如资本预算和长期销售预算等。

(2)短期预算,是指预算期在一年以内的预算,如业务预算等。

企业长期预算对短期预算有着很重要的影响。

2.按预算的内容划分

财务预算按预算的内容,可分为财务预算、业务预算和专门预算。

(1)财务预算,是指企业在一定时期内货币资金的收支及财务状况的预算,包括短期现金收支预算和信贷预算,以及长期的费用支出预算和长期资金筹措预算。

(2)业务预算,用于计划企业的基本经济业务,包括销售预算和生产预算等。

(3)专门预算,是主要对企业某专项投资而编制的预算,如企业购置较大的固定资产预算等。

三种预算在编制时各有侧重点,相互之间又密不可分,业务预算和专门预算是财务预算的基础,财务预算是业务预算和专门预算的汇总。

3.按预算的编制方法划分

财务预算按预算的编制方法,可以分为固定预算、弹性预算、零基预算、增量预算、定期预算、滚动预算等。在企业编制财务预算的过程中,经常运用固定预算与弹性预算编制混合预算,以便满足企业经营管理的客观需要。

二、财务预算的编制方法

（一）弹性预算

弹性预算又称变动预算，是指企业在不能准确预测业务量的情况下，根据本量利之间有规律的数量关系编制的能够适应不同生产经营水平需要的预算方法。弹性预算能适应多种业务量水平。与固定预算比较来看，弹性预算适应的范围较宽，可与多种业务量水平相对应，从而得到不同的预算额，弹性预算的业务量范围一般限定在正常业务量能力的70%～110%，因此，弹性预算并不是只适应一个业务量水平的一个预算，而是能够随业务量水平变动而变动的一组预算。

弹性预算一般在制造费用、管理费用等间接费用上应用频率较高。弹性预算易于与实际业务量进行对比。由于企业的生产经营活动总是处于不断变化之中，实际业务量与计划业务量往往并不一致，这样一来，利用弹性预算，就可以将实际指标与实际业务量相对应的预算金额进行比较，使分析更具客观性，从而更好地发挥预算在实际生产经营活动中的控制作用。

（二）固定预算

固定预算也称静态预算，是指企业根据未来既定的业务量水平来编制预算的方法。预算编制后具有相对的稳定性，没有特殊情况不需要对预算进行修订，所以该方法适用于经济状况比较稳定的企业或部门。

（三）增量预算

增量预算是指以基期成本费用水平为基础，结合预算期业务量水平及有关降低成本的措施，通过调整有关原有费用项目而编制预算的方法。

增量预算建立在历史经验的基础上，承认过去所发生的一切都是合理的，主张不在预算内容上做较大改动，这种方法可能导致的不足：①按这种方法编制预算，往往不加分析地保留或接受原有的成本项目，可能使原来不合理的费用开支继续存在，使得不必要的开支合理化，造成预算上的浪费；②增量预算容易鼓励预算编制人凭主观臆断，按成本项目平均削减预算或只增不减，不利于调动各部门降低费用的积极性；③按照这种方法编制的费用预算，对于那些在未来实际需要费用开支的项目可能因为没有考虑未来情况的变化而造成预算的不足。

(四)零基预算

零基预算是指不受过去实际收支情况的限制,一切从零开始编制预算的方法。它不受过去实际发生数据的影响,从实际出发,逐项进行分析,从根本上评价各项活动。零基预算充分调动了单位全体员工的工作积极性,挖掘了内在潜力,增强了预算的实用性。

零基预算是以零为起点,把原业务量和新增业务量看作一个整体,根据预算年度预测的业务量来确定有关数据,并且要求对所有的业务活动都进行成本效益分析后,才能编制新的预算。

第二节 财务控制管理

一、财务控制的类型与方法

(一)财务控制的类型划分

"作为价值控制和综合控制,财务控制已成为现代企业财务管理的重要环节,更是现代企业管理的中心环节。"[1]

第一,按照财务控制的内容划分,可分为一般控制和应用控制两类。一般控制是指对企业财务活动赖以进行的内部环境所实施的总体控制,包括组织控制、人员控制、财务预算、业绩评价、财务记录等内容。应用控制是指作用于企业财务活动的具体控制,包括业务处理程序中的批准与授权、审核与复核以及为保证资产安全而采取的限制措施等。

第二,按照财务控制的功能划分,可分为预防性控制、侦查性控制、纠正性控制、指导性控制和补偿性控制。预防性控制是指为防范风险、错弊和非法行为的发生,或减少其发生机会所进行的控制。侦查性控制是指为了及时识别已经存在的风险、已发生的错弊和非法行为,或增强识别能力所进行的控制。纠正性控制是对那些通过侦查性控制查出来的问题所进行的调整和纠正。指导性控制是为了实现有利结果而进行的控制。补偿性控制是针对某些环节的不足或缺陷而采取的控制措施。

第三,按照财务控制的时序划分,可分为三类:①事前控制,是指企业为防止财务资源在质和量上发生偏差,而在行为发生之前所实施的控制;②事中控制,是指财务活动发

---

[1] 张冬梅. 企业财务控制系统浅析[J]. 现代管理科学,2003(10):71.

生过程中进行的控制；③事后控制，是指对财务活动的结果所进行的分析、评价。

（二）财务控制的主要方法

财务控制是内部控制的一个重要环节，财务控制要以消除隐患、防范风险、规范经营、提高效率为宗旨，建立全方位的财务控制体系和多元的财务监控措施。

全方位的财务控制是指财务控制必须渗透到企业的法人治理结构与组织管理的各个层次、生产业务全过程、各个经营环节，覆盖企业所有的部门、岗位和员工。

多元的财务监控措施，是指既有事后的监控措施，更有事前、事中的监控手段、策略；既有约束手段，也有激励的安排；既有财务上资金流量、存量预算指标的设定、会计报告反馈信息的跟踪，也有人事委派、生产经营一体化、转移价格、资金融通的策略。

二、责任中心财务控制

建立责任中心、编制和执行责任预算、考核和监控责任预算的执行情况是企业实行财务控制的一种有效手段，又称为责任中心财务控制。

责任中心就是承担一定经济责任，并享有一定权利和利益的企业内部（责任）单位。企业为了实行有效的内部协调与控制，通常按照统一领导、分级管理的原则，在其内部合理规划责任单位，明确各责任单位应承担的经济责任、应有的权利，促使各责任单位尽其责任协同配合实现企业预算总目标。同时，为了保证预算的贯彻落实和最终实现，必须把总预算中确定的目标和任务，按照责任中心逐层进行指标分解，形成责任预算，使各个责任中心据以明确目标和任务。

责任预算执行情况的揭示和考评可以通过责任会计来进行。责任会计围绕各个责任中心，把衡量工作成果的会计同企业生产经营的责任制紧密结合起来，成为企业内部控制体系的重要组成部分。由此可见，建立责任中心是实行责任预算和责任会计的基础。

（一）责任中心的主要特征

第一，责任中心是一个责权利相结合的实体。意味着每个责任中心都要对一定的财务指标承担完成的责任；同时，赋予责任中心与其所承担责任的范围和大小相适应的权力，并规定出相应的业绩考核标准和利益分配标准。

第二，责任中心具有承担经济责任的条件。有两个方面的含义：①责任中心要有履行经济责任中各条款的行为能力；②责任中心一旦不能履行经济责任，就要对其后果承担责任。

第三，责任中心所承担的责任和行使的权力都应是可控的。每个责任中心只对其责权范围内可控的成本、收入、利润和投资负责，在责任预算和业绩考评中也只包括其能控制的项目。可控是相对于不可控而言的，不同的责任层次，其可控的范围并不一样。一般情况下，责任层次越高，其可控范围也就越大。

第四，责任中心具有相对独立的经营业务和财务收支活动。它是确定经济责任的客观对象，是责任中心得以存在的前提条件。

第五，责任中心便于进行责任会计核算或单独核算。责任中心不仅要划清责任而且要单独核算，划清责任是前提，单独核算是保证。只有既划清责任又能进行单独核算的企业内部单位，才能作为一个责任中心。

（二）责任中心的类型划分

根据企业内部责任中心的权责范围及业务活动的特点不同，责任中心可以分为三种类型。

1. 成本中心

成本中心是对成本或费用承担责任的责任中心，它不会形成可以用货币计量的收入，因而不对收入、利润或投资负责。成本中心一般包括负责产品生产的生产部门、劳务提供部门以及给予一定费用指标的管理部门。成本中心的应用范围最广，从一般意义出发，企业内部凡有成本发生，就要需要对成本负责，并能实施成本控制的单位，都可以成为成本中心。工业企业，上至工厂一级，下至车间、工段、班组，甚至个人都有可能成为成本中心。成本中心的规模不一，多个较小的成本中心共同组成一个较大的成本中心，多个较大的成本中心又能共同构成一个更大的成本中心。从而在企业内形成一个逐级控制，并层层负责的成本中心体系。规模大小不一和层次不同的成本中心，其控制和考核的内容也不尽相同。

2. 利润中心

利润中心往往处于企业内部的较高层次，如分公司、分厂、分店。具有独立的收入来源或能被视为一个有独立收入的部门，一般还具有独立的经营权。利润中心与成本中心相比，其权力和责任都相对较大，它不仅要降低成本，更要寻求收入的增长，并使之超过成本的增长。换言之，利润中心对成本的控制是联系着收入进行的，它强调相对成本的节约。

3. 投资中心

投资中心是指既对成本、收入和利润负责，又对投资效果负责的责任中心。投资中心也是利润中心。它与利润中心的区别主要有两个：一是权力不同，利润中心没有投资决策权，它是指在企业投资形成后进行具体的经营；而投资中心则不仅在产品生产和销售上享有较大的自主权，而且能够相对独立地运用所掌握的资产，有权构建或处理固定资产，扩大或缩减现有生产能力。二是考核办法不同，考核利润中心业绩时，不管投资多少或占用资产的多少，都不进行投入产出的比较；而考核投资中心业绩时，必须将所获得的利润与所占用的资产进行比较。

（三）责任预算与责任报告

1.责任预算及其编制

责任预算，是指以责任中心为主体，以可控成本、收入、利润和投资等为对象编制的预算，它是企业总预算的补充和具体化。

责任预算由各种责任指标组成。责任指标包括：①主要指标，责任中心所涉及的考核指标，也是必须保证实现的指标；②其他指标，为保证主要指标的完成而设定的，或是根据企业其他总目标分解的指标，通常有劳动生产率、设备完好率、出勤率、材料消耗率和职工培训等指标。

责任预算的编制程序有两种：一种是以责任中心为主体，将企业总预算在各责任中心之间层层分解而形成各责任中心的预算，它的实质是由上而下实现企业的总预算目标。这种自上而下、层层分解指标的方式是一种常用的预算编制程序，其优点是使整个企业浑然一体，便于统一指挥和调度；不足之处是可能会遏制责任中心的积极性和创造性。另一种是各责任中心自行列示各自的预算指标，层层汇总，最后由企业专门机构或人员进行汇总和调整，确定企业总预算。这是一种由下而上、层层汇总、协调的预算编制程序，其优点是有利于发挥各责任中心的积极性，但往往各责任中心只注重本中心的具体情况或多从自身利益角度考虑，容易造成彼此协调困难、互相支持少，以致冲击企业的总体目标。层层汇总、协调工作量大，协调难度大，影响预算质量和编制时效。

2.责任报告及其形式

责任报告，是对各个责任中心执行责任预算情况的系统概括和总结，又称业绩报告、绩效报告。它是根据责任会计记录编制的反映责任预算实际执行情况，揭示责任预算与实际执行差异的内部会计报告。责任会计以责任预算为基础，对责任预算的执行情况进行系统的反映，用实际完成情况同预算目标对比，可以评价和考核各个责任中心的工作成果。责任中心的业绩评价和考核应通过编制责任报告来完成。

责任报告的形式主要有报表、数据分析和文字说明等。将责任预算、实际执行结果及其差异用报表予以列示是责任报告的基本形式。在揭示差异时，还必须对重大差异予以定量和定性分析。定量分析旨在确定差异的发生程度；定性分析旨在分析差异产生的原因，并根据这些原因提出改进建议。

（四）责任中心的业绩考核

责任中心的业绩考核，是指以责任报告为依据，分析、评价各责任中心责任预算的实际执行情况，找出差距，查明原因，借以考核各责任中心工作成果，实施奖罚，促使各责任中心积极纠正行为偏差，完成责任预算的过程。

责任中心的业绩考核有广义和狭义之分：广义的业绩考核除各责任中心的价值指标，如成本、收入、利润以及资产占用等外，还包括对各责任中心的非价值责任指标的完成情况进行考核；狭义的业绩考核仅指对各责任中心的价值指标，如成本、收入、利润以及资产占用等责任指标的完成情况进行考核。

（五）内部转移价格的类型

内部转移价格，是指企业内部各责任中心之间进行内部结算和责任结转时所采用的价格标准，内部转移价格的类型包括以下四种：

1. 市场价格

市场价格是将产品或劳务的市场价格作为基价的价格。采用市场价格一般假定各责任中心处于独立自主的状态，可自由决定从外部或内部进行购销，且产品或劳务有客观的市场价格可采用。

2. 协商价格

协商价格也可称为议价，是企业内部各责任中心以正常的市场价格为基础，通过定期共同协商所确定的为双方所接受的价格。采用协商价格的前提是责任中心转移的产品应有在非竞争性市场买卖的可能性，在这种市场内，买卖双方有权自行决定是否买卖这种中间产品。如果买卖双方不能自行决定，或当价格协商的双方发生矛盾而又不能自行解决，或双方协商定价不能促使企业最优决策时，企业高一级的管理层要进行必要的干预。

协商价格的上限是市价，下限是单位变动成本，具体价格应由各相关责任中心在这一范围内协商议定。当产品或劳务没有适当的市价时，只能采用议价方式来确定。通过各相关责任中心的讨价还价，形成企业内部的模拟"公允市价"，作为计价的基础。

3. 双重价格

双重价格就是针对责任中心各方面分别采用不同的内部转移价格所制定的价格。如对产品（半成品）的供应方，可按协商的市场价格计价；对使用方则按供应方的产品（半成品）的单位变动成本计价。最终会对其差额进行会计调整。之所以采用双重价格是因为内部转移价格主要是为了对企业内部各责任中心的业绩进行评价、考核，故各相关责任中心所采用的价格并不需要完全一致，可分别选用对责任中心最有利的价格为计价依据。

双重价格有两种形式：①双重市场价格，就是当某种产品或劳务在市场上出现几种不同价格时，供应方应采用最高市场价格，使用方则采用最低市场价格；②双重转移价格，就是供应方将市场价格或议价作为基础，而使用方则将供应方的单位变动成本作为计价的基础。

双重价格的好处是既可以较好地满足供应方和使用方的不同需要,也能激励双方在经营上充分发挥主动性和积极性。

4.成本转移价格

成本转移价格是以产品或劳务的成本为基础而制定的内部转移价格。由于成本的概念不同,成本转移价格也有多种不同的形式,其中用途较为广泛的成本转移价格有三种:①标准成本,以产品(半成品)或劳务的标准成本作为内部转移价格,它适用于成本中心或半成品的转移;②标准成本加成,按产品(半成品)或劳务的标准成本加计一定的合理利润作为计价的基础;③标准变动成本,它是以产品(半成品)或劳务的标准变动成本作为内部转移价格,这种方式能够明确揭示成本与产量的关系,便于考核各责任中心的业绩,也有利于经营决策。不足之处是产品(半成品)或劳务中不包含固定成本,不能反映劳动生产率变化对固定成本的影响,不利于调动各责任中心提高产量的积极性。

(六)内部结算与内部结转

1.内部结算

内部结算,是指企业各责任中心清偿因相互提供产品或劳务所发生的、按内部转移价格计算的债权、债务。按照结算的手段不同,可分别采取内部支票结算方式、转账通知单方式和内部货币结算等方式。

(1)内部支票结算方式,是指由付款一方签发内部支票通知内部银行从其账户中支付款项的结算方式。内部支票结算方式主要适用于收款、付款双方直接见面进行经济往来的业务结算,可使收付双方明确责任。

(2)转账通知单方式,是由收款方根据有关原始凭证或业务活动证明签发转账通知单,通知内部银行将转账通知单转给付款方,让其付款的一种结算方式。转账通知单一式三联,第一联为收款方的收款凭证,第二联为付款方的付款凭证,第三联为内部银行的记账凭证。转账通知单方式适用于质量与价格较稳定的往来业务,手续简便、结算及时,但因转账通知单是单向发出指令,付款方若有异议,可能拒付,需要交涉。

(3)内部货币结算方式,是使用内部银行发行的限于企业内部流通的货币(包括内部货币、资金本票、流通券、资金券等)进行内部往来结算的一种方式。这一结算方式比银行支票结算方式更为直观,可强化各责任中心的价值观念、核算观念、经济责任观念。但是,它也可能带来携带不便、清点麻烦、保管困难的问题。一般情况下,小额零星往来业务以内部货币结算,大宗业务以内部银行支票结算。

上述各种结算方式都与内部银行有关,所谓内部银行是将商业银行的基本职能与管理方法引入企业内部管理而建立的一种内部资金管理机构。它主要处理企业日常的往来结算和资金调拨、运筹,旨在强化企业的资金管理,更加明确各责任中心的经济责任,完善内部责任核算，节约资金使用，降低筹资成本。

2.内部结转

责任成本的内部结转又称责任转账，是指在生产经营过程中，对于因不同原因造成的各种经济损失，由承担损失的责任中心对实际发生或发现损失的责任中心进行损失赔偿的账务处理过程。

企业内部各责任中心在生产经营过程中，经常有这样的情况：发生责任成本的中心与应承担责任成本的中心不是同一责任中心，为划清责任，合理奖罚，就需要将这种责任成本相互结转。最典型的实例是企业内的生产车间与供应部门都是成本中心，如果生产车间所耗用的原材料是由于供应部门购入不合格的材料所致，则多耗材料的成本或相应发生的损失，应由生产车间成本中心转给供应中心承担。

责任转账的目的是划清各责任中心的成本责任，使不应承担损失的责任中心在经济上得到合理补偿。进行责任转账的依据是各种准确的原始记录和合理的费用定额。在合理计算出损失金额后，应编制责任成本转账表，作为责任转账的依据。

责任转账的方式有直接的货币结算方式和内部银行转账方式，前者是以内部货币直接支付给损失方，后者只是在内部银行所设立的账户之间划转。

各责任中心在往来结算和责任转账过程中，有时因意见不一致而产生一些责、权、利不协调的纠纷，企业应建立内部仲裁机构，从企业整体利益出发对这些纠纷做出裁决，以保证各责任中心正常、合理地行使权力，保证其权益不受侵犯。

第三节　财务分析与业绩评价

一、财务分析

（一）财务分析的意义

1.基于投资者角度

一般来讲，投资者最注重的是企业的投资回报率，又十分关注企业的风险程度，不但要求了解企业的短期盈利能力，也要考虑到企业长期的发展潜力，企业财务分析对投资者具有十分重要的意义。它不但说明企业的财务目标是否最大限度地实现，也为投资者做出继续投资、追加投资、转移投资或抽回投资等决策，提供最重要的信息。如果是上市公司，作为投资者的股东，还要了解公司每年的股利分配情况及股票市场的市价变化等。

同时，对投资者来讲，不仅要求获得当前的盈利和风险的分析信息，还要求获得各期动态分析的信息，这对投资决策更有价值。

除此之外，作为企业的权益者，利用财务分析的结论，可以了解经营者受托责任的完成情况，评价经营者的经营业绩，为继续聘用、重用、奖励或惩罚及解聘某些经管人员提供依据。

2.基于债权者角度

债权人更多地关心企业的偿债能力，关心企业的资本结构和负债比例，以及企业长短期负债的比例是否恰当。一般来讲，短期的债权人更多地注重企业各项流动比率所反映出来的短期偿债能力。而作为长期债权人，则会更多地考虑企业的经营方针、投资方向及项目性质等所包含的企业潜在财务风险和偿债能力。

同时，长期债权人也要求了解企业的长期经营方针和发展实力及是否具有稳定的盈利水平，这是对企业持续偿债能力的基本保证。所有这些都要通过全面的财务分析才能实现，并要提供具有针对性的财务指标及相关信息。

3.基于经管者角度

财务分析信息对于提高企业内部经营管理水平，制定有效的内外部决策都具有重要意义。企业外界的利益者对企业的影响是间接的，而企业经营管理当局利用财务分析信息能马上应用于管理实务，对促进企业各级管理层综合管理水平的提高至关重要。对应用企业内部管理财务分析信息的要求越具体、深入，越有助于企业的经管当局及时了解企业的经营规划和财务、成本等计划的完成情况，并通过分析各种主、客观原因，及时采取相应的措施，改善各个环节的管理工作。

同时，财务分析信息也是企业内部总结工作业绩，考核各部门经营责任完成情况的重要依据。

4.基于政府角度

对企业有监管职能的主要有工商、税务、财政和审计等政府部门，它们要通过定期了解企业的财务分析信息，把握和判断企业是否按期依法纳税，有无通过虚假财务报告来偷逃国家税款，各项税目的缴纳是否正确等。

同时，国家为了维护市场竞争的正常秩序，必然会利用财务分析资料，来监督和检查企业在整个经营过程中是否严格地遵循国家规定的各项经济政策、法规和有关制度。

5.基于内部员工角度

内部员工不但关心企业目前的经营状况和盈利能力，也同样关心企业的经营前景，他们也需要通过财务分析资料来获取这些信息，知道其辛勤劳动获取了怎样的成果，企业和本部门的有关指标是否完成，了解各种工资、奖金和福利变动的原因以及企业的稳定性和职业的保障程度等。

6.基于社会中介机构角度

与企业相关的主要中介机构有会计师事务所、审计事务所、律师事务所、资产评估事务所、各类投资咨询公司、税务咨询公司和资信评估公司等。这些机构站在第三方的立场上，为企业发行股票、债券、股份制改制、企业联营合资及兼并和清算等各项经济业务，提供各种独立、客观、公正的服务。会计师事务所要对公司制的企业进行年审，验证公司会计报表的合法性、合理性和正确性。

各类社会中介机构在为企业提供服务时，都必须获得企业全面的财务分析信息，才能帮助企业做出合理有效的决策。

（二）财务分析的任务

1.评价企业的经营业绩

企业用于管理决策的信息大部分来自财务会计信息，企业的财务报表则包括最集中、最全面、最可信的信息，它们是管理决策的主要信息来源。通过财务分析，企业可以及时考核财务指标的完成情况，对企业的财务状况和经营成果进行实事求是的评价，肯定成绩，提出问题，并将企业实际与以前各期指标、计划指标、同类企业指标进行比较，以辨明企业在报告期的管理水平与经营绩效，其分析结论强调客观公允性。

2.分析企业业绩变动因素

企业报告期的经营绩效为财务报表使用者提供了衡量企业目前财务状况的基础。目前的财务状况既是过去经营绩效的延续，又是未来发展前景的基石。因此，衡量、判断目前的财务状况并分析说明其影响因素成了财务报表分析的重要任务。通过财务分析，对分析指标的性质及其指标之间的相互关系进行研究，寻找影响财务能力变动的因素，并采用相应的方法计算各因素变动的影响程度，以便分清主次、区别利弊；通过分析诸因素变动对财务状况的影响，把挖掘出来的潜力当作提高工作效率和增强财务能力的机会。所谓潜力，是指增加效益的可能性。在分析时，应克服传统分析中为分析而分析的形式主义做法，变被动分析为主动分析，强调财务分析的能动性和效益性。为此，信息需求者提出了迅速提供分析资料和及时处理分析信息的要求。所谓因素分析是通过广定的分析方法，研究各项财务能力指标之间及其影响因素之间的相互关系，并适时地调审它们的比例关系，使之协调配合/通力合作，以达到最佳状态。由于反映财务状况的各指标因素是互为条件、不可分割的，因此我们要利用它们之间的这种依存性，不仅要进行因素分解，而且要进行综合分析，及时发现和加强薄弱环节，克服消极因素，巩固积极因素，使之平衡协调，挖掘内部潜力，争取最大效益。

3.预测企业发展趋势

财务分析不仅要认真地评价过去与现在，而且要科学地规划未来，提出改进工作的合理化建议与发展方案，为企业经营管理提供决策依据。预测是决策的前提，预测分析的准确性直接决定着财务报表使用者的决策结果。预测分析要求在对财务状况进行总结评价的同时，提示企业财务能力的变化前景，它通过现代化经济预测技术所拥有的、以各种动态数列为依据的预测方法，计算包括分析公式中的所有参数，并估算出以求得的公式因素的角度来研究财务活动及各种现象和过程。其根本出发点是继承性与发展性相结合，既承认财务目标从上期到本期，又从本期到下期都会发生变动的事实，强调过去和现在合作因素的辩证统一，目的是要从中找出未来能起决定作用的主要因素。因此，从一定意义上讲，总结评价分析是预测分析的基础和前提，而预测分析则是总结评价分析的补充和外延。

上述三项任务体现了财务分析必须注重事前、事中和事后分析相结合，这适用整个财务分析过程。

（三）财务分析的作用

作为一项运筹和谋划全面效益的管理活动，财务分析日益受到人们的重视。财务分析从其主体看，包括了投资者进行的财务分析、经营者进行的财务分析、债权人进行的财务分析、政府管理部门进行的财务分析，以及其他利益相关者进行的财务分析；财务分析从其服务对象看，包括债权人、投资者、经营者、政府管理部门等利益相关者等。无论从其主体还是从其服务对象看，财务分析都有着广阔的发展前景，它将在经济建设中发挥越来越重要的作用。可以预见，随着我国社会主义市场经济体制的建立与完善，财务分析的作用越来越大，具体表现在以下方面：

第一，财务分析可为投资者进行投资决策提供科学依据。企业的投资者是企业风险的承担者，尽管投资者的投资目的不同，投资方式各异，但都极为关心企业的盈利能力、营运能力、偿债能力和发展能力。而财务分析能为不同的投资者提供有关企业的财务状况和经营成果的分析资料信息，以供投资者决策时参考。

第二，财务分析可促进资本市场的健康发展。随着社会主义市场经济体制的建立与完善，我国资本市场机制也在发展中日益成熟与健全。上市公司通过财务分析定期公布有关企业的财务状况、经营成果、投资风险、盈利能力等一系列反映企业经营管理水平方面的分析指标，有助于有价证券买卖双方交流信息、调整心态、选择机会、正常交易，促进证券市场的良性运行和健康发展。

第三，财务分析有利于维护金融秩序。银行和其他金融机构作为主要信贷操作者，向企业提供信贷资金，即形成债权人与债务人的关系。信用操作者极为关心企业的财务状况。为确保债权稳定、不遭受损失，信用操作者通过分析财务资料对企业的信用程度、偿债能力和盈利能力等做出了正确判断，以保证发放贷款等信贷资金的安全性，从而有利于加强金融监管、防止金融犯罪，有利于促使企业合理地进行负债经营，保证金融秩序的正常与稳定。

第四，财务分析有利于加强企业管理，提高经济效益。企业管理者通过财务分析，可以深入了解企业财务状况、经营成果和各种经济信息。财会人员应及时向企业各级管理部门提供财务报表及其分析资料，以便企业管理人员，特别是领导层随时掌握企业动态，应付不断变化的客观情况，正确估计当前财务状况，评估各种财务方案，借以做出合理决策。企业管理人员还应通过财务分析对各项指标变动情况及其影响因素进行更深层次的分析，以便及时发现问题、寻找原因、制定措施，不断提高企业管理水平，争取实现更大的经济效益。

二、业绩评价

业绩评价，是指运用数理统计和运筹学的方法，通过建立综合评价指标体系，对照相应的评价标准，将定量分析与定性分析相结合，对企业一定经营期间的获利能力、资产质量、债务风险以及经营增长等经营业绩和努力程度的各方面进行的综合评判。

（一）业绩评价的主要内容

第一，财务业绩定量评价。财务业绩定量评价是指对企业一定期间的获利能力、资产质量、债务风险和经营增长四方面进行定量对比分析和评判。

企业获利能力分析与评判主要通过资本及资产报酬水平、成本费用控制水平和经营现金流量状况等方面的财务指标，综合反映企业的投入产出水平以及盈利质量和现金保障状况。

企业资产质量分析与评判主要通过资金周转速度、资产运行状态、资产结构以及资产有效性等方面的财务指标，综合反映企业所占用经济资源的利用效率、资产管理水平和资产的安全性。

企业债务风险分析与评判主要通过债务负担水平、资产负债结构、或有负债情况、现金偿债能力等方面的财务指标，综合反映企业的债务水平、偿债能力及其面临的债务风险。

企业经营增长分析与评判主要通过销售增长、资本积累、效益变化以及技术投入等方面的财务指标，综合反映企业的经营增长水平及发展后劲。

第二，管理业绩定性评价。管理业绩定性评价是指在企业财务业绩定量评价的基础上，通过采取专家评议的方式，对企业一定期间的经营管理水平进行定性分析和综合评判。

（二）财务业绩评价的指标

1.财务业绩定量评价指标

财务业绩定量评价指标，由反映企业获利能力状况、资产质量状况、债务风险状况和经营增长状况四方面的基本指标和修正指标构成，用于综合评价企业财务会计报表所反映的经营绩效状况。

财务业绩定量评价指标，依据各项指标的功能作用划分为基本指标和修正指标：基本指标反映企业一定期间财务业绩的主要方面，并得出企业财务业绩定量评价的基本结果；修正指标是根据财务指标的差异性和互补性，对基本指标的评价结果做进一步的补充和矫正。

（1）企业获利能力指标

企业获利能力状况以净资产收益率、总资产报酬率两个基本指标和销售（营业）利润率、盈余现金保障倍数、成本费用利润率、资本收益率四个修正指标进行评价，主要反映企业一定经营期间的投入产出水平和盈利能力。

（2）企业资产质量指标

企业资产质量状况以总资产周转率、应收账款周转率两个基本指标和不良资产比率、流动资产周转率、资产现金回收率三个修正指标进行评价，主要反映企业所占用经济资源的利用效率、资产管理水平与资产的安全性。

（3）企业债务风险指标

企业债务风险状况以资产负债率、已获利息倍数两个基本指标和速动比率、现金流动负债比率、带息负债比率、或有负债比率四个修正指标进行评价，主要反映企业的债务负担水平、偿债能力及其面临的债务风险。

（4）企业经营增长指标

企业经营增长状况以销售（营业）增长率、资本保值增值率两个基本指标和销售（营业）利润增长率、总资产增长率、技术投入比率三个修正指标进行评价，主要反映企业的经营增长水平、资本增值状况及发展后劲。

2.管理业绩定性评价指标

（1）战略管理评价主要反映企业所制定战略规划的科学性，战略规划是否符合企业实际，员工对战略规划的认知程度，战略规划的保障措施及其执行力，以及战略规划的实施效果等方面的情况。

（2）发展创新评价主要反映企业在经营管理创新、工艺革新、技术改造、新产品开发、品牌培育、市场拓展、专利申请及核心技术研发等方面的措施及成效。

（3）经营决策评价主要反映企业在决策管理、决策程序、决策方法、决策执行、决策监督、责任追究等方面采取的措施及实施效果，重点反映企业是否存在重大经营决策失误。

（4）风险控制评价主要反映企业在财务风险、市场风险、技术风险、管理风险、信用风险和道德风险等方面的管理与控制措施及效果，包括风险控制标准、风险评估程序、风险防范与化解措施等。

（5）基础管理评价主要反映企业在制度建设、内部控制、重大事项管理、信息化建设、标准化管理等方面的情况，包括财务管理、对外投资、采购与销售、存货管理、质量管理、安全管理、法律事务等。

（6）人力资源评价主要反映企业在人才结构、人才培养、人才引进、人才储备、人事调配、员工绩效管理、分配与激励、企业文化建设、员工工作热情等方面的情况。

（7）行业影响评价主要反映企业在主营业务的市场占有率、对国民经济及区域经济的影响与带动力、主要产品的市场认可程度、是否具有核心竞争能力以及产业引导能力等方面的情况。

（8）社会贡献评价主要反映企业在资源节约、环境保护、吸纳就业、工资福利、安全生产、上缴税收、商业诚信、和谐社会建设等方面的贡献程度和社会责任的履行情况。

（三）业绩评价的一般流程

1. 财务业绩定量评价流程

财务业绩定量评价方法是运用功效系数法的原理，以企业评价指标实际值对照企业所处行业（规模）标准值，按照既定的计分模型进行定量测算。其基本步骤如下：

（1）提取相关数据，加以调整，计算各项指标实际值。财务业绩定量评价的基本数据资料主要为企业评价年度财务会计报表。为了客观、公正地评价企业业绩，保证评价基础数据的真实、完整、合理，在实施评价前应当对基础数据进行核实，视实际情况按照重要性和可比性原则进行适当调整。在此基础上，运用前文列出的各项指标的计算公式，确定各项指标实际值。

（2）确定各项指标标准值。各项指标的标准值是有关权威部门运用数理统计方法，分年度、分行业、分规模统一测算和发布的。企业一般可以根据自己的主营业务领域对照国家规定的行业基本分类，选择适用于自己的行业标准值。

（3）按照既定模型对各项指标评价计分。财务业绩评价指标包括基本指标和修正指标，两种指标的计分模型是不同的：①财务绩效定量评价基本指标计分是按照功效系数法计分原理，将评价指标实际值对照行业评价标准值，按照既定的计分公式计算各项基本指标得分；②财务绩效定量评价修正指标计分是在基本指标计分结果的基础上，运用功效系数法原理，分别计算获利能力、资产质量、债务风险和经营增长四个部分的综合修正系数，再据此计算出修正后的分数。

（4）计算财务业绩评价分值，形成评价结果。在计算出财务业绩定量评价分值的基础上，需要对定量评价进行深入分析，诊断企业经营管理存在的薄弱环节，形成评价结果。

2.管理业绩定性评价流程

（1）收集整理相关资料。为了深入了解企业的管理业绩状况，可以通过问卷调查、访谈等方式，充分收集并认真整理管理业绩评价的有关资料。财务业绩定量评价结果也是进行管理业绩定性评价的重要资料之一。

（2）参照管理业绩定性评价标准，分析企业管理业绩状况。

（3）对各项指标评价计分。管理业绩定性评价指标的计分一般通过专家评议打分完成（聘请的专家应不少于7名）；评议专家应当在充分了解企业管理绩效状况的基础上，对照评价参考标准，采取综合分析判断法，对企业管理绩效指标做出分析评议，评判各项指标所处的水平档次，并直接给出评价分数。

（4）计算管理业绩评价分值，形成评价结果。管理绩效定性评价工作的最后是汇总管理绩效定性评价指标得分，形成定性评价结论。

综上所述，根据财务业绩定量评价结果和管理业绩定性评价结果，按照既定的权重和计分方法，计算出业绩评价总分，并考虑相关因素进行调整后，得出企业综合业绩评价分值。

综合评价结果是根据企业综合业绩评价分值及分析得出的评价结论，可以通过评价得分、评价类型和评价级别表示。

（四）综合评价报告

综合评价报告，是根据业绩评价结果编制、反映被评价企业业绩状况的文件，由报告正文和附件构成。

综合评价报告正文应当包括评价目的、评价依据与评价方法、评价过程、评价结果以及评论结论、需要说明的重大事项等内容。

综合评价报告附件应当包括企业经营业绩分析报告、评价结果计分表、问卷调查结果分析、专家咨询报告、评价基础数据及调整情况等内容。

第三章 智慧财务管理

第一节 智慧财务管理概述

数字化、网络化的发展，改变了传统的经济社会运行方式，对单位的运营及管理产生了巨大的影响。在互联网技术的支持下，人们不再依赖大量的人工完成相关工作，而是通过网络技术及计算机软件完成对相关工作的管理。近几年，云计算、大数据、区块链及人工智能等词频频出现，使人们对这个社会的认知产生了巨大的变化。在单位的管理过程中，伴随各种先进技术的应用，单位的运作方式及管理体系也发生了巨大的变化。其中，财务管理工作作为单位运营中非常重要的管理环节，也变得越来越智慧化。

一、智慧财务管理的本质

智慧财务管理，主要是指运用自主性及行动性的智慧型财务管理系统完成财务管理的具体工作。如今，人们对智能化管理的认知水平不断提高，对智能管理技术的运用能力不断增强，对传统的财务管理方式提出了新的管理理念。本书讨论的智慧财务管理是指营利性组织运用先进的技术手段，如云计算、大数据、区块链、人工智能等，进行单位财务资源整合，促进单位业务发展与财务管理深度结合，实现智慧的财务管理。在此基础上，财务管理人员能够将单位运营过程中的价值系统与业务系统进行有效整合，加强智慧财务管理系统的核心功能。

智慧财务管理的特征主要体现为以下两点：第一，智慧财务管理具有"业财融合"的特征。单位运行过程中的财务管理工作，是一项程序复杂、内容广泛、涉及部门众多的综合管理活动。在智慧财务管理系统的支撑下，将单位内部的各个部门及全部业务有效地联系在一起，提高了单位的综合竞争力。第二，在智慧财务管理方式下，单位更注重边际价值，强调增量优化。在数学领域中，边际是表示增量化的重要指标，如边际成本、边际价值等。在我国传统的财务管理过程中，主要强调在运营过程中提升单位的经济效益，并没有着重强调财务工作的边际价值。在这种情况下，会导致资金成本的增加，而由于大部分单位不具备良好的资金运作能力，在财务管理过程中经常出现一些问题。而利用智慧财务管理方式，相关工作会通过计算机软件来完成，避免了人为操作过程中出现的失误，提高了单位财务管理的效率。

二、智慧财务管理的优化理念

为了进一步加深对智慧财务管理的理解，可以从优化理念角度对智慧财务管理进行把握。优化理念是对财务管理应用"智慧"的具体表现，可以从财务管理理念、财务管理方式和财务管理技术三方面进行阐述。

（一）优化财务管理理念

为了发挥智慧财务管理的作用及价值，就必须对智慧财务管理的理念进行准确认识，了解其主要内涵。实际上，在智慧财务管理系统运行过程中，大数据技术的运用，不仅改变了单位运行中的数据收集、传输及处理方式，而且改变了人们传统的思维方式及管理方式。从目前经济社会的发展趋势看，互联网公司的出现不仅改变了人们的行为方式，而且使人们对事物的思考方式产生了一定的改变。单位采用的智慧财务管理理念，就是建立各类"智慧"知识体系的标准及规则。

（二）优化财务管理方式

在转变财务管理理念的基础上，对智慧财务管理的方式进行调整。相关人员应进一步完善智慧财务管理体系，运用各种技术手段完成各项财务管理工作的综合性管理活动。此外，在互联网技术的支撑下，建立网络化的管理系统，完成财务管理工作。智慧财务管理的主体应具备需求识别能力、财务管理能力、财务决策能力。此外，单位智慧财务管理体系应面向经济市场，根据市场中用户的实际需求进行有针对性的管理。作为智慧财务管理者，应具有较强的社会责任感，并能够结合自身的实际工作能力，准确地定位自己在经济市场中的地位，完善整个管理系统。

（三）优化财务管理技术

智慧财务管理系统的物理系统核心，是财务云技术。在智慧财务管理体系的运行过程中，涉及大量的数据，所以需要以数据为基础支撑财务管理工作。在传统的财务管理过程中，数据的收集、处理等工作主要是通过人工来完成的，这种工作方式的效率较低，且容易在处理数据的过程中产生一些问题。通过运用智慧财务管理系统，工作人员只需通过简单的操作，便可利用设备软件来完成数据的收集、处理及传输，提高财务管理的工作效率。同时，由于智慧财务管理系统具有大量的智能终端、传感器等装置，能够轻松完成各种类型的财务管理任务，快速收集及整理各项财务数据，并使用相关软件对财务数据进行分析，为财务人员提供有价值的参考。

三、智慧财务管理的实施路径

在单位建立智慧财务管理体系的过程中，应逐渐实现财务自动化管理、资金流动虚拟化管理及风险精准化管理，实现创新的财务管理方式。同时，将单位运营管理中各环节的财务管理工作进行有效结合，形成完整的财务管理网络，实现单位财务管理信息的集成与共享。并且，在单位建立智能化财务管理架构的过程中，应进一步完善单位的基础设施（包括硬件系统及软件系统），增强财务管理人员对财税、法律及管理等知识的了解，提高其应用大数据技术的水平。

智慧财务管理系统的构建，需要（如大数据、云计算、人工智能、区块链等）信息技术的支撑。建立标准化的信息管理体系，是实现智慧财务管理的基础工作。为了保证单位管理者能够及时了解各类财务信息，应构建统一、智能的数据传输体系，并将财务管理涉及的各方面内容有效整合到一起。换言之，应先建立标准化的数据云计算系统，再在此基础上建立财务信息标准化管理系统。对我国中小型单位组织来说，建立标准化数据云计算系统需要投入大量的资金，政府部门应给予相应的资金支持，以保障当地单位的信息化建设及发展。

第二节 云计算环境下的财务管理

一、云计算概述

云计算是分布式计算的一种，指的是通过网络"云"将巨大的数据计算处理程序分解成无数个小程序，然后，通过多部服务器组成的系统处理和分析这些小程序得到结果并返回给用户。简言之，云计算早期，就是简单的分布式计算，解决任务分发，并进行计算结果的合并。因而，云计算又称为网格计算。通过这项技术，可以在很短的时间内（几秒钟）完成对数以万计的数据的处理，从而达到强大的网络服务。

云计算技术主要具有五个特点。第一，计算容量大。由于云计算技术是建立在互联网基础上的，互联网可以为云计算技术提供大规模的服务器资源和海量存储设备，运算与处理能力非常强大，信息数据容量巨大。第二，灵活性强。互联网为云计算用户营造了一个互联互通的工作环境。云计算用户不仅可以在单位办公，还可以在家庭环境下、手机网络环境下及其他环境下办公，可谓随时随地都可以办公，极大地提高了办公效率。第三，稳定性高。云计算技术在进行信息数据处理过程中采用的是分布式计算方式。分布式计算方式主要是将计算任务分布到互联网上的计算节点中，与本地计算技术相比稳定性较高。第四，成本低廉。云计算技术与传统的财务信息化建设相比，在软硬件的投入方面相对较少，省去了一定的人力、物力、财力，减少重复投资和浪费，综合成本大大降低。第五，数据泄露风险大。由于互联网是对外开放的，这样难免存在着一些不法分子利用云计算技术上所存在的技术漏洞盗取单位信息数据牟取利益的现象，使得用户信息数据泄露可能性增大，风险有所增加。

二、云计算环境下的财务管理变革

（一）财务管理组织结构变革

单位财务管理组织结构的设计要综合考虑单位的经营性质与规模、行业特点、业务类型及单位总体组织形式等多方面因素，部门岗位设置要体现分工明确、职权到位、责任清晰的要求，以保证单位财务工作顺利进行。传统的单位财务管理组织机构通常采用职能部门化方式，一般设立财务部、会计部、资金部等部门。在云计算环境下，单位财务管理组织结构发生重大变革，主要体现在三方面：一是财务管理组织内部增设专门负责管理财务云计算开发平台的部门；二是财务人员中数据分析师的作用越来越重要，数据分析师是运用统计分析、智能学习、分布式处理等技术，从大量数据中提取出对业务有意义的信息，以易懂的形式传达给管理者，并创造出能运用新数据的综合型人才；三是财务数据的应用使得财务部门与其他业务部门的关系更密切，财务数据的来源更广泛，全员参与成为云计算环境下的单位财务管理的重要特点。云计算为业财融合的实施提供了重要的技术支持。

（二）财务管理决策流程变革

决策是单位财务管理的重要职能，贯穿单位财务管理的各个环节和职能系统中，科学决策是财务管理的核心，而决策的关键是决策的程序和流程。传统的决策流程分为四步：首先，发现财务管理中出现的问题；其次，对发现的问题进行详细的逻辑分析；再次，找出问题出现的因果关系，查出问题原因和关键因素；最后，制订解决问题的方案。基于云计算的财务决策流程分为四步：首先，收集大数据，通过构建财务大数据收集平台，实现各种类型的财务数据的收集、处理、提取，并且能够做到财务大数据的一致性、准确性、及时性和系统性；其次，量化分析大数据，构建财务大数据的云计算平台，通过云计算技术，实时处理分析数以千万计甚至亿计的财务大数据；再次，找相关性，通过数据挖掘功能找出财务大数据背后的问题相关性；最后，给出解决方案。云计算环境下单位财务管理决策最大的变革是放弃对因果关系的探寻，取而代之的是重视各种问题之间的相关关系。在传统的财务管理决策中，管理者往往依赖个人经验直接做决策，在云计算环境下，财务管理者更多的是基于大数据分析做出决策。

（三）财务数据处理方式的变革

财务数据是单位财务管理的核心，记录了单位经济活动和资金运转的详细情况，通过财务数据的处理和分析，能够发现单位运行中的问题和风险，进而实施有针对性的财务管理，扩大收入压缩成本，实现单位利润的增加。财务数据是单位实行财务管理的基础原料，在云计算环境下，单位处理财务数据的思维发生重要变革，主要体现在两方面，一是财务数据的容量增大，要处理与财务有关的所有数据，而不是抽取部分数据；二是在对财务数据进行分析时，要更加关注非财务方面的信息，因为对投资人决策有用的信息远远不止财务信息。同时，单位管理层可以通过可扩展商业报告语言、会计综合报告等工具的运用迅速地收集、分析各部门及相关公司的财务状况。财务数据系统将成为一个立体化的单位综合信息系统，它包括战略分析、商务模式分析、财务分析及前景分析等，为单位管理者提供全方位、相关度高、准确度高的决策信息。

三、云计算技术在财务管理中的应用

（一）以云计算为基础的财务管理

以云计算为基础的财务信息化管理建设模式是指云计算技术服务提供商将基础设施处理器的资源、存储的资源、网络的资源及其他基础的计算资源作为一项服务提供给单位用户，单位用户租赁该项服务并将自己的业务软件甚至操作系统运行其上，利用网络将专用服务器和数据存储中心进行有机连接，完全依托云平台来完成财务数据的核算储存。该模式下，单位主要采用两种方式获取服务：①按需租赁，单位在运营过程中对基础设施资源的需求并不均衡，在运营的高峰阶段需求量激增。采用云计算为基础的财务管理模式则可以利用云计算平台满足这种临时性的需求，用完之后返还平台，大大降低基础设施投资成本，集中资金用于核心业务的发展。②基础设施外包服务，除满足临时性按需租赁基础设施外，单位信息化建设可以采用租用云计算平台的形式以替代自建数据中心，在租用的云计算平台上部署单位应用，降低单位的基础设施投入和维护成本。单位在财务信息化管理中可以选择按需租赁和基础设施外包相结合的模式，对于必要的基础设施可以直接采用外包的方法，而在业务需求量大的高峰阶段，可以临时性地按需进行服务租赁活动，从而将租赁来的服务进行最大限度的运用。该模式极大颠覆了传统的财务信息化构建模式，单位用户不用在采购硬件和软件上投资高昂资金，只需租用所需的存储量和计算量，不仅节约了成本，还优化了资源配置。

（二）以云平台为基础的财务管理

以云平台为基础的财务信息化管理模式是指云计算技术服务提供商仅仅将云计算的服务器平台或者开发平台环境进行出租，其他的则由单位用户根据需求在云计算环境下自行制定相关业务软件。同时，单位用户将其发布到云基础构架上。该模式主要的核心在于构建相关平台，把有关的硬件设施、技术支持和专用服务器等提供给目标单位用户开展财务信息化工作，以此达到相关的财务信息系统得以在该平台上进行构建的目的，实现财务信息数据线上管理的目标，目前，环境中应用最为普遍的就是该模式。采用软件外包和软件内包相结合的方式对单位用户来说，以云平台为基础的财务管理模式是比较理想的构建创新模式。软件外包体现于云计算技术服务提供商将开发平台和运行环境租借给单位用户，而软件内包体现于单位运用云计算平台自主开发财务软件。系统开发的权利从技术人员转交给单位用户和业务专家，由精通本单位业务流程和财务流程的业务专家进行系统建模，以单位财务特点为单位制定软件，满足了单位的个性化需求。同时，有专门的工程师监控和调整系统，执行备份、升级、保存数据安全。因此，开发人员不需要很高的技术技能就可以在该平台上进行财务软件的开发，解决了中小单位缺乏专业技术人才、人力资源短缺的难题。

（三）以云软件为基础的财务管理

以云软件为基础的财务信息化管理模式是指云计算技术服务提供商将开发的软件发布到公开的服务器集群上，同时负责软件的运行和维护工作，而单位用户根据自身的实际需要在该种服务模式上自主选择所需的软件款式。该模式下云计算技术服务提供商根据单位用户所用软件的种类、需要租用的时间及使用数量来确定收费金额。以云软件为基础的云计算技术服务充分结合了单位的类型，不同类型单位对于云软件的使用具有一定的差别。大型单位的资金相对雄厚，通常有自己的信息数据中心和研发能力，这类单位通常会针对单位经营管理情况构建私有的云计算软件体系。单位财务管理软件被视为一种相对安全的内部服务，在一定程度上可以保证单位财务信息数据的安全性和完整性。中小型单位在资金、研发能力等方面会受到一定的限制，通常使用公有的云计算软件获取财务管理应用服务，即按需租赁软件的业务模式，这样不仅可以降低运行成本，还可以得到较为快速方便的专业服务。总之，以云软件为基础的财务管理信息化建设模式所覆盖的范围较为广泛，能够为单位的财务管理提供系统的解决方案，提高单位的财务管理效率。

四、云计算对财务管理工作的重要意义

（一）降低财务管理成本

在早期财务管理中，会计资料一般使用纸质媒介来储存，时间长了，单位积攒大量的纸张，在以后查找相关材料时，也非常困难，既浪费人力也浪费财力，加大了单位的管理成本。之后，单位使用电算化进行财务管理，不仅需要长期投入大量的资金来购买财务软件与硬件，也需要定期找专业人员维护软硬件，还需要配备专业财务人员进行记账，这在很大程度上造成了单位资金浪费。在云计算环境下，由于云计算提供的服务是以租用的形式为单位所用，云计算通过网络技术向单位提供软件服务，单位在有需要的时候自主选择对应的服务系统并按照云计算服务过程中的信息计算量和处理过程流量支付相应的服务费用即可。单位可以节约包括资源的购置、安装及管理费用，软件使用许可费用，购买数据库、平台软件费用等在内的一系列规模庞大的资金，用较少的投入获得最新的硬件、稳定的软件平台及优质的财务管理服务，避免了大额的基础设施建设费用和运营费用，避免了固定资产的采购及折旧。

（二）提高财务管理信息化专业程度

云计算技术通过互联网推送的形式，将最新的财经咨询、客户的具体信息以最快的速度传递给单位，大大提高了信息处理的效率。单位将大量财务数据存放在云端，缓解了公司内部存储空间不足的情况，可以避免因机器故障出现的数据丢失现象。单位应用云计算技术，可以实现单位内部到外部的财务数据的集合采集，缩短了时间成本，从而有利于员工更好地开展财务工作。同时，单位的管理者在第一时间得到充分的数据，对单位风险识别和把控更具时效性，实现对单位财务状况的实时掌控。

（三）增加财务数据管理的可靠性

云计算运用现在优越的信息技术，将用户的财务数据集中存放在网络空间，并实行分布存储的方式。一方面，云计算将超大空间的网络服务器提供给单位使用，并配以专业团队对单位的财务管理做出分析控制，规避了员工业务技能不足造成的数据安全问题，使得单位在系统中存储的数据信息具有可靠保障性。另一方面，云计算改变了原始整体存放数据的形式，转变为多个部分进行分布存储的新形式，避免了单位设备故障引起的数据丢失，相比原始的数据存储方式更为可靠。

五、基于云计算的财务管理建设的创新

（一）创新财务管理理念

信息技术的发展，改变了传统的时间和空间概念，单位的财务管理环境发生了重大的变化，财务管理出现了新的理念——财务协同理念。传统财务管理模式下，由于缺乏计算机网络的支持，很难实现财务与业务协同处理，在线财务管理不仅使这种协同成为可能，还扩展了单位财务协同范围。财务协同不仅包括单位内部协同、供应链协同，还包括单位与社会其他部门的协同。这要求财务人员及时将单位各部门、各分支机构及与用户、供应商之间每一节点上发生的供、产、销、控制、预测等业务信息活动都进行处理并反馈给业务处理系统，保证财务与业务的协同处理。

（二）建立财务数据安全机制

云计算环境下，数据的安全性并非得到绝对保障，核心财务数据遭黑客盗窃，或是被意外泄露给同一云计算技术服务提供商的其他用户的风险依然存在。一旦财务数据被非法泄露或窃取，会给单位带来重创，因此，单位应建立健全的财务数据安全机制，以免当问题发生时束手无策。一方面，单位应选择知名服务提供商的正版产品，充分研究产品的隐私防范能力与数据存储及保护能力，与服务提供商签订安全协议，确保财务数据的安全性；另一方面，单位应在计算机设备上采取一些防范措施，如安装杀毒软件并定期进行查杀，对登录系统的人员进行身份认证并加密信息，明确规定各工作人员的信息使用权限等；另外，对于单位存放在云中的数据进行加密处理，由单位掌管密钥，防止云计算技术服务提供商及其他不相关的人看到数据，防止出现令单位遭受损失的情况。

（三）集中管理财务业务

云计算可以帮助单位实现对财务、经营活动和财务政策等信息的集中管理，具体包括财务信息集中管理、资金集中管理、进销存实时管理。通过构建财务业务一体化流程，利用信息流协调各部门各成员有序运作，合理配置单位资源。为了更好地实现集中管理，单位在选择软件资源搭建财务集中管理的应用平台时应考虑三方面内容：①财务会计模块。由总账、应收账款、存货、固定资产等模块构成集中财务核算综合平台。②财务管理模块。由资金管理、全面预算管理、成本管理、绩效评价等模块构成财务管理综合平台。③综合管理模块。将财务核算平台和财务管理平台与采购、销售、生产、人力资源等平台有机地融合，实现物流、资金流和信息流的集成，构成一个综合的单位信息管理系统。

第三节　大数据环境下的财务管理

一、大数据概述

大数据是基于互联网技术，对生活中各种各样的信息源进行收集和处理分析、管理和最终处理整合得出来的数据。同时，大数据也是一种高增长率和信息多样化的信息资产。由于计算机技术和互联网技术的运用获得的数据量远超统计方法数个数量级，其分析处理需要特殊的技术支持，故大数据也指大数据技术。大数据技术是指大数据的应用技术，涵盖各类大数据平台、大数据指数体系等，如大规模并行处理数据库、数据挖掘、分布式文件系统、分布式数据库、云计算平台、互联网和可扩展的存储系统等。大数据是信息技术发展的必然产物，它利用互联网、计算机等高科技手段，改变社会生产方式。

大数据具有全面性、混杂性、客观概率应用三个特点：第一，大数据的数据具有全面性，可以不依赖于对点数据的采集，而是对所有发生过的事物都进行数据采集。第二，大数据的数据是混杂的，而不是追求精确的，传统的数据统计是由人先提出主观的采集目标，再进行采样，大数据技术是直接统计事物在发展过程中产生的各种数据源，采样对象并没有主观性。大数据关注的是相关性，而非寻找事物中的因果关系。第三，大数据应用中更强调客观概率，而非主观因素，以免人为强行找因果关系，而忽视随机性事件的系统性风险。

二、大数据环境下的财务管理变革

（一）财务管理理念、模式的变革

大数据是指无法在一定时间范围内用常规软件工具进行捕捉、管理和处理的数据集合，是需要采用新的处理模式才能具有更强的决策力、洞察力和流程优化能力的海量、高增长率和多样化的信息资产。大数据具有价值化、快速化、多样化、海量化等多重特征，是互联网技术背景下的社会产物，对单位的财务管理有着极为深刻的影响，不仅改变了单位传统的财务管理理念和思维模式，还为单位管理者的决策行为提供了更为可靠的依据，成为单位实施财务管理变革必不可少的战略资源之一。

随着大数据逐渐被认知，财务工作的理念发生转变，财务数据分析的不仅包括与财务有关的所有数据，还包括非财务信息。大数据对财务管理的环境和财务管理理念的影响，无疑会改变单位的财务管理模式。在大数据环境背景下，计算机技术飞速发展，单位经营管理过程如采购原材料过程、生产产品的过程、销售商品过程与银行业务往来过程等均可通过计算机网络完成，省去了人为的操作步骤，减少了人力、物力和财力资本。围绕网络化和全局化，财务管理完全融入预算、采购、制造、销售等各个环节，整理输入数据的同时，也对数据进行分析及处理，将单位未来发展计划需要的数据进行输出。随着经济的不断发展和大数据技术的逐渐完善，财务管理模式也在不断地完善和进步。

（二）财务数据处理的变革

财务数据是单位财务管理的核心。大数据时代，单位在处理财务数据过程中转变了思维：一是财务数据的规模扩大，和财务相关的所有数据都在处理的范围内；二是财务数据更加关注非财务信息。管理财务数据的系统有望成为综合性强、覆盖面广的信息系统，为单位管理者做出决策提供全面、准确、相关度高的信息。大数据时代对财务大数据的处理提出了较高的要求，关键是包括高素质人员的配置、设备的采购等在内的平台建设，构建起财务大数据中心开发平台是进行高效财务数据处理的基础，使得财务数据的处理分析更加科学精确、智能化，挖掘出有价值的信息，为财务决策提供有力的支撑。

（三）会计核算方式的变革

大数据对传统财务管理的影响主要体现在会计核算方式上，会计核算实现了从半手工的工作方式到全自动化的工作方式的成功转型。在传统财务管理中，财务工作人员每天都需要进行烦琐重复的基础核算工作，浪费了很多的时间和精力。现在，通过建设业务同财务相融合的信息化系统，不断实现财务与业务的融合，在一个统一的制度、统一的流程、统一的数据收集方法下，以射频技术、扫描技术等为手段，实时业务数据信息录入，财务部门建立会计分录模板和财务报告模板，实现财务同业务的相互钩稽，从而实现标准化的会计凭证及财务报告在信息系统中实时生成。会计核算方式的转变在很大程度上提升了核算的效率，以及财务管理水平。

三、大数据在财务管理中的应用

大数据技术包括预测分析、统计分析、数据挖掘、并行计算、自然语言处理、人工智能、数据存储等技术。大数据环境下单位信息来源渠道得以拓宽，有助于减少信息不对称的问题，提高财务管理的管控风险能力。大数据环境下真正实现了信息的共享，单位可以充分利用财务管理信息化平台实现对财务风险的动态分析，从而不断地提升单位财务风险管控能力。大数据技术在单位财务管理中的应用分为以下几点。

（一）大数据在财务分析中的应用

传统的财务分析最常用的方法就是定量分析方法，局限于历史数据，主要依赖单位的财务报表，指标计算要等到报表出来以后才能进行，具有一定的片面性和滞后性。而将大数据技术应用到财务指标的计算中，虽然没有改变其计算公式，但是它能够对会计数据库和其他业务数据库中海量的数据综合地进行处理，实现实时分析，也能够快速实现与行业内其他公司的业绩指标相比的功能。控制评价也是财务分析中重要的一环，传统财务分析的做法是在每一个期间结束后，都将结果数据与原来设定的预算数据进行比较，找出其中的差距并分析原因，但是这样难免有滞后性。大数据的挖掘技术能够实时快速地挖掘数据，将系统数据和预算数据进行比较，当发现偏差超过预设幅度时，就立即发出预警，引起管理者的注意。因此，大数据技术能够使事后评价转变为事中实时预警。

（二）大数据在财务决策中的应用

对单位来说，财务决策中的投融资是一个非常复杂的过程，单位要综合考虑投融资项目的内外部环境，借助大量的统计工具和应用模型，大数据技术能够实时提供投资环境及行业状况的资料，以此建立起来的模型能够使单位挖掘更多有价值的信息，从而确保单位投资的效率和准确性。而对融资而言，融资量、融资方式及渠道等都是不容忽视的环节，单位不仅需要了解所处的政治、法律、金融等环境，还要了解单位筹集资金的用途和性质。单位利用大数据挖掘技术，可以摆脱原来预设模型的约束，运用回归分析模型，预测未来需要筹资的数量，同时还可以运用关联模型分析单位最合适的筹资方式，以便管理者更好地进行决策。

四、大数据对财务管理工作的重要意义

大数据时代，数据管理成为单位核心竞争力，直接影响单位财务表现。

为了在市场环境竞争中取得胜利，实行财务管理创新已经成为单位改革的趋势。传统的财务管理已经不能满足大数据时代下对单位的需求，相对于以往成本控制、销售单一的财务管理，大数据能最大化单位的整体价值。

（一）提高财务数据处理的效率

传统的财务管理工作主要是通过手工记账的方式，存在单据复杂冗乱且耗时费力、精确度不高、数据处理错误概率大等缺陷，不仅管理成本较高，而且在很大程度上影响了财务工作的有效性，导致其无法快速、高效、准确地为单位提供决策和价值信息，发挥财务数据的辅助和指示性作用。同时，财务数据具有一定的传导性，在流程复杂、工作量大等状态下处理效率过低，很容易影响其他部门的正常运作，增加单位经营成本。

在大数据环境下，通过其强大的数据资料整合能力和先进的数据处理、分析技术，能极大地提高财务数据的处理效率，使实时、有效的财务数据报告成为可能。利用云端的计算和存储功能，使财务数据和信息的分析更加结构化，处理更加标准化和规范化，提高财务信息的准确性，大大降低人工成本，实现单位内部信息共享，为决策提供有效依据。

（二）高效实现全面预算管理

在单位实际经营中，财务预算管理具有重要作用。它是指通过整合单位的内部资金流和分析外部经营环境，编制下一阶段的财务使用和管理报表，估计单位当前的财务实力，为未来的融资规模预测等财务计划提供依据。近年来，我国的经济增速逐渐放缓，单位的资金流动性变弱，给其预算管理增加了难度。

在大数据环境下，通过技术处理，单位一方面获得了更具规模、更有价值的财务信息，另一方面通过大数据、云计算等技术建立财务预算管理系统，高效、快速地获得当期的真实数据，并在此基础上处理、分析和预测单位未来的资金流向，为下期预算编制提供可靠依据，提升预算管理的实际效果，以及财务部门的预测分析能力。

（三）加强财务风险管控能力

对现代单位的经营来说，风险管理占据重要地位，加之市场环境日益复杂，如何有效应对财务风险，加强内部控制，逐渐引起单位的重视。当前，单位面临的风险日益多样，且内外部环境不确定，要保证单位有效应对资源竞争，实现内部控制的难度较大。内控机制建设是风险管理的前提，应将二者紧密结合，积极应对财务风险的挑战。

在大数据环境下，大数据技术的引入和信息共享平台的建设，不仅为单位提供高度整合、准确、真实的系统性财务数据，还通过智能化的处理系统帮助单位有效进行风险识别和判断，降低风险发生的概率。主要体现为两点：一是风险预警和防控。利用大数据的处理系统，可以实现对财务信息的动态观测和实时追踪，并通过智能分析明晰单位资金流向，起到风险预警和防控的作用。二是风险管理。通过大数据技术和信息处理系统，单位能够在财务风险发生后，及时、有效地进行科学管理，进一步缩小影响范围，降低成本损失，为单位今后决策提供经验依据。

五、基于大数据的财务管理建设的创新

（一）大数据模式下的资金集中管理

信息化建设对财务管理建设十分重要，信息一体化，可以使单位实现对资金的统一管

理、集中调度，更好地做出预算安排，实施资金的动态跟踪，能及时发现存在的问题，预防财务人员的会计舞弊行为，更好地保障单位的资金安全。

通过对单位的业务流程和信息流的综合控制，财务人员可以在处理会计信息时为单位的决策提供有效的信息，直接参与单位的决策，并关注业务流程。

充分利用计算机在数据处理中的优势，应用于财务管理，建立系统各模块统一运作的基本流程。提高信息共享程度，有效改善单位特点和信息集成控制流程。会计信息处理的财务人才为单位的决策提供有用的信息，直接参与单位的决策和关键业务流程。为了有效地降低风险，单位的内部控制深入生产经营活动的各个方面，甚至实现了远程控制。通过网络远程控制，财务人员可以实时控制财务状况。它可以通过在线结算来管理资金，并可以进行远程会计处理和内部控制。

（二）优化财务管理模式

在大数据时代，财务管理已经不再是一个标准化的工作，而要发挥主观能动性。在单位中财务管理可以对接到单位经营管理的各个领域，将所有部门的各项变化的数据都收集起来，进行统一的数据分析与挖掘归纳，整理其中的规律变化，建立更有效率的成本控制模型，并预测客户偏好的变化，帮助单位更好地了解上下游业务链的变化，针对不同客户的不同需求，制定出不同的成本策略和价格策略，协助其他部门更好地完成对上下游资源的整合。

财务管理工作的优化要从规范财务管理制度、增设财务奖励机制、实施财务信息共享化等方面进行。在大数据环境下，管理者根据单位自身特点，建立完善的管理制度，对财务工作进行合理划分和简化，改善财务内部环境，使财务人员明确自身工作内容，从而提高单位运行效率。利用大数据技术，单位在自身财务管理信息透明化方面进行了创新，提高了财务信息沟通能力，使财务信息的共享范围更加透明。

（三）构建财务管理智能系统

大数据包含的信息价值巨大，但密度值很低，所以大数据的焦点是从海量数据中挖掘潜在的有价值的信息。而商业智能正是通过运用数据仓库、数据分析、数据挖掘等先进的科学技术，将海量的数据快速及时地转化成知识，为单位的决策和战略发展提供信息支持。因此，商业智能是大数据的核心应用。当今，大数据时代带来了信息大爆炸，单位要想在激烈的市场竞争中脱颖而出，决策速度和准确度的重要性已经毋庸置疑，而财务管理是单位管理的核心，直接反映着单位的经营状况。因此，需要在财务管理方面运用商业智能，通过新技术方法，将财务大数据快速及时地转化为可为决策提供支持的有价值的信息，实现单位财务管理与商业智能相结合。下面将从三方面阐述财务管理智能系统的具体应用。

一是财务分析。针对单位过去及现在的财务大数据,财务分析系统能够采用数据挖掘分类技术和预测技术等,对其进行更有深度的加工、整理、分析及评价,从而全面准确了解单位的筹资活动、投资活动、经营活动、偿债能力、营运能力、盈利能力及发展能力等状况,为单位的投资者、债权人、经营管理者和其他关心单位的组织及个人认识单位的过去表现、评估单位的现在状况、预测单位的未来形势、做出正确的决策和估价提供了及时准确的信息依据。

二是财务预测。财务预测的内容包括资金的预测、成本和费用的预测、营业收入的预测、销售额的预测、利润的预测等,为财务人员了解未来的不确定性提供参考帮助。财务预算系统采用商业智能中的回归、神经网络等技术,其功能不断地完善,能更迅速、更准确地预测单位未来的财务状况和经营成果。

三是财务决策。财务决策是选取与确定财务方案和财务政策,其目的是确定最让人满意的财务方案。财务决策内容主要有筹资决策、投资决策、股利分配决策等,这些内容都可以通过财务决策支持系统来完成,运用前沿商业智能技术,从海量的财务大数据中提取相关数据,并进行数据联机分析处理,为管理层决策提供支持。

第四节　区块链环境下的财务管理

一、区块链概述

区块链是一种基于共识机制的新型应用模式,可在不同节点间建立信任机制。我们可以把区块链技术的本质内涵概括如下。狭义上来讲,区块链技术是由数据区块依据一定顺序与规律构成的链式结构,可利用数字密码保障技术形成不可随意更改的分布式账本;广义上来讲,区块链则是以区块链形式组成的数据结构,依托一定技术,如分布式技术、密码学技术、自动化脚本代码等实现数据的计算、分析、存储、更新、保密。区块链技术的应用有效实现了分布式技术、共识机制、数字密码技术、时间戳等的结合应用。

区块链技术的本质内涵决定了区块链技术的五个特点。第一,去中心化。由于区块链使用分布式核算和存储,不存在中心化的硬件或管理机构,任意节点的权利和义务都是均等的,系统中的数据块由整个系统中具有维护功能的节点来共同维护。第二,开放性。系统是开放的,除了交易各方的私有信息被加密外,区块链的数据对所有人都公开,任何人都可以通过公开的接口查询区块链数据和开发相关应用,因此,整个系统信息高度透明。第三,自治性。区块链采用基于协商一致的规范和协议(如一套公开透明的算法),使得整个系统中的所有节点都能够安全地交换数据,使得对"人"的信任改成了对机器的信任,任何人为的干预都不起作用。第四,信息不可篡改。一旦信息经过验证并添加至区块链,就会永久地存储起来,除非能够同时控制住系统中超过51%的节点,否则单个节点上对数据库的修改是无效的,因此,区块链的数据稳定性和可靠性极高。第五,匿名性。由于节点之间的交换遵循固定的算法,其数据交互是无须信任的(区块链中的程序规则会自行判断活动是否有效),故交易对手无须通过公开身份的方式让对方产生信任,对信用的累积非常有帮助。

为了能够在单位中构建完整的智慧财务管理体系,单位应充分利用如大数据、云计算、人工智能、区块链等信息技术,进一步打破信息壁垒,将单位内部的信息系统与单位外部的金融体系、政府财务管理系统进行有效连接,建立一体化的财务架构,实现对信息、资源的统一管理。目前,我国部分地区已经实现这一做法,部分地区的工商部门正在建立一体化的电子营业执照管理系统,并将单位的登记信息全部都录入该系统中,同时与单位的财务管理系统进行了有效对接,实现对其的管理及监督,从而保障单位的健康发展。

随着科学技术水平的不断提高,现代单位的财务管理方式及运行理念已经不能满足单位发展的需要,单位必须充分利用各种先进的科学技术,实现单位财务管理的智慧化、信息化建设;同时,优化单位财务管理方式,将财务管理工作的价值充分体现出来,为促进单位的发展奠定良好的基础。事实证明,智慧财务管理是一种非常有效的财务管理方式,能够帮助单位整合单位内外部的相关资源,改善财务管理环境,增强单位的综合竞争实力。相信在单位管理人员的努力下,智慧财务管理体系将会更加完善,单位将得到长久的发展。

二、区块链环境下的财务管理变革

目前,单位中所采用的记账模式普遍为集中式记账模式。在集中式记账模式下,存在着记账权限的区别。例如,财务总监拥有处理所有账务的权限,而其他财务人员只拥有部分权限,如果将处理账务的人员视为网络中的节点,则节点与节点的地位不平等,权限不相同,有且仅有一个最高权限分派者,是一个平面结构。所以,集中式记账模式以管理权限设置为基础,是授权机制在发挥作用,最终形成中心化账本。而在区块链技术的分布式记账模式下,每个节点既是输入终端又是汇集终端,地位平等,节点之间靠共识机制维系运行。因此,分布式记账模式的节点不存在行政级次,它是一个空间结构,全部的交易信息都储存在整个网络中。

区块链以其分布式记账、去中心化交易的特点，改变了传统的财务管理方式。在区块链中，节点之间的信息不对称性可以降低，有效地打通了沟通壁垒，使财务管理的有关活动能够更加快速地进行，提升管理效率与效果。

三、区块链技术在财务管理中的应用

（一）在资金管理方面的应用

1.提高资金归集度

单位的财务部门可以利用区块链构建单位内部资金管理共享平台，进行单位信息管理与交易。各单位都将本单位的资金预算、用款计划、交易数据上传到这个平台，财务部门可以实时查询、密切关注各单位的资金波动情况，根据各单位的资金流量、存量、增量等信息，高效调剂资金余缺，优化单位资源配置。

2.优化支付结算功能

首先，区块链的应用减少了支付过程中转银行所需的步骤，降低了中心化风险；其次，区块链的自动校验功能可以减少常规支付过程中的人工处理环节，提高总体支付速度；最后，区块链带来的中转银行的减少、支付速度的提升最终从整体上降低单位的交易成本，优化单位交易流程。

3.实现全面全程的资金监控

基于区块链的防篡改特性，信息一经确认就不能修改，可以在短时间内实现验证，能够确保交易透明化，避免人工操作环节带来的道德风险。

4.多元化融资降低融资成本

区块链的分布式账本可以成为各金融机构之间的连接器，各金融机构都能够在区块链平台上发布金融资产的相关信息，并同步到所有节点，单位财务部门可以根据融资需求在平台上开展融资活动，优化资产负债结构。另外，单位财务部门可以将流动性较差的资产以证券化资产的形式发布到区块链平台，盘活非流动性资产，以满足单位的融资需求。同时，点对点的交易能让合约快速生成并执行，提高融资效率，节省融资成本。

（二）在数字票据方面的应用

由于去中心化特性，区块链内参与主体的任何行为数据都将被记录、积累在节点上，并对全网公开，极大地降低信用风险。

基于其时间戳特性，每张数字票据都被打上时间和空间的印记，不仅可以有效降低票据操作员的职业道德风险，还可以对票据从开票到承兑的整个流转都进行更好的控制，每张票据都可进行追溯验证，防止单位的合作伙伴或其他票据持有人欺诈行为的出现。

智能合约的使用可以让数据票据的交易不再需要通过线下合同强制执行，自动化触发机制的出现，则使票据可以按照事先设定好的条件实现承兑，避免执行过程中出现违约风险。

四、区块链对财务管理工作的重要意义

（一）降低财务信息真伪辨别成本

在区块链的加密体系中，所有公私钥均由单位产生，财务数据真实透明、不可篡改。审计部门只需将重点转移至审计规则，无须花费过多时间去验证数据的准确性，这样便于审计部门的非现场工作，减少审计结果偏离的可能性。

（二）提升数据安全性

基于区块链的财务管理，采用去中心化机制，P2P网络使得链上各个节点都保存相同的数据，随意攻击任意节点都不能破坏整个区块链网络的运行。此外，区块链上具有时间戳和数字签名，确保了信息的完整性和可追溯性，保证了链上每一笔交易都不可伪造，大大保证了数据的真实性、完整性与安全性。

（三）使财务管理架构更加合理

传统财务管理中，财务功能集中在公司财务共享中心，使得整个总分架构都不合理，员工大量从事低端重复性工作，积极性不高。基于区块链的财务共享中心，通过引入智能合约，事先将一些流程性的标准，如费用报销管理写入智能合约，智能合约根据客户端上传的凭证，自动判断是否符合要求，如果符合要求则自动执行合约内容，给予通过，否则不予通过，打回重新修改。这一过程大大节约了人力资本，减少了大量的重复性劳动。同时，基于智能合约的自动执行，避免了人为因素的干扰，更加客观、有效地减缓了舞弊现象的出现。

（四）促进监管方式的创新

在传统模式下，国家、政府等相关机构对参与者主体的监管，仍旧依赖会计师事务所、税务所等中介机构提供的交易和数据信息来实现。区块链技术则有效解决了这一问题，由于各节点上的参与者提供的数据都具有开放性、自动更新性和不可篡改性等特征，未来政府监管机构不再依赖社会中介机构提供的信息，而是直接连接到参与主体的节点上，实时获取相关交易和财务数据，降低获取准确数据的成本，实现实时监管，从而促使传统的监管机构与监管手段的变革和创新。

五、基于区块链的财务管理建设的创新

区块链技术下的财务核算模式转变了业务流与资金流分开核算的状态，使业务流与资金流充分链接和融合，利用区块链安全可靠的价值传输功能，进行会计结算、清算，在业务交易确认的同时即确认了资金转移。同时，在智能合约的应用下，利用区块链的可编程属性，实现对资产或负债的计量、后续处理，最终实现了财务核算模式的重塑。

在会计确认上，区块链网络的会计确认可以简单归结为单方发起、集体确认。集中式记账法在传统业务中主要用来实现各个科目之间的关联；区块链的分布式记账则是各个科目之间时间上的纵向延伸。传统会计依靠借贷双向记账来实现试算平衡；而区块链网络的分布式记账则依靠各个节点的审核确认来实现。每个节点都是会计信息的确认方，对于会计要素的确认需要全部节点的认同，如此强大的纠错机制可以保证会计要素的准确性和客观性。

在会计计量上，区块链中每个节点都保存了整个交易流程的所有数据信息，每一笔交易都是可以被随时查看的，并且是以时间顺序来排列。因此，在区块链网络中能影响到会计计量的因素都是透明存在的，这些都为历史成本、重置成本、可变现净值、现值和公允价值等计量属性提供更为客观准确的信息，为财务数据的标准化计量创造了更加客观的环境。

在会计记录上，基于区块链的财务系统利用技术将传统中心化的记账模式改为去中心化的记账模式，这样就不用再集中地收集记账凭证，同时可以对前期的交易信息实现直接自动平账。去中心的记账模式使总账不再是必需，分布式账本将会是一种新的账本模式。所有的交易信息验证都由网络自动完成，对交易信息进行时间上的溯源，不再需要传统的手工平账，可以有效地防止记账人员对财务数据的主观影响，保证了会计数据的准确性和客观性，降低了会计舞弊的风险。

在会计报告上，区块链技术的应用可以改变财务报告的形式，深化财务报告的内涵。目前的单位财务报表是单纯的数据汇总表，即使有报表附注的说明，也很难满足不同使用者的需求。区块链的出现可以实现报表结构的重塑，既可以显示汇总数据，也可以显示更低层级的数据，以满足不同使用者的需求。

第五节 人工智能环境下的财务管理

一、人工智能概述

人工智能是模拟、延伸和扩展人的智能理论、方法、技术及应用系统的技术科学，它由机器学习、计算机视觉、数据挖掘、专家系统、自然语言处理、语音处理、知识库系统、神经网络、遗传算法等不同的领域组成，涵盖由机器、系统实现的与人类智能有关的各种行为及思维活动，如判断、推理、证明、识别、感知、理解、设计、思考、规划、学习等。

从不同的角度来看，人工智能有多种不同的特征。从人工智能所实现的功能看，人工智能是智能机器所执行的通常与人类智能有关的功能，如判断、推理、证明、识别学习和问题求解等思维活动；从实用的观点看，人工智能是一门知识工程学，它以知识为对象，研究知识的获取、表示方法和使用；从能力的角度看，人工智能是指用人工的方法在机器（计算机）上实现的智能；从学科的角度看，人工智能是一门研究如何构造智能机器或智能系统，使它能模拟、延伸和扩展人类智能的学科。

二、人工智能环境下的财务管理变革

（一）财务会计向管理会计转型

在信息技术高速发展的背景下，人工智能已成为当今世界的热门技术，并对众多领域产生了深刻的影响。在这样的环境下，财务工作的重心也发生了转移。伴随着财务会计的可替代性逐渐增强，管理会计的地位得到了很大的提高。这主要体现在以下两方面。

第一，人工智能技术可以替代许多基础的财务会计工作。财务会计是在传统会计基础上发展起来的一个会计分支，基本职能主要包括对单位资金运动进行全面的核算与监督，为外部与单位有经济利害关系的投资人、债权人和政府相关部门提供单位的财务状况等经济信息。由于财务会计工作中操作的标准化、程序化和规范化，财务核算的很多工作可以被人工智能取代。例如，2017年，国际四大会计师事务所陆续推出的财务机器人刷爆了财务圈。这个名为机器人流程自动化（Robotics Process Automation，RPA）的新生事物由此走入人们的视野，并已逐步由审计领域进入更广泛的单位财务工作领域。它可以替代人类自动化地完成结构化、规则导向、可重复的工作任务。在传统财务会计流程中，大量标准化、重复性、技术含量较低的工作耗费了财务人员大量的精力，如今，RPA在会计领域的应用取代了这部分人力的投入，且可以较为高效地完成，如数据智能采集、智能审核、智能凭证、自动月结、自动纳税申报、自动银行对账等工作。例如，阿里巴巴在采用阿里云RPA之后，在资金管理方面实现了数据合并、数据校验等全流程的自动化，人工只需最终审核机器人处理的结果即可，流程简单、无须过多的人工干预，整体效率得到了极大的提升。

第二，管理会计能够结合人工智能技术的特点，对获取的数据进行准确快速的分析，从而为决策者提供更有效的管理决策支持。单位在经营中通常要面对3类数据，即财务小数据、业务中数据和社会大数据。然而，长期以来，单位对数据的应用以财务小数据和结构化数据为主，这仅仅涵盖了一小部分的数据信息，更丰富的、蕴含大量潜在价值和规律的非结构化和半结构化数据，包括各种格式的办公文档、文本、图片、各类报表、图像和音频／视频信息等，涵盖了如各类客户的特征、购买习惯与购买偏好之间的联系等有价值的信息，由于难以被清洗、整理和加工，仍长期处于沉睡状态。面对这些对管理决策有着重要意义的信息，财务会计显得无能为力。而管理会计的本质正是建立在数据收集、分析基础之上的精细化和量化管理，对数据的收集、整理、加工和分析能力决定了管理会计工作的价值。人工智能技术的发展使得这种能力大幅提高，管理会计工作将为单位的战略管理提供更为快速、准确的数据分析，帮助单位管理者做出正确的经济决策。

由此可见，人工智能为管理会计的发展提供了重要的契机，财务工作将会逐渐从"以财务会计为主导"向"以管理会计为主导"转型。

（二）财务管理人员的转型

在人工智能环境下，单位财务会计向管理会计的转型加速了财务人员职能角色的改变，单位不再需要大量的会计统计和核算工作人员，而是大大提升了对复合型财务人才的需求。

在传统的财务管理中，财务人员只需要通过机械重复的业务处理便可以完成单位的财务目标，财务人员缺乏创新能力和灵活的应变能力。人工智能的应用取代了财务工作中机械的、复杂的部分，降低了财务人员的工作量，单位不再需要花费更多的人力资源处理会计的统计和核算工作。

同时，单位也要求财务管理人员提高智能财务的素养，即财务管理人员需要掌握更高的财务管理技能，根据财务系统反馈的信息做出相应的分析和预测，这对财务管理人员的信息化思维和管理思维提出了更高的要求。

三、人工智能技术在财务管理中的应用

在我国国民经济快速发展的同时,传统的财务管理模式已经无法适应人工智能带来的冲击,财务管理模式一定要与时俱进、不断创新,适应人工智能环境下的财务管理模式。

(一)在单位财务预算管理中的应用

人工智能技术的发展促进单位财务预算管理向智能化方向发展,弥补了传统的财务预算管理无法满足单位发展步伐的劣势。

单位预算编制工作需要对历史数据进行全面的分析处理,得到各类数据的变化趋势,从而为预算编制工作提供更加科学合理的数据支撑。将预算编制工作与人工智能技术相结合,可以对财务数据进行归集处理,提取出单位财务数据所包含的信息,并结合最新的单位会计准则和制度,全方位地分析出各项财务指标的变化趋势,并对其进行预测。同时,根据不同业务的需求,针对不同的财务指标进行多角度、多层次的对比分析,确保分析报告的广度和深度,有利于直观地体现各项财务数据的变化情况,并对一些存在异常的数据进行预警,以便及时做出有效的处理,提前化解风险隐患,做到防患于未然。

(二)在财务会计核算中的应用

早在几千年前,我国的会计核算方式一直都是以算盘为代表的手工记账形式。到了20世纪90年代初,人们开始逐步使用电脑,把账簿变成了屏幕,把算盘变成了键盘,实现了以会计电算化为代表的电脑记账形式,手工账务处理的核算形式逐渐被取代。计算机强大、快速的数据处理功能大大提高了财务人员的工作效率,减轻了工作压力,并有效降低了工作差错率。近年来,随着人工智能的发展,财务机器人作为代表逐渐走进了单位。2017年4月,江苏电信试运行了财务核算机器人,实现了月均完成自动制证6万余单的佳绩,8月的核算量占比达70%,准确率为100%。

除此之外,在传统的财务会计核算中,对应付、应收往来账款的处理需要检索成千上万条往来结算明细并进行手工处理,再与发票相对应进行逐项核销,对往来账款进行核实,为供应商付款和后续收款提供依据,这些都需要消耗大量的人力。如果利用机器人代替人工操作,则不但能利用非工作时间展开操作,而且可把工时降至原来的5%甚至更低,同时提高计算精度,最大限度地提高工作效率及客户和供应商的满意度。

(三)财务智能系统的应用

智能共享系统在财务管理领域的应用,表现在对财务管理信息在各相关部门之间的共享建设。例如,针对财务管理信息的查询系统与操作系统,单位财务数据共享系统能够

让单位在合理范围内最大限度地节约成本，为各相关部门提供有效的财务信息；单位基于浏览器／服务器（Browser／Server，B／S）模式系统结构能够做到财务信息的共享，提高了单位对财务信息的处理能力，单位各部门可以通过网络浏览器进行财务数据的浏览与查询，外部相关部门可以借助互联网了解单位的财务情况。智能共享系统在单位财务管理中的应用，意味着单位财务管理工作进入了更加成熟的阶段，通过接口技术对不同信息进行整合。

四、人工智能对财务管理工作的重要意义

（一）提高会计工作的效率

传统的财务会计有许多基础性工作，耗费大量人力资源进行财务数据的搜集整理、录入、核对、汇总和编制报表，这些工作的特点是工作量大、简单机械、日复一日，非常考验会计从业人员的责任心、忍耐力和细致稳定度，依靠手工处理，整体效率很低且很难大幅提升。

而人工智能可以取代会计人员大量简单的重复工作。例如，采用电子收银、自动对账、电子记账和财务集成等智能技术，不仅效率高、差错少，而且能不间断工作，可以将会计人员从烦琐、乏味的工作中解脱出来，投入更有价值的工作。又如，华为利用人工智能技术采用的全球7×24小时循环结账机制每小时可处理4000万行数据，使全球259家子公司按照本地会计准则、国际会计准则的要求，分别出具3种会计准则下的财务报告。同时，从产品、区域、业务组、客户群等维度分别出具责任中心经营报告，这些报告都可以在5天之内高质量输出。利用人工智能系统自动采集交易数据生成会计记录和财务报告，使得会计信息的及时性得到极大提升，会计工作效率与质量大幅提高。

（二）提高会计信息的质量

会计行业最基本也是首要的原则就是真实性，但现阶段中国会计行业普遍存在会计信息失真的问题，究其原因，主要是在对会计信息进行处理的时候，还是有许多人为的调整、判断及编制，这种人工操作不仅存在人为失误，更存在人为故意篡改或造假等舞弊问题。通过降低人工在处理会计信息时的参与度，提高人工智能的使用范围和深度，从根本上保证会计信息的真实性，从而提高会计信息的质量。例如，利用人工智能财务系统不仅可以在很大程度上降低人工失误造成会计信息失真的可能性，还会在很大程度上减少人为篡改或造假等舞弊的可能，从而使得会计信息质量大幅提高。这种人工智能财务系统根据财务专家提供的特殊领域知识、经验进行推理和判断，从不同层次、不同角度、不同时期对会计数据进行观察和分析，从而得出财务结果产生的内在原因，因此能够揭示会计数据

之间隐含的关系，达到识别虚假会计信息的目的。

（三）提高行业的竞争力

人工智能利用先进的技术可以处理大量数据并建立数据库，从而对单位的各类投资及盈利等重大事项进行预测。相对于人类有限的信息存储量和计算能力，人工智能具有更加齐备的信息和高速运算能力。因此，人工智能可以为单位的经济决策提供模拟分析、识别财务管理的方针和建立适当的财务管理氛围，也可创立一定的预演模型，使单位的发展得到一定的提高。应用人工智能后，计算机可以根据给定的范围和方法，进行系统学习，并对大量数据进行程序化分析，从而得出更加细致具体的预测。例如，对利润进行估算时，财务人员往往根据单一的模型和数据进行主观预测，而计算机则不同，它可以根据不同的会计模型和方法，加上数据库中所有的历史数据进行比对和分析，同时分析资产负债项目及社会趋势对资金的影响。会计人员可以合理利用人工智能为自己提供的各种信息，帮助单位进行决策，从而逐步提高决策水平，提升核心竞争力，促进经济可持续发展。

五、基于人工智能的财务管理建设创新

（一）开展数字化智能化服务

单位在智能财务的硬件和软件设计上，应该加大投入基本的硬件和软件设施，尽可能地模拟财务管理的全部过程，采用先进的科技设备，构建信息传输网络通道，在公司内部形成一个完整的智能财务系统。财务管理利用人工智能软件，嵌入财务工作场景，使单位财务管理建设数字化，给单位效率带来质的提升。

数字化的财务不只是财务机器人，更是结合各种数字化的信息技术产品，对财务信息的输入、处理、输出、分析和决策的一整套智能系统，支持单位管理决策，实现单位财务数据的共享。单位财务管理建设数字化的目的就是实现业务及流程自动化、移动化和智能化，从财务信息的输入到处理，再到决策，都能够在系统中完成。财务管理的各个环节、会计核算的各个环节及经济管理的程序化设计，都为财务人工智能的全覆盖提供了完整的模拟。

（二）建立现代化财务管理系统

财务管理系统能进一步促进单位财务资源的整合，充分实现财务的电子化管理。例如，单位资源计划系统通过总账、供应链、成本管理、计划管理、生产管理等模块，连接单位采购、销售、物流、生产、财务等部门的工作。

未来仍需要努力利用人工智能加强财务管理系统的建设，完善财务软件的功能与服

务。例如，增加基于人工智能的在线财务预测、分析、决策等智能功能与服务，从而满足单位的多样化需求，提供个性化服务，如在线定制服务及灵活的自定义功能。同时，人工智能财务管理系统还应该加强对信息的识别与截获，降低数据风险，提高利用会计数据的决策水平等。

（三）建立财务共享平台

目前，虽然一些单位积极推进财务智能化应用，也建立了信息管理系统、业务处理系统，但是，在实际操作过程中由于部分财务信息属于单位机密，业务人员并不清楚，而在业务执行过程中，各部门的流程和职责不同，部分资源没有完全共享，这样财务人员难以了解各个流程的全部信息，阻碍了智能财务职能的完全发挥。

鉴于此，我们需要建立财务共享平台，使业务和财务充分融合。一方面，在开展业务活动之前，需要按照事先审批流程、财务预算、财务制度与标准进行事前审批，使业务活动及时得到财务支持，同时审批流程也得到了优化。另一方面，在业务发生过程中可以及时记录各项数据，把控资金流向，使财务信息及时、准确。

第四章 财务共享与业财融合

第一节 财务管理信息化

信息化是以信息资源开发利用为核心,以网络技术、通信技术、信息管理技术、软件开发技术、开发工具技术、集成技术等方式为依托的一种新技术扩展。它是一个集成的概念,具有明显的层次性。从总体上看,信息化可以划分为社会国民经济信息化、行业领域信息化及组织单位信息化三个层次。这些层次之间相互联系,共同构成了信息化的背景。其中,组织单位信息化是社会信息化的基本构成单位,信息化的进程往往是从某个组织开始的。因此,本章以第三个层次为背景,探讨财务管理信息化的相关内容。

一、单位管理信息化

(一)单位管理信息化的定义

单位管理信息化是指在信息化的背景下,以单位现代管理理论为依托,以信息技术为平台,整合单位战略管理、市场营销、生产管理、财务管理、组织文化管理等流程,以提高单位核心竞争力,并最终实现单位生存、发展和不断扩大的过程。单位信息化的目标是追求单位核心竞争力的提升与最终收益的显著增值。

事实上,单位管理信息化也是重新构建单位管理模式的过程。在这一模式的构建过程中,既包括手段、方法的改变,也包括管理流程、理论的变革,并且这一变革随着信息技术的突飞猛进和管理理论的不断创新而愈演愈烈。

(二)单位管理信息化的内容

从单位角度出发,单位管理信息化包括以下三项主要内容。

1.信息化平台的构建

构建信息化硬件、软件平台,并进行信息系统的建设、管理和维护等工作,实现信息化软、硬件系统的集成。

2.业务流程重组

基于信息化环境下的业务流程重组是单位管理信息化的重要内容,这要求我们摒除手工模式下效率低下、重复工作的环节,提高单位生产水平,建立适合信息化社会的工作模式和工作流程。

3.信息化单位管理模式的建立

单位管理信息化的最高层次是建立与信息技术相融合的单位管理模式,包括信息化人才的培养、信息化环境下单位管理制度的建立、自适应的单位管理信息系统的建立等。

(三)单位管理信息化的意义

1.促进单位管理模式的变革

市场竞争环境的多变和管理手段的不断更新,催生了不同的单位管理模式。传统的大批量、大规模生产模式产生了以单位"成本控制"为核心的管理模式。通过层级划分和专业化分工提高工作效率、降低生产成本,单位获得产品价格上的优势。信息技术的发展不仅改变了信息传递和处理的方式,而且造就了新的管理模式和方法。随着市场竞争的加剧,需求日趋个性化、多样化,使产品生产呈现多品种、小批量的趋势,传统的以生产为主导的管理模式转变为以市场为主导的管理模式。

在信息化环境下,单位信息全面实现共享,使单位的集成管理模式成为可能。这种集成管理模式提高了单位管理层的洞察力,使管理结构扁平化,减少审核和监督程序,减少内部冲突,让员工拥有更大的自主权,大大调动员工的积极性,提高对外界变化的快速反应能力。

2.形成单位核心竞争力

单位核心竞争力是指在单位内形成的区别于其他单位的特质,该特质能够为单位带来超额的价值。信息化的发展有助于单位核心竞争力的形成。信息化的过程实际上就是单位管理模式、管理流程重新构造的过程。在网络环境下,以市场需求为导向,以信息化管理为手段,可以提高工作效率,以最大限度地创造单位价值。

3.提高单位经济效益

大量信息的掌握与应用使单位可以在短时间内做出有效决策以应对各种状况,减少了突发事件给单位带来的损失。同时,单位的各项管理也因信息化的实施而变得畅通快捷,大大提高了单位的工作效率,减少了各项成本支出,对于拓展市场、争夺稳定客户也大有裨益。因此,单位管理信息化从多个维度提高了单位的整体收益。

二、财务管理信息化概述

（一）财务管理信息化的定义

财务管理信息化是指基于信息技术和单位宏观、微观管理环境，以支持实现单位价值最大化的财务决策活动为目标，通过整合单位管理流程，改进财务管理方式，形成科学财务决策和财务控制的过程。

财务管理信息化有别于其他信息化过程，这主要体现在两方面：第一，财务管理信息化具有无边界性。财务管理活动贯穿于单位管理活动的始终，财务管理信息化也随之渗透到单位的各个环节。在"支付／获取—转换／生产—销售／收入"的基本单位业务流程中，都伴随着财务管理和财务决策过程。它将伴随着单位信息化的进程而拓展到单位甚至整个价值链上，使得财务管理信息化的边界越来越模糊。第二，财务管理信息化具有自适应性。财务管理的核心内容是决策，而决策面临的环境千变万化，缺乏统一的模式和流程。参与决策的各种信息与数据来源广泛，导致财务管理信息化不可能借助于统一的流程和模式来实现。满足客户决策需求成为财务管理信息化成功的关键。理想的财务管理信息化绝不是一个简单、僵化的系统，而是提供了一个决策和管理的平台。在这个平台上，用户可以根据单位自身的管理环境、管理水平构建需要的信息化环境，实现系统的自适应性。

（二）财务管理信息化的内容

财务管理信息化的主要内容包括以下几点。

1.构建统一的财务信息管理平台

单位的运营规模很大，内部组织结构非常复杂，想要提升财务管理的集中程度，就必须规范所有财务管理对象的业务操作，而构建统一的财务信息管理平台是最有效的方式。

2.实现资金集中管理与共享

单位要想保证自身运营的稳定性，就必须做好资金集中管理工作。在开展财务管理信息化建设工作时，须把资金管理作为重点，建立符合自身运营实际与结构特点的资金管理与共享模式，由财务公司或者单位财务中心统一管理所有分支机构的资金收支，这样不但能够提升资金集中管理效率，还能提高单位资金的使用效率，降低单位运营过程中面临的财务风险。

3.实现财务管理信息平台与业务管理信息平台对接

将财务管理信息平台与业务管理信息平台对接，单位可以同时了解业务的进展信息与相应的财务信息，从而为制定决策提供有力的支持。

（三）财务管理信息化的意义

财务管理信息化的意义主要表现在以下三方面。

首先，财务管理信息化是提升单位管理水平的重要途径。财务管理信息化有效降低了财务工作者的工作强度和压力，通过财务管理信息化软件，财务人员只需要简单地操作就能完成数据的录入、整理、核算、输出、分析和统计工作，提高了财务管理的效率，而且有效减少了人工核算的失误，大大提高了单位财务信息的准确性，有利于为单位管理决策提供有力的数据支持。

其次，财务管理信息化有效降低了单位的管理成本，并对生产和经营成本实时监控，对于大额成本支出及时录入、查询并追踪，大大提高了信息的透明度和管理效率，有效减少了不必要的成本开支和人工原因造成的资源浪费。

最后，财务管理信息化是实现单位全球化经营目标的关键手段。信息的全球性决定了财务管理的全球化，通过财务管理的信息化有助于单位整合全球资金，并对各地区的子公司进行统一管理，如对财务报表的查阅和分析，打破了传统的必须人工当场管理的弊端等。

三、财务管理信息化的发展历程

按照财务管理信息化的影响范围和深度，将财务管理信息化的进程划分为三个阶段：面向部门的财务管理信息化、面向单位的财务管理信息化和面向集团的财务管理信息化。

（一）面向部门的财务管理信息化

在部门局部应用阶段，财务管理信息化的影响范围局限于财务管理部门内部。其主要特征如下。

1.财务管理应用局限于独立的决策环节

在这一阶段，财务管理信息化并没有形成有机的系统，只是由若干个孤立的决策模型构成。计算机技术的作用仅限于数据的计算和分析，只是数据处理的速度和精度有了很大提高。

2.主要通过手工方式获取决策数据

在局部应用结算中，决策所需要的数据主要通过手工方式或对数据库数据的访问获得。决策模型的运行基本上处于手工运行状态，缺乏数据仓库的支持。

3.财务控制职能缺失

财务管理的基本职能包括决策和控制，但在局部应用环境下，单位无法实现有效的财务控制手段，也缺乏实施控制的信息化平台，导致财务控制滞后。

4.财务管理工具单一

这一阶段主要应用电子表格软件、统计软件，如Excel、SPSS等，完成简单的财务分析、决策模型建立等工作。决策所需数据无法与会计或其他信息系统共享，决策过程依靠用户建立的财务管理模型实现，无法确定决策过程的科学性和决策结果的有效性。

（二）面向单位的财务管理信息化

随着单位信息化的深入，特别是系统集成阶段的完成，财务管理信息化也将步入单位整体应用阶段。相对于部门局部应用而言，单位整体应用呈现出如下特点。

1.财务管理信息化应用的目的是面向系统决策

单位财务管理的基本活动包括筹资、投资和利益分配，三者是相互影响、相互制约、相互联系的整体。面向整体应用阶段不再是面向某一个具体的决策环节，而是面向单位战略，也就是说，决策过程从一个单独的、个体的决策转化为单位理财目标服务的一系列决策。信息化的作用不再局限于数据处理本身，而是向决策支持、人工智能过渡。

2.通过数据库管理系统自动获得决策所需的数据

决策的关键是模型的构建，而正确决策的依据是大量准确的基础数据。在局部应用阶段，正是由于决策所需数据的缺失，限制了财务管理决策的应用价值。在整体应用阶段，财务管理信息系统既可以访问会计数据，也可以访问集成化信息系统提供的业务数据；既可以访问当前数据，也可以访问历史数据，还可以访问支持决策的数据仓库，从而提高决策的可靠性。

3.强化了财务控制职能

在整体应用阶段，借助于单位信息化的平台，财务控制的各项措施和方法都不再停留在手工层面，而是嵌入信息系统本身，在业务处理的同时完成各项控制活动。财务控制实现了真正意义上的事前控制、事中控制和事后控制的统一。具体而言，事前控制实现了对决策目标的分解，将其转化为可以执行的指标或预算，并将预算或指标层层分解，落实到基本的业务处理层面。在手动环境下无法实现的事前控制在信息化环境下迅速、高效地形成了实际的控制力。事中控制在执行过程中实时监控执行过程，并和财务指标或预算进行比较，随时调整偏差或进行矫正。事后控制则对执行的结果进行分析和评价，确定与决策目标之间的差异，分析决策的正确性和目标的满足程度，为未来的财务管理活动提供依据。

4.形成财务管理信息化平台

与局部应用阶段相比，整体应用阶段形成了系统化的、开放式的财务管理信息化平台，包括较为完善的局域网或单位内联网及财务管理信息系统。财务管理信息化的实现不再单纯依靠非专用的工具软件，而是建立完整的财务管理信息系统。财务管理信息系统通过和其他信息系统及工具软件的集成，提供决策模型构建维护的功能。

（三）面向集团的财务管理信息化

信息化技术的发展在扩展了集团财务管理内容的同时，也极大地丰富了集团财务管理的手段。从内容上看，全面预算管理、网上资金结算中心、集团物流管理等均是依托信息化环境而产生的新的集团财务管理模式。同时，从手段上看，信息化技术也带给集团财务管理新的决策和控制手段。敏捷生产、流程再造、零库存管理、虚拟仓库等均是集团财务管理在信息化环境下的新管理手段。

（1）财务管理信息化的目标是支持集团战略决策和单位控制，提升集团价值。在信息技术的支持下，单位较好地处理了分权与集权之间的关系；在集团内部实现数据的集成和共享；高层的预算指标和控制措施通过信息系统下达到单位的各个层面，并对执行情况进行跟踪和监控。

（2）决策所需数据通过分布式数据库提供，并构建面向决策的数据仓库。通过集团各单位间协同工作的网络和数据处理平台，在分布式存储和分布式处理能力的支持下，协同集团内各单位的财务管理工作，共同支持集团战略决策。数据仓库的构建，可以提供面向集团决策的数据和信息。

（3）集团战略决策、集团预算管理、资金集中控制、集团物流管理将成为该阶段财务管理信息化应用的重点。

（4）信息化技术平台实现由客户／服务器（Customer／Server，C／S）模式向B／模式的迁移，并通过单位外联网或互联网实现单位间信息的沟通和协作。

四、财务管理信息化的应用

随着移动互联网时代的来临，财务管理信息化的技术也不断更新，包括云计算、大数据、区块链、人工智能等，由此催生出了财务共享、业财融合等新型财务管理信息化的应用成果。

（一）财务共享

财务共享服务是依托信息技术，以财务业务流程处理为基础，以优化组织结构、规范流程、提升流程效率、降低运营成本或创造价值为目的，以市场视角为内外部客户提供专业化生产服务的分布式管理模式。

财务共享服务是指将单位范围内共用的职能或功能集中起来，高质量、低成本地向各个业务单元或部门提供标准化的服务。共享服务中心所集中的通常是财务、信息系统、人力资源、法律、采购、研发等职能,通过这种方式,既可以发挥规模效应、节约成本,也有助于保证这些职能的质量和一致性。

(二)业财融合

业财融合建立在信息化时代单位财务与业务联系密不可分的基础之上,它使财务和业务有机融合,使财务向业务环节深层次融入。现代单位财务管理信息化理念不再局限于财务,它逐渐向业务管理流程渗透,使得业务管理在关注业务指标的基础上,结合财务相关指标关注业务效率。

在单位集团化、全球化、精益化管理的发展需求下,云计算、大数据、区块链、人工智能等技术,正对财务管理进行全方位的结构改造,单位财务管理逐渐向业财融合方向发展。

第二节 财务共享

一、财务共享的相关概述

(一)财务共享的概念

财务共享源于共享服务。共享服务的概念最早由布赖恩·伯杰伦在其著作《共享服务精要》中提出:"将部分现有的经营职能集中到一个新的半自主的业务单元的合作战略,这个业务单元就像在公开市场展开竞争的单位一样,设有专门的管理结构,目的是提高效率、创造价值、节约成本及提高对内部客户的服务质量。"该业务单元就叫共享服务中心,用英文书写为SSC(Shared Services Center)。它把一个组织的非核心业务从原来的组织体系中分离出来,转交给一个服务部门统一运作,即将分散的成本中心转化为利润驱动并逐步扩大的专业化事业部,进而使组织扁平化或瘦身。共享服务模式的本质是对公司人力、资本、时间及其他资源的优化。共享服务的种类包括财务、人力资源、物流、IT等。

关于财务共享,国际财务共享服务管理协会(International Financial Shared Service Association,IFSSA)给出相对权威的定义:财务共享就是以信息技术为依托,运用流程化的手段来处理财务和业务,其目的是优化组织内部结构、降低单位的运营成本、规范业务流程、提升流程效率,并从市场的内部和外部等不同角度给客户提供专业的生产服务管理模式。财务共享服务是将公司（或集团）范围内的共用的职能或功能集中起来，高质量、低成本地向各个业务单元或部门提供标准化的服务。

（二）财务共享的特点

财务共享服务通常具备如下特点：①将工作性质近似或相同的工作纳入财务共享服务范围，实现专业化的合并；②将原来提供性质近似或者相同工作的组织、岗位进行重建、合并，纳入新设立的财务共享服务中心，带来规模收益；③财会制度和标准的统一运作；④在实施过程和运作过程中以信息技术为支撑；⑤财务共享服务的对象在初始阶段都是内部员工和部门，随着总体职能向广阔和纵深发展，对外部使用客户提供的服务让其具备增值的效应和可能。

（三）财务共享服务的模式

财务共享服务的管理模式包含托管式服务和自愿式服务两种。其中托管式服务是一种最基本的共享管理模式，它着眼于规模经济，通过日常事务的合并和服务收费弥补成本，达到降低成本、规范流程的基本目的。自愿式服务又包含市场模式、高级市场模式和独立经营模式3种。市场模式进一步分离单位职能内部的基本运作与决策权，将控制职能与服务职能相互分离，通过服务收费弥补成本，目的是减少开支、提高服务质量。在这种模式下，共享服务的顾客（单位内部的其他组织）不再是被动的服务接受者，它可以根据自己的意愿做出是否接受这些服务的决定。也就是说，服务不再是托管式的，决策权由接受服务的客户全面掌握。高级市场模式是对市场模式的提升，其主要特点是客户选择服务和市场定价，且在有能力的情况下，可以对外提供共享服务。高级市场模式的目的是引入竞争，向客户提供、推荐最有效率的供应商，供客户进行决策选择。独立经营模式是财务共享的自愿式服务的终极模式。在这种模式下，财务共享服务中心已经开始作为一个独立的经营实体进行运作，它不仅向单位内部客户提供产品和服务，还服务于外部客户。该模式下的共享服务中心凭借其专业技能、技术及知识开始与第三方外部服务机构、主要的外部咨询机构等展开完全竞争，同时服务收费也完全呈现市场化态势。

从基本模式、市场模式、高级市场模式到独立经营模式，一个明显的变化是管理收益的提升。但是4种模式的选择并没有必然的优劣之分，每种模式都可能在不同的单位发挥最佳的作用。所以，单位应当结合自身特点和不同的战略选择不同的模式定位。

二、财务共享服务的实施运用

财务共享服务在单位的实施运用通常包括三个阶段：评估、设计、运行。单位应根据自身情况，把握工作节奏和工作重点，循序渐进，稳步推进。

（一）评估阶段

首先，单位要确定目标和愿景，因为财务共享服务实施属于财务战略实施，而财务战略必须要服从于单位整体战略。单位在确定目标和愿景时，要重点考虑单位及所属行业的发展现状、所处阶段及发展趋势，确保财务变革符合单位整体战略要求。其次，单位需要收集数据进行行业实例分析比较。根据确定的目标和愿景，评估分析单位基础能力能不能满足项目实施的关键要素，并在此基础上进行投资收益分析，选择单位拟采用的具体模式，确定财务共享服务中心在单位内部的整体定位。分析评估的结果要及时向单位高层领导汇报，以获得认可和支持并形成单位决议。最后，单位正式组建项目工作团队，成立领导小组和工作小组。由财务、IT、人力等专业人员及财务共享服务管理咨询专家共同组成工作小组开展项目设计，实施具体工作。

（二）设计阶段

这一阶段，项目团队需要确定设计的内容，明确核心和关键环节，确定设计参与人员，并形成具体进度计划。财务共享服务设计的核心和关键环节主要包括七方面：①根据单位对财务共享服务中心的整体定位、赋予的工作内容，设计中心内部组织架构，包括内部机构及岗位设置；②构建业务流程体系，完成内容梳理及优化；③信息系统技术框架设计及实施优化；④设计招聘和人员转移计划，包括从外部招聘新员工及内部人员转岗等；⑤制订人员培训计划，包括新员工培训及管理能力提升培训；⑥制定内部管理制度，包括工作制度、现场管理制度、绩效管理制度等；⑦办公场地选址及布局设计。有条件的单位，还可以对财务共享服务工作内容进行细分，对票据、扫描等非关键岗位实施外包。在设计阶段，沟通和协作非常重要，尤其是在人力和系统支撑这两项重点和难点领域的设计中，要积极发挥项目团队中专业管理人员的作用，保障财务管理、人力管理和信息化管理等单位管理关键领域的协调推进。

（三）运行阶段

这一阶段，为了保障实施效果，降低风险，单位可以选择先试点再推广的实施策略。首先，在内部分支机构中选择有代表性的2~3个开展试点，试点中要建立跟踪分析工作机制，及时沟通和解决试点问题，优化实施方案。在国内财务共享服务实践中，用户对新模式的接受和适应是财务共享服务实施中面临的最大挑战，单位需要加强沟通宣传，通过服务体系建设、流程优化等手段尽快引导财务共享服务中心建设项目平稳过渡。其次，单位试点成功后，开始进入推广阶段。为了保障上线实施效果，分支机构较多的单位可以采用分批推广的方式，给予财务共享服务中心一定的上线缓冲期。项目全面实施推广运行后，还需要在运行过程中持续跟踪分析和优化。需要关注的是，进入这一时期后，原项目团队工作已基本完成，工作主体应该由项目团队调整到财务共享服务中心的管理成员。最后，从工作对象上看，跟踪分析不能仅仅局限在财务共享服务中心内部，还要关注单位管理环境变化，新业务、新技术对财务共享服务模式及内容的影响，持续进行改进和优化。

三、信息技术与财务共享

（一）单位数字化转型

随着信息技术在单位财务上的运用，单位数字化转型的概念应运而生。数字化转型被定义为"由转换信息技术促成"的转型，这种转型涉及业务流程、操作程序和组织能力及进入新市场或退出当前市场的方式的根本性变化。

早期关于单位信息化转型的研究多集中于单位内的信息化项目，如单位资源规划、客户关系管理，研究如何促成组织变革。随着互联网、大数据和人工智能等数字化技术的不断发展和深化，我们看到关于数据化转型领域的研究越来越多。传统的单位转型需要在策略、结构和授权等方面进行改变，但是数字化转型通过信息化技术在组织结构、日常程序和财务信息流方面凸显影响，并且让组织愿意接受和适应信息化技术，最终实现单位的财务共享。

在数字化转型技术的帮助下，单位利用互联网、物联网和云计算等数字化技术，对创造客户价值的方式进行改造，在原有业务的基础上通过提升数字化水平拓展单位的业务，实现业务与财务的共享。数字化转型使得公司员工更加适应行业和单位内的新的数字化环境，提升单位内部的自动化和智能化运营，从而使得单位无论是面向客户或者运营的前端，还是实现管控的后端，都能在服务、运营和管理质量方面得到显著提升。

数字化转型技术的快速发展和业界的广泛推广应用，或多或少地对单位原有的商业模式产生了冲击。在单位产品服务的生产制造、上下游资源的整合、客户的拓展和运维，以及单位良好形象和品牌的建立等方面，都由于数字化转型技术的发展和应用，产生了颠覆性的变革。

在运营转型方面，过去的运营常常先固化再优化最后僵化，数据难以对外交换。在单位数字化转型时代，这种模式已经演变成数据驱动，由端到端，把过去的数据孤岛连成一片，变成一个数据湖。在产品与服务转型方面，过去的单位常显笨重，产品与服务很难适应单位发生的变化。而在单位数字化转型时代，这些变成了智能化、服务化和消费化。在商业模式转型方面，过去的单位倡导的是战略导向、IT控制，信息化更多的是一种控制手段，保证战略、业务朝着计划的方向走。但是，在单位数字化转型时代，我们应强调自下而上、数据驱动。在管理转型方面，传统模式很大程度上束缚了单位的成长，在单位数字化转型时代，直达客户、协同共生的管理模式才能实现双赢。

（二）财务云

财务云是将财务共享服务与云计算、大数据、移动互联网等技术相融合的财务管理模式，在有网络的情况下，可随时随地接入系统，实现实时协作。财务云的结构体系更加简单，影像管理、报账中心、集中核算支付等数据处理中心和数据库服务器、邮件服务器等应用服务器都安装在云端，经过安全认证，可以通过网络连接和移动互联设备访问云数据中心，实现随时随地接入，从而保证数据处理更加高效快捷。

财务云实现了单位财务资源共享，减少了软硬件系统及财务人员在分（子）公司的重复设置，降低了单位总体运营成本。财务云软硬件系统均可选择服务外包，由云计算服务供应商提供，供应商保障系统安全、解决系统故障、升级系统软件，单位无须投入人力、财力等对基础设施等进行管控。云计算支持多终端接入模式，用户借助移动互联网、各种客户端（如手机等），便可随时随地接入系统处理工作事务，财务云的快捷性和会计业务的标准化使财务工作效率进一步得到提升。在分散式的财务管理模式下，会计人员需耗费大量的精力处理记账、算账等日常事务，忽视了人员在单位规划、决策、控制和评价等方面发挥的功能。财务云则对单位会计人员进行了一个更细的专业化分工，将会计核算工作从单位财务部门中相剥离，使从事会计基础业务的会计人员转型发挥管理会计职能，注重单位的价值管理和创造，从而推动单位管理会计工作的有效开展。

四、财务共享服务中心的风险控制

财务共享服务中心是逐步完成单位数字化转型、实现财务云的桥梁。而在财务共享服务战略实施过程中面临的主要风险包括：财务共享服务中心的选址；结合实际和公司战略对财务共享模式的选择；高额的初始投资，较长的盈亏平衡期；制定新流程和制度，通过服务合约进行规范化服务关系管理；冲击原有体制带来的组织文化风险，因为从行政等级制变为业务合作伙伴，一开始会受到抵制，降低效率；工作交接过程中及之后对于员工的持续激励以保持工作热情和积极性；技术和信息系统的合理选择及集成运用；财务共享服务中心成熟后的控制；等等。风险管理是一个持续的过程，其应对策略之一就是预测风险区并尽早识别，与成功实施财务共享服务战略相关的风险主要分为以下三个层次。

（一）战略层面的风险控制

（1）变革管理风险控制。财务共享服务无论是理念还是运营模式对单位来讲都是新的，它将会对单位原有的管理流程、决策方式、组织文化甚至利益分配格局形成冲击。因此，在推行初期，一部分人必然会持有消极态度。根据变革管理理论，一项大的管理变革在推行初期，一般有20%的人支持，20%的人反对，60%的人持观望态度。变革成功的关键在于能否使60%的观望者转变态度。因此，管理层对此项管理变革的认识和重视程度可以在单位内营造出管理变革的舆论氛围，形成变革的紧迫感，促使持观望态度的管理人员和员工转变观念。

（2）选址管理风险控制。办公地点的选择标准一般包括通信设施的发达程度和通信费用，劳动力的成本、质量和数量，税收政策和法律法规，与最终客户之间的距离，当地的环境，办公地点的租金成本和可选择的范围，关键管理员工的工作意愿，等等。选址的成功将会为财务共享服务战略的成功实施迈出重要的一步。

（3）服务关系管理风险控制。服务层次协议是服务关系管理中至关重要的一个组成部分，是业务部门与共享服务中心之间达成的一项协议。服务层次协议定义服务的范围、成本和质量，并将其书面化。服务层次协议使得财务共享服务不同于单纯的职能合并，更加注重客户（内部业务部门）的满意度。服务层次协议的内容一般包括收费的频率和方式、定价模式、权变因素、质量标准、职责、提供服务的内容、时间期限、适用范围、自主权等，根据单位的具体情况确定。

（二）组织层面的风险控制

在财务共享服务中心实施过程中，有可能缺少面对面的沟通和交流导致服务缺乏人性化。

（1）员工风险控制。与员工管理相关的成功因素包括：高层管理的全力支持，各级管理层的认可，人员定位和关键业务合作伙伴，对员工的教育和培训方案，管理团队思维灵活擅长解决各种问题，持续沟通了解和管理各种变化，与人力资源管理部门合作确定财务共享服务中心的员工配置等沟通风险。任何变革的成功实施都有赖于沟通策略的有效配合，沟通策略包括沟通渠道、沟通信息、沟通时间、沟通场所、沟通对象等。如果缺乏有效的沟通渠道，沟通策略的实施必然存在极大的风险。绝大多数员工的阻力源于员工对不好的变革结果的不安全感，或者是由于财务共享服务中心与单位内部主导文化的不适应，因此尽早、尽可能与员工进行坦诚的沟通非常关键。

（2）文化风险控制。文化差异及其影响是决定财务共享服务战略成功实施的重要变量，它主要体现在价值观差异、传统文化差异、宗教信仰差异、语言和沟通障碍等方面。文化差异是组织获得业绩的潜在障碍，但如果能够进行有效管理，即改善解决问题的能力、增加创意和创新、增强灵活性、获取优秀资源、降低成本开支等则是一种增值活动。文化差异给财务共享服务带来了机遇和挑战。

（三）执行层面的风险控制

（1）技术风险控制。与财务共享服务中心的实施和长期运营相关的信息技术包括基本信息技术、一般目的的信息技术、共享服务流程特有的信息技术。在信息技术的使用过程中存在的主要风险在于存档、可测量性、产能、安全性、接口、标准、反应度、可用性等方面。

（2）法律风险控制。财务共享服务中心所覆盖的区域中的各个国家和地区在法律、法规和税务政策上不尽相同，这将会造成服务中心在业务处理上需要照顾到各个国家和地区的特殊情况，尤其是服务中心所在国家和地区的法律和法规。

第三节 业财融合

一、业财融合的概述

（一）业财融合的概念

业财融合是一种内部协同管理方式，通过业务部门与财务部门有效协作，资源与信息融会贯通，确保单位经营管理决策信息全面准确，有效支撑经营决策的合理性。在单位资源有限的前提下，财务人员在掌握财务目标的同时了解单位的运营状况，帮助单位实现了有效的资源配置。业财融合是财务向业务环节纵深延伸的一种方式，将财务管理的理念渗透到业务管理的过程中，业务管理不再仅关注业务指标的变化，更应该结合财务指标关注业务的收益问题。

（二）业财融合的特点

1.协同性

业财融合强调在信息共享的基础上业务与财务部门进行更加深层次的进行交互与融合。想要达到这一目的，两个部门就必须直面双方在交流和工作中存在的各种障碍，多进行沟通和反馈，统一业务与财务的口径，使得双方均意识到并认可对方的工作内容和意义，相互配合达成共识。

2.全局性

要想让业财融合在单位中真正发挥应有的作用，就必须要认识到其在单位中所涉及范围的广泛性，以及其对整个单位经营与发展的重要作用。业财融合实际上意味着整个单位在信息化时代下的主动适应和转型，需要单位从顶层设计到具体财务业务体系及信息化平台等多维度推动，推动单位管理机制不断完善，进一步获取单位管理层的大力支持和员工的广泛认同，并在整个单位中得到推动与执行。

3.过程性

推动业财融合对整个单位有着广泛和深远的影响，同时会给单位运营管理模式带来巨大的改变，如战略的规划实施、人员的分工、信息系统的建设及大数据的管理等。在这一转型过程中，会面临来自文化层面、技术层面、固有的流程层面等各个层面的阻碍，因此在实施的过程中必须全面综合地考虑单位的整体情况，有节奏地稳步推进。

4.开放性

业财融合的模式、业财融合所用到的工具与方法都是随着信息技术的发展及单位运营模式的变化而不断更新变化的，是一个动态融合的过程。业财融合的深度也会随着信息技术的不断进步和财务管理的转型升级而不断加深。

（三）业财融合的必要性

业财融合是大数据时代的发展趋势，大数据时代的到来，促使单位对财务支持的需求与日俱增，财务部门服务的对象不再仅仅局限于外部客户，还包括单位主价值链上的各个业务单元及单位的各级管理者。财务部门需要提供的，不再仅仅是会计报表，而是从各个维度分析单位经营业绩的管理报告。在社会、技术等综合因素的推动下，财务变革势在必行。单位财务管理工作与业务管理工作进行有效的融合对于单位发展而言具有十分重要的意义，不仅对于单位内部的各类别业务活动有着极大的支撑，而且有利于从战略层面提升单位的核心竞争力。

业财融合是提升财务管理水平的基础。单位要建立、完善现代制度，从粗放型管理向精细化管理转变，通过流程再造激发内部管理活力，增强单位价值创造力，就需要财务人员深入了解业务内容，做到财务预测精准、财务分析有理有据。

业财融合是强化风险意识和防范的需要。单位内部风险意识和风险管理不断强化，内部控制应用的领域不断扩大，风险管理从注重业务事项的事后监督向事前、事中过渡。财务工作延伸至业务的全过程，有助于帮助业务部门更好地评估内部控制缺陷和潜在的风险点，提出建设性的改进意见。

业财融合是提升核心业务竞争力、提高单位经济效益的需要，业务财务就要通过对生产经营各个环节的价值分析与管理控制来实现单位价值最大化。

二、业财融合的实施路径

（一）进行流程再造

原有的会计流程不适应现代的商业模式和业务的拓展，是因为在传统分工理论缺陷下会计流程的弊端越来越显著。因此，业财融合的主要任务就是流程再造，即单位利用信息技术对已经不适应自身发展的会计流程进行再造。实现基础业务信息的自动集中与共享，并且进行及时准确的输出和控制，满足单位内外部不同信息使用者的需求，这便是会计流程再造最主要的目标。

业财融合所涵盖的会计流程再造并不仅仅是实现整个单位内部的业务流和会计流信息的共享，更为重要的是，对原有的会计流程进行重新梳理与分析，剔除其中零增值，甚至负增值效果的业务环节，也不仅仅是关注单位内部，而是逐渐把眼光延伸到外部价值链条上，这样形成的共享信息才能满足各方面信息使用者的需求。然而从大多数单位的实践情况来看，单位所建立的信息系统在数据的集中、存储与加工等方面仅仅存在于单位内部，而消费者、供应方及市场中竞争者的相关信息并不是信息采集的重点，甚至在一些单位是不涉及的，这种没有涵盖价值链体系全部环节的信息系统会对单位中高层管理者进行决策造成十分不利的影响。

（二）搭建数据库

在当前的大数据时代背景下，单位进行业财融合必须学会利用数据，通过数据实现更高效的沟通。财务数据是财务人员对单位当前财务状况和经营成果的数据描述，财务人员应该充分挖掘财务数据的内涵，充分利用财务数据。从实现业财融合的角度来看，不论是对流程进行再造还是推动信息技术在单位中的应用，其目的是进一步构建完整丰富的数据仓库，并通过处理分析这些数据将其转化为对单位管理决策有用的信息，提供给决策相关者。单位数据库中的数据信息涵盖了财务与非财务、确定与不确定及内外部等多个维度。这些信息在业务前端进行处理时一定要符合标准化的代码和规则，不然就不可能准确有序，也不可能通过后续的提取与分析来支持管理者做出合理正确的决策。

（三）推广信息技术应用

要实现业财融合就离不开信息技术的支持，信息技术在整个过程中的应用是促成和完善这一流程的重要基础。这主要是因为信息技术单位面临的"信息孤岛"这一难题在很大程度上得以解决，促成业务信息与财务信息的集成与共享。信息的集成帮助单位更好地控制了业务，做到实时监督，也有利于数据和信息的交融与共享以及后续对业务的持续反馈。

以上信息技术主要包含两个方面的应用，一是单位内部ERP系统的有效运用，二是可扩展商业报告语言（Extensible Business Reporting Language，XBRL）技术的实施应用。单位实施ERP系统以后最为明显的优势便在于采用标准化、规范化的代码实现了信息的有效集成，使得财务板块与采购、生产、物流等板块联系在一起，业务部门遵循既定的标准和要求采集信息，并且输出的信息直接被财务部门使用，这使得财务部门的工作量被大幅削减。

三、信息技术与业财融合

（一）ERP系统下的业财融合

系统ERP是指建立在信息技术基础上，以系统化的管理思想，为单位决策层及员工提供决策运行手段的管理平台。作为信息技术与管理思想的融合体，ERP系统也是先进的管理思想借助信息技术工具实现单位的管理目标。

业务系统和财务系统如何融合是推进业财融合的关键，开发ERP系统，实现了二者无缝衔接。ERP系统将单位原有的分散的系统模块联系在一起，打破了部门的信息壁垒，财务信息、业务信息得以交流，促进财务部门形成为业务部门提供更具指导性的业务方案的意识。同时，ERP系统使得业务部门打破原有的预算由财务部门全权负责的固有意识，善于利用业务信息指导财务部门编制预算，使得公司的预算数据与实际数据的差距大大缩小。

ERP系统基本涵盖了项目管理系统、资产管理系统、采购管理系统、预算管理系统、人力资源管理系统、资金管理系统、财务报账系统系统。ERP系统建立后，在业务活动发生的同时，发生业务的部门即将数据录入系统，财务人员只需要负责审核各业务部门录入的单证，会计凭证就能自动生成，从而实现对公司业务数据和财务数据的同步管理，解决了业务单证的流转不能及时传递到财务人员手中而产生的不同步问题，确保财务人员及时、准确地记入财务数据。业财融合的出发点是以单位业务战略为导向，最终目的是实现绩效目标。

（二）XBRL技术下的业财融合

XBRL技术对各项财务数据做出特定标记，计算机通过识别特定标记明确信息数据之间的关系，更加充分地理解报告内容，进而做出契合业务的智能化处理，其是目前应用于非结构化信息处理尤其是财务信息处理的最新技术。XBRL技术运用财务报表与经济业务之间的勾稽关系标记财务数据，一方面可以提高报告语言的拓展性，另一方面实现财务系统与单位内部管理系统的数据交换，较好地实现业财融合。

首先，XBRL技术通过将数据结构颗粒化，将非结构化数据转变为结构化数据，将难以量化的信息准确地用数据表示出来，实现业务信息和财务信息的有效转换。其次，基于行业标准建立专属的XBRL技术标准，为数据分析提供基础。最后，基于业务数据，充分利用联机分析处理工具和数据挖掘等技术，将单位中预算、经营数据进行整合，从而实现数据资源的高效利用。XBRL技术的运用解决了业务与财务数据标准不一、难以转化的问题，突破了传统数据仓库结构化分析数据模式，充分运用大数据技术手段，为单位数据深度挖掘做出了突出的贡献，也为财务信息系统自动化处理提供了可能。

四、财务共享服务模式下的业财融合

共享是业务与财务在业务活动过程中全面的融合与合作。一方面，财务将相关的预算信息、项目信息、合同信息、财务制度、管理标准、执行预警设置植入业务的事前申请、执行环节，业务人员在正确、合规的框架内执行业务，及时地得到财务信息的支持与提醒。原来的审批审核验证节点被流程自动控制所代替，大大提高了活动效率和质量。另一方面，业务活动过程产生的信息被同步动态记录，就解决了业务信息的及时性和相关性的问题。财务在业务发生的同一时间获取关键的控制信息，既能对异常信息进行分析、预警、干预和调整，又能对业务执行结果进行迅速评价。

（一）财务共享与业财融合的关系

1.业财融合是决定财务共享成功的关键因素

单位建立财务共享服务中心是一个复杂且庞大的工程，是对单位财务组织架构进行的一次彻底变革，改变的不仅是单位的财务，还是对单位全部业务的一次梳理改造。财务信息质量的提升，是通过财务共享服务中心对单位财务数据、经营数据的整合来实现的，财务共享服务中心的运营成就了单位的大数据。财务共享服务中心能否发挥最大的职能作用，很大程度上取决于流程梳理是否明晰、业财融合是否高效。单位业财融合的过程，使得公司由财务部门牵头，协同各部门、各分（子）公司对所有业务流程进行系统梳理，从本质上反思流程，去粗取精，去繁就简，并将单位的各项规章制度都内嵌到财务共享服务中心的运营流程中，使单位在进行业务、财务处理时做到"管理制度化、制度流程化、流程标准化、标准信息化"，充分发挥财务共享服务中心的职能作用。

2.财务共享是推动业财融合的重要途径

实现业财融合的重点是让财务人员渗透到业务中，与经营者同一目标，成为业务合作伙伴；将财务组织、管理政策、流程优化更加紧密地与业务融合，在业务运营过程中支持业绩目标达成、挖掘业务增长潜力。共享服务中心的成功建设，使得单位对所有业务、财务流程进行集中、统一的处理，通过现代化的信息系统将业务流与财务流有效地连接在一起，实现财务人员在账务处理时自动深入业务前端进行管理。同时，通过标准化、规范化的处理，严格规范单位业务的发生，深入贯彻落实单位的管理政策。另外，通过服务共享中心，单位业务数据将全部被推送到财务手中，通过系统化的整理、分析，有效为业务提供决策支持，真正地实现业财融合。

3.二者相辅相成，助力实现单位的财务转型升级

单位实施财务共享的目标之一是推动业财融合，从而实现对经营管理的决策支持，使财务成为单位价值的发现者、推动者和创造者，最终帮助单位提升核心竞争力，助力单位战略的实现；同时，业财融合的不断深入又将促使财务共享服务中心优化升级，助力单位财务管理的全面深化改革。因此，二者相互作用、相辅相成，共同推动单位财务的转型升级和长远发展。

（二）财务共享模式下业财融合的必要性

财务共享模式是适应财务信息化发展、满足现代单位制度的必然产物，其通过集约化的管理将单位的财务、业务等相关工作进行整合，以此提高单位财务工作的效益。财务共享模式的实施促使单位财务工作与业务工作转型，因此在财务共享模式下实施业财融合很有必要：一是业财融合推动单位战略协同。业财融合从战略上强化了员工与单位战略的协同，有效地增强了员工的单位战略意识，激发单位员工参与单位战略的积极性。例如，通过业财融合将单位的财务活动与单位战略相结合，这样单位员工在实现单位战略的同时可以获取个人经济利益，有效地降低了单位运行成本费用。二是有效地提升了单位经济效率。单位财务管理的目的就是提升经济效益，而经济效益的提升必须深入生产的各个环节、控制各个生产环节的成本，因此财务管理工作必须与生产环节相结合，通过业财融合实现资源的优化配置。三是防范单位风险。业财融合的最大优势就是提升单位风险防范能力，从源头上对单位的财务活动进行风险控制。随着单位规模的不断扩大，单位生产、销售等环节所面临的风险也越来越突出，而业财融合则将单位的财务风险管理融入单位生产销售的全过程，通过重点关注资金流动等实现对单位风险的监督与防范。

（三）财务共享模式下实现业财融合的对策

1.优化单位组织架构

财务共享模式的构建对单位管理工作产生了巨大的影响，实现业财融合必须依赖于健全的管理制度和清晰的组织架构：第一，进一步完善财务融合管理制度。业财融合需要构建完善的管理制度流程，只有这样才能实现业财深度融合。例如，传统的财务报账，财务的人工操作模式，按照发票数额就可以报账，但是财务共享服务中心下的业财融合则要

细化报账管理制度，明确财务报账的具体数额必须附上单位相关业务说明，这样可以最大限度地保证财务活动的规范性。第二，重构单位组织结构，实现业财管理创新。业财融合要求单位实现扁平化管理结构，将单位的设计、生产、销售及售后等环节集中化管理，为此要求单位改变传统的组织管理模式。例如，单位改变传统的财务与业务部门单独运行的组织架构模式，构建财务、业务协同化组织架构，以此增强财务与业务部门之间的联系与沟通。

2.优化财务共享流程

财务共享平台的目的是提高财务工作效率，因此基于单位内部结构复杂、业务活动比较多的特点，单位财务共享服务中心必须立足于单位实际需求，进一步优化业财融合流程，简化程序：第一，优化财务核算流程。业财融合后，单位繁杂的业务活动将与财务活动融合，如果采取传统的数据处理方式，很难推动财务工作的高效快速融合。因此单位需要优化财务核算流程，细化财务核算标准，以此提高财务核算的效率。第二，进一步简化财务共享程序，提升业财融合的质量和效率。在财务共享平台上，业财融合虽然提高了单位的风险防范能力，但是其在某种层面上制约了单位的业务活动开展，因此单位要不断简化不必要的程序，提高系统的运行效率。

3.强化信息系统建设

单位在建立财务共享平台时，采用专业的财务数据信息处理系统与软件，为平台的搭建提供了技术支持。单位财务共享服务中心能够发挥作用，很大程度上取决于系统与软件处理信息与收集信息的时效性与智能性。财务共享服务中心的建立为单位业务的转型与发展提供了精准与规模化的财务数据信息，因此，单位在进行财务信息管理时可以有效地利用平台中的数据，为业务决策提供依据，促进单位业财融合。

第五章　资金管理与风险控制

第一节　资金管理的原则与工具

一、资金管理概述

（一）资金的定义及特征

1.资金定义

本节涉及资金的三种常见性概念。广义的资金泛指单位的流动资产，范围大；狭义的资金概念国内外学者都提出过，沿用至今，又称净资金，是一个净值概念，是流动资产扣除流动负债后的净额。除广义和狭义外，还有第三种资金的定义，其更有整体性，除了包含流动资产和流动负外，还包括了两者之间的关系。

2.资金特征

筹资方式十分多样化和灵活，同时灵活性高也造成筹集方式比较丰富，此特征由构成项目的多样化造成，构成项目流动资产和流动负债共同决定了净资金性质，如货币资金、应收票据、短期借款、应付账款等。

波动性强，单位资金根据每年单位所需资金而变动，变动幅度大。敏感性强，若单位出现不可预测的事件，比如，某年战略决策失误导致投资失败，就会占用过多的资金，而若情况有好转，单位有足够的抵御风险的能力，单位选择保有的资金量相对较少。

主观性，单位根据对单位的风险预判和经营风险承受能力来选择资金的留有量，所以单位可以选择在内部保留流动资金的数量，用以供给单位日常所需。根据保留资金的数量，可以分成不同的资本运营筹资政策，这包括激进型、适度型和保守型策略。三种筹资政策所保留的资金数量依次递增。

（二）资金管理的定义及作用

1.资金管理定义

资金管理本质是在单位的干预和计划下，制定相关政策，完成单位既定的财务目标和不影响单位日常流动所需的前提下，最大化地闲置资金收益，使"现金—资产—现金"这一封闭循环圈合理而又健康。换言之，单位资金的管理包括流动资产和流动负债的持有量、规模、内部结构、配置结构。如果流动资金被留在单位的金额过大，短缺成本下降的同时会增加持有成本；若单位采取的策略比较激进，留有少量的流动资产，持有成本会降低，短缺成本会增加。所以，保有合理高效的持有量，能增强营运资本管理效率，使总成本最小化。有效管理流动资产和流动负债也是资金管理的关键，包括规模和内部结构的有效性管理，其有效性对提高资金管理水平有直接影响。另外，最优化的流动资产和流动负债配置结构也是资金管理的重要内容。对单位来说，当配置结构达到最优并实现相对平衡时，不仅能增强流动性，还能降低风险，从而提高资金管理的效率。

2.资金管理作用

财务管理中心日为被公司管理者所重视，而财务管理的核心就是将单位资金最大效用化，资金管理作为财务管理的首要板块，提升这一板块的水平可以使单位的资金更加灵活，灵活且循环率高的资金可以相应提升抵御偿债风险的能力。有效的资金管理策略不仅能保障单位日常经营活动，还可以提高资金利用效率，降低单位的经营风险，若遇不可抗力的突发情况，应对资金链断裂风险的抵抗性变强。

管理好资金的作用不仅局限于抵抗风险方面，与单位盈利水平还具有正相关关系，即如果资金管理水平正向增加会相应带来单位盈利水平的同向提升。国内外学者都曾研究过两者之间的相关关系，发现两者呈正相关。如果单位的各个渠道资金管理有所提高，那么采购环节的效益就会提升，采购货物的质量有了保障并且可以节省采购成本；生产环节的生产效率不仅更加高效而且能节省投入的生产资金；营销环节中，能更有效地管理与客户之间的关系，开拓新客户，稳固老客户。有了三个环节的资金管理作为保障，公司盈利能力也会得到倍数提升。

二、资金管理理论

（一）传统资金管理理论

研究资金管理的传统理论往往割裂于单位战略之外，通常采用以存货、应收账款、应付账款为主要分析对象的定量分析方法，来评估单位资金流动效率。该理论是对单位单一要素分析评价并在此基础上优化，内容包括资金结构和资金周转期分析。资金结构分析，是指对流动资产和流动负债的结构分析。通过流动资产内部单个资产科目占流动资产的比重，比如存货占流动资产比重是否有过高或过低的现象，来分析单位资金管理是否出现问题。存货占比过高时就会有存货积压问题，说明单位可能存在货物滞销、资金周转过慢等问题。金融资产若占比过高，说明单位可能过度依赖短期投资，经营风险变高。通过对流动负债内部结构进行分析，来了解单位资金来源、筹资方式等状况，短期借款在流动负债中的占比越高，说明单位采取的筹资政策所对应的风险越高，面临的在短期内偿还本息的压力越大；应付账款是一种无息的筹资方式，一般单位在供应链中地位较高时，会选择占用上游供应商的资金即采用应付账款用于日常经营活动。结构分析可以通过流动资产占总资产的比例分析出单位资产是"重"或"轻"。重资产单位的非流动资产占比高，不易变现；轻资产单位流动资产占比高，资产活性大，财务风险相较于重资产单位较小。

评价单位资金周转效率通常采用三个指标：单位应收账款周转期、存货周转期和应付账款周转期。另外，还有一个综合性指标：资金周转期=存货周转期+应收账款周转期-应付账款周转期。若存货和应收账款周转速度较快，则说明其管理较为优秀。应付账款的周转期则与其相反。此外，若资金的周转期较短，则表示其流动性较高。

（二）渠道管理理论

渠道，又称营销渠道。其本意原是湖、河的排灌水道，而后老舍先生在《四世同堂》一文中将其引申为途径，如今谈到的营销渠道的定义就是产品从生产者到消费者的流转途径，起于生产者，终于消费者。渠道理论是首次在麦卡锡提出的4P营销理论中被正式提出，并成为其中之一，也是基础性理论。渠道理论作为营销学理论之一，学者研究领域集中在三大领域：一是研究渠道的结构；二是研究渠道的行为；三是研究渠道的关系。

1.渠道结构理论

渠道结构理论是渠道理论中出现最早的，主要探讨的是渠道的效率和效益这两个核心方面。渠道结构理论起于20世纪初，韦尔德以渠道效率问题研究叩开渠道结构理论的大门，盛于20世纪50年代，此后进入渠道结构理论研究的盛放时期。

渠道结构理论的本质是研究渠道是怎样构成的。渠道机构理论最开始是跟随产品在渠道中所流经的机构，进行记录，再以经济学分析为工具，分析组成渠道的机构。初期的渠道结构理论只研究了构成渠道的机构，认为它们是独立的个体，分析其各自的目标和分工，并且认为它们之间是存在利益冲突的，研究内容可分为纵向、横向、空间结构三方面。渠道结构理论纵向结构内容是根据构成渠道成员机构的多少分为长渠道结构和短渠道结构，长渠道结构和短渠道结构之间的区别在于是否有中间商。横向结构内容是渠道中属于同一类型的渠道机构的研究，如渠道中的消费者之间的质和量的分析。渠道空间结构研究的是由很多局部空间黏合而成的空间结构。对于渠道结构的研究，经历了三个不同的阶段。最初的阶段主要是研究渠道的构成，而后发展到了研究渠道结构的演变，最终则是研究高效的机构框架。渠道结构初期慢慢形成了传统的金字塔式渠道结构模式。社会环境在不断变化，渠道结构理论不断被探索和发展，学者开始研究渠道内的机构的组合及其之间的关系，它们之间是有相互依赖性的，开始从整体角度系统地看待整个渠道结构。从渠道结构的纵横方向看，由于单位所处市场竞争日益递增，传统的金字塔式结构模式已不适应于单位目前的环境，开始从研究初期的金字塔式渠道结构模式发展到扁平化式结构，扁平化式结构是短宽型的渠道结构模式，比较适合竞争激烈的市场环境。传统的渠道结构模式，任何单位的生产都需通过中间商，因此，中间商从中获利颇多，甚至损害了生产商和消费者的利益。新型渠道结构模式开始注重终端的消费者利益，甚至逐渐出现了生产者—消费者直销式的渠道结构，生产者直接根据消费者的要求提供服务。

2.渠道行为理论

渠道行为理论主要研究三个问题：权力、冲突和合作，并且研究彼此之间的关系和相互影响。西方学者认为，权力、冲突和合作源于组织之间的相互依赖性，其中依赖性是从关系中获得的利益超过其他方式的程度函数。

社会心理学家将权力具体细分为六种权力：奖赏权力、强迫权力、法定权力、认同权力、专家权力、信息权力，渠道理论学者在渠道的行为理论中运用了此权力分类。初期的渠道行为理论中以权力和冲突为研究重心，研究权力的内容包括权力的来源、运用、影响力、影响因素等。渠道成员拥有的权力跟其手中有握的资源有关，一个渠道的成员拥有的资源的质、量和稀缺性决定了其手中的权力有多大。渠道成员的权力和相应利益是具有正向相关性的，拥有的权力越大，相应获得的利益就越多。

在渠道行为理论研究分支中，渠道冲突是研究学者提出频次最多的一个分支领域。渠道成员之间由于利益的存在而产生冲突，某一成员可能会因为资源而做出迫害、威胁到另一成员利益或损害其经营效益的行为。比如，在某一环境中，资源是有限的，而争夺资源的人越来越多，此时就会不可避免地因为争夺资源、目标不一致、价值观不同等而产生冲突。渠道中的成员也一样，成员们身处一个商圈，会因为不能统一的目标、资源分配不均等问题产生冲突。渠道冲突研究的内容包括冲突的成因、渠道中产生冲突的过程、应对渠道冲突的策略等。

渠道成员因存在共同的利益聚集在一起，采取一系列共同的行为活动，形成合作。社会的发展决定了合作的必然性，有竞争就有合作，渠道行为理论中有冲突就会有合作。

渠道成员之间的相互依赖性催生了渠道行为理论中的权力、冲突和合作，而它们之间又是相互影响、相互成就的。相互依赖性与权力、合作之间是正相关，而与冲突之间是负相关。渠道行为理论不仅包括其各自的理论内涵还包括了相互影响的实证研究。渠道成员可以运用渠道权力解决渠道冲突，做到减少、预防甚至解决冲突。

3.渠道关系理论

渠道关系理论的本质是成员之间如何建立稳固的关系。良好而稳固的关系使渠道变得畅通，提高交流沟通效率；恶化且易碎的关系使渠道堵塞或停滞，造成沟通无效，无法信息共享。随着市场环境竞争的日益加剧，大多数渠道成员因为利益之争而导致合作失败，所以学者们认为渠道成员之间的合作不稳固，所以提出建立渠道关系，渠道关系理论应运而生。渠道关系理论的研究核心是建立更稳固的战略关系，资源得到合理的配置，成为战略合作伙伴。

交易型渠道关系、关系型渠道关系、混合型渠道关系是三种渠道关系模式。交易型渠道关系以短期交易为基础，仅限于在交易过程中渠道成员之间的合作。交易型渠道关系，这种模式的渠道关系不稳固，很容易因为利益的诱导而崩塌，所以维持的时间也较短。关系型渠道关系是合作双方经过持续性的合作，无形中建立了一种具有无形的信任的关系，该关系模式需要渠道成员主观互动并沟通，朝着共同目标努力，才能持续性地发展。混合型渠道关系是一个过渡性的渠道关系模式，社会环境不断变化，渠道关系模式从交易性渠道关系的初级阶段转向关系型渠道关系阶段，混合型渠道关系是两个关系模式之间的一个过渡性关系。

渠道关系可以被看作一种动态的过程，从开始的知晓和探索阶段，再到拓展和忠诚的发展阶段，最后经历衰退及解散阶段，走过不同阶段生命周期，建立关系的不同阶段会影响双方的合作程度和效果，而且在整个渠道关系生命周期中，彼此的信任感和忠诚度是至关重要的因素，决定着渠道伙伴之间能否长期合作，并共同成长。渠道管理者需要根据不同阶段的特点和问题，采取不同的策略和措施来维护和发展渠道关系。渠道关系的生命周期理论的应用，有助于帮助单位有效地进行渠道管理，提高单位竞争力。所以，渠道治理也要从每个阶段的特点和问题出发。

渠道关系管理机制是渠道关系理论研究的一个较为重要部分，渠道关系管理机制的不同模式适用于不用的关系模式，适配性不同会影响渠道关系管理效率。渠道关系治理机制的建立是使渠道关系得到更好地建立和维护。渠道关系治理机制有单边治理和双边治理，单边治理适用于以交易为导向的渠道关系模式，而双边治理则适用于混合型和关系型渠道关系模式。

（三）渠道视角下资金管理的分类

王竹泉教授提出了渠道视角下的资金分类，根据单位整体业务流程和活动分为经营活动资金和理财活动资金。

1.经营活动资金

采购渠道是单位建立的一条与供应商联系的路径。采购渠道资金包括原材料、应付账款、应付票据和预付账款。原材料为单位采买的单位生产所需的原料以及其他材料。单位根据其制定的采购计划采购原材料,既要满足单位生产经营活动所需,又要避免积压。若单位采购的原材料过少,未能满足单位生产经营活动的需要,生产材料短缺,短缺成本增加,就会增加单位的生产总成本,甚至有可能造成单位生产经营活动的中断。若单位原材料过多,多余的原材料的储放为单位带来负担,造成积压,占用单位资源,而且相应的储存成本增加,单位生产总成本也会增加。应付账款和应付票据则是因为采购原料或劳务而需支付但未支付给供应商的负债,这部分资金需滞后付给供应商。预付账款是在采购过程中预先支付给供应商的货款或劳务款,形成单位的一项资产,供应商未来以货物或劳务非现金方式偿还单位。提高采购渠道资金管理水平的渠道有两种,一是生产循环开端所投入的原材料的管理,管理目标是保障生产循环投入的物料不短缺的同时减少资金的占用;二是与供应商之间货款或劳务款的管理。单位在不损害商业信用的前提下占用供应商资金,而达到提高资金周转效率的目的且避免被供应商占用资金。

生产渠道是单位在生产过程中对原材料进行加工,付出人力、物力,最终形成单位的库存商品或服务的一条单位内部的生产路径。生产渠道资金包括在产品、其他应收款、其他应付款、应付职工薪酬。在产品处于生产阶段的形态,其他应收款和其他应付款这两个资金具体项目虽然不是生产经营活动直接产生的,但其一个占用了生产经营的资金,另一个提供了生产经营的资金,所以将其归属于生产渠道资金。应付职工薪酬是因职工付出劳务或服务而支付的对价,单位的支付和结算一般会有延迟和滞后,所以也会对单位信用产生影响。生产渠道资金管理的目的是尽可能减少生产过程中的原材料的消耗,提高在产品存货的使用效率。

营销渠道是生产完成后,将生产完成的库存商品从生产单位转移到客户手中的路径。而营销渠道资金就是这条路径中所包含的资金项目。包括的具体资金项目有应收账款、预收账款、应交税费、库存商品项目。应收账款和预收账款同样都是在销售环节产生,应收账款是指单位因销售给客户商品或提供劳务而应收取的资金,一般是单位为了销售额而挤占自己的资金,牺牲自己短时的利益获取市场份额。预收账款是一种无息的资金占用方式,无偿占用客户预付的资金。应交税费是单位在销售产品或提供劳务时产生了相应的纳税义务,产生于销售环节。实际业务发生的时间和纳税义务发生的时间不一致,可以利用这段时间差提高资金周转率,故而应交税费属于营销渠道资金的项目。库存商品是单位已经经过加工完成的尚未出售给客户的存货,营销渠道中连接单位和客户之间的桥梁就是出售给客户的库存商品,所以库存商品是营销渠道项目中的一项。若单位销售状况不好,造成库存商品积压,该项目金额就会变大,占用的资金也会过多,出而降低资金的流动性。

2.理财渠道资金

理财渠道是单位为了让单位资金"活跃"起来，与金融机构之间搭建了一条路径，其路径中涉及的资金项目就是理财渠道资金，具体包括货币资金、短期借款、交易性金融资产、应收股利或利息等一些不属于经营活动资金的项目。理财渠道资金管理的实质性目标是在满足经营活动资金需求以外，利用闲置剩余资金赚取收益，并以此降低偿债风险。货币资金，是单位持有的以保证单位日常活动所需的现金或现金等价物。货币资金的管理是理财渠道资金管理的一部分，既不能太多，也不能太少。如果太多，单位剩余的闲置资金过多，机会成本增加，资金利用效率就会降低；如果太少，不足以抵御风险，陷入财务困境的就会风险加大。短期借款，是一种短期的借款，期限在一年内的资金筹措方式，单位往往通过短期借款来满足阶段性资金需求。交易性金融资产是一种投机性金融资产，单位利用生产活动所必需以外的资金进行投资的一种投机行为，属于短线财务性投资。单位持有交易性金融资产既不会让资金闲置，又能赚取收益保持流动性。应收股利或利息是单位通过投资收到的固定性收益，也是理财活动产生的固定收益，所以是理财渠道资金项目中的一项。应付股利或利息是单位筹资付出的固定性支出，根据其定义和性质可知，其属于理财渠道资金项目。

（四）渠道视角下资金管理的特点

1.全面性

渠道视角下的资金管理，四个渠道涵盖了单位经营活动和理财活动，包含了单位所有的活动，相较于传统视角下资金管理分析来说更具全面性。传统视角下资金管理评价体系仅仅是几个要素的周转期，而渠道视角下资金管理将流动性资产和流动性负债根据其定义和性质归属到四个渠道中，评价体系中四个渠道资金周转期考虑了所有的流动资产和流动负债，打破了传统视角下资金管理的局限性。

2.注重与业务流程相融合

目前，在信息技术不断发展的背景下，单位可以通过信息技术实现业财一体化，将财务和业务紧密相连。不仅在渠道资金管理的划分上明显地体现出与业务流程相结合，而且多部门参与到资金管理也有体现。新指标体系下除财务部门以外的职能部门融入资金管理，如采购部门、销售部门、生产部门等。因此，通过渠道视角下资金管理分析，可以发现是单位某一具体业务流程的问题，进而对业务流程提出预警。

3.考虑了相关性

传统资金管理理论是基于单独的要素视角，认为要素孤立存在，并未考虑项目和项目之间的关联性。渠道视角下的资金管理体系则认为项目之间是存在关联性并相互影响的，考虑了项目之间的有机结合，将资金各个项目融合在一起。渠道视角下资金管理根据业务活动将同属一个渠道的资金相关项目结合在一起,最终分为四大类。

4.纳入非财务性指标

渠道视角下资金管理评价体系不仅有财务性指标,还加入了非财务性指标,考虑了渠道关系等重要因素,比如,单位与供应商和客户的关系是否和谐,或者在渠道关系中的地位是否有优势,都会影响单位资金被占用比例的大小,也会对资金管理水平产生间接影响。若在渠道内的成员之间的关系和谐度高,就会相应减少资金的被占用率,也同样不会过多占用客户的资金,从而提高资金周转率。

三、资金管理的原则

(一)战略性原则

在当今高度竞争的市场环境中,资金管理是单位运营的核心,它涉及单位的生存和发展。资金管理的战略性原则,是确保单位长期稳健发展的关键。这个原则强调了资金的规划、控制和优化,以实现单位的战略目标。

1.战略性原则的重要性

资金管理的战略性原则强调了单位应从战略的高度来管理资金。这意味着,单位应将资金视为一种资源,并对其进行全面、系统、长期的规划和管理。资金管理的目标应与单位的整体战略相一致,以确保单位在实现短期目标的同时,也能为长期的战略目标打下坚实的基础。

2.实现战略性原则的策略

(1)明确战略目标:单位应首先明确其战略目标,包括财务目标、市场目标等。这有助于单位了解其所需资金的规模和性质,从而制定出合理的资金管理策略。

(2)长期规划:资金管理应着眼于长期规划,而非短期应急。单位应制订详细的资金使用计划,并随着单位战略的调整而进行相应的调整。

(3)动态管理:资金管理不应仅局限于静态的财务报告,而应注重动态的财务管理。单位应密切关注市场动态、政策变化等,及时调整资金使用计划,以应对可能出现的风险和机会。

(4)风险管理:资金管理还应注重风险管理。单位应建立健全的风险评估体系,识别和评估潜在的资金风险,并采取相应的措施进行防范和控制。

(5)优化资源配置:单位应合理配置资金,使其在各个业务领域之间保持平衡。这有助于单位实现整体利益最大化,同时避免资源浪费。

3.战略性原则的实践效果

通过实施资金管理的战略性原则,单位可以获得以下实践效果。

（1）提升财务管理水平：资金管理的战略性原则有助于提升单位的财务管理水平，使财务部门更加积极地参与到单位的决策和运营中。

（2）增强单位的竞争力：通过对资金进行长期规划和风险管理，单位能够更好地应对市场变化和竞争压力，从而提高其市场竞争力。

（3）优化资源配置：通过合理配置资金，单位能够优化资源配置，提高资源的使用效率，从而实现单位的整体利益最大化。

（4）降低财务风险：通过风险管理，单位能够降低财务风险，减少因资金问题而导致的经营风险和财务风险。

综上所述，资金管理的战略性原则对于单位的生存和发展至关重要。它强调了从战略的高度管理资金，注重长期规划、动态管理、风险管理以及优化资源配置。通过实施这一原则，单位可以提高财务管理水平、增强市场竞争力、优化资源配置并降低财务风险。因此，单位应将资金管理的战略性原则作为其财务管理的重要组成部分，以实现其长期稳健的发展。

（二）可操作性原则

资金管理可操作性原则要求我们在制定和实施资金管理策略时，必须考虑到实际操作的可能性，以确保策略的有效性和可行性。

首先，可操作性原则对于单位或组织的资金管理至关重要，因为只有在可行且合理的策略下，才能实现资金的合理利用和优化配置。当我们在考虑资金管理策略时，必须考虑到单位的实际情况，包括单位的规模、财务状况、业务模式、市场环境等因素。最后，我们还需要考虑到单位的战略目标，以确保策略的可行性。

为了确保策略的可操作性，我们需要避免一些常见的问题。首先，我们必须避免制定过于复杂或模糊不清的策略，这可能会导致执行困难或误解。其次，我们需要避免过度依赖理论或概念，而忽视实际操作中的困难和挑战。相反，我们需要关注实际问题，寻找有效的解决方案，并根据实际情况进行调整。

实施资金管理策略的关键是保证资金的有效流动和高效利用。为了实现这一目标，我们需要遵循一些基本原则。首先，我们需要确保资金流动的透明度和可追溯性，以便于监控和管理。其次，我们需要确保资金的安全性和稳定性，以防止资金流失或滥用。此外，我们还需要考虑如何优化资金配置，以实现最大化的回报。

在实践中，我们可以采取一些具体措施来实现可操作性原则。例如，我们可以建立明确的资金管理制度和流程，以确保所有相关人员都能理解并遵守这些规则。我们还可以利用先进的技术工具和系统来监控和管理资金流动，以确保信息的准确性和及时性。

总的来说，可操作性原则是资金管理的重要原则之一，它要求我们在制定和实施资金管理策略时考虑到实际操作的可能性。通过遵循这一原则，我们可以确保资金管理的有效性和可行性，从而实现资金的合理利用和优化配置。

（三）全面性原则

在单位的财务管理中，资金管理是一个至关重要的环节。本节将详细阐述全面性原则在资金管理中的重要性，以及如何在实际操作中贯彻这一原则。

1.全面性原则的含义

全面性原则是指在资金管理中，要全面考虑各种可能的情况，制定出相应的应对措施，以确保资金的安全、流动和增值。这包括对资金来源、使用、周转、风险等方面的全面管理。

2.全面性原则的重要性

（1）确保资金安全：通过全面管理资金，可以及时发现和解决潜在的资金风险，避免因资金问题影响单位的正常运营。

（2）提高资金使用效率：全面管理资金可以确保资金使用的合理性和有效性，从而提高单位的经济效益。

（3）促进单位稳健发展：全面管理资金可以为单位提供稳定的资金保障，有利于单位的长期稳健发展。

3.贯彻全面性原则的策略

（1）建立完善的资金管理制度：单位应制定完善的资金管理制度，明确各部门的职责和权限，确保资金管理的全面性和有效性。

（2）实施全面的预算管理：预算管理是资金管理的重要手段之一，通过全面预算，可以合理规划资金的使用，避免资金的浪费和闲置。

（3）加强资金监管：单位应建立完善的资金监管机制，对资金的流入流出进行实时监控，确保资金使用的合规性和安全性。

（4）优化资金结构：单位应根据自身的经营状况和战略目标，优化资金结构，合理配置长短期债务、权益资本等，以提高资金的整体利用效率。

（5）建立风险预警机制：单位应建立风险预警机制，对可能影响资金安全和流动的风险因素进行实时监测和分析，以便及时采取应对措施。

总之，全面性原则是资金管理的重要原则之一，它有助于确保资金的安全、流动和增值。单位应建立完善的资金管理制度，实施全面的预算管理，加强资金监管，优化资金结构，建立风险预警机制等措施，以贯彻全面性原则，提高单位的财务管理水平，促进单位的稳健发展。

（四）整体效益最大化原则

资金管理是单位管理中至关重要的一部分，它涉及单位的财务健康、运营效率和战略发展。在资金管理中，有几个重要的原则需要遵循，其中之一就是整体效益最大化原则。这个原则强调的是，通过合理分配和使用资金，实现单位整体效益的最大化。

1.整体效益最大化原则的重要性

首先，这个原则有助于提高单位的盈利能力。通过合理规划和管理资金，单位可以在保证业务正常运营的同时，减少不必要的开支，提高利润率。其次，它能够增强单位的财务稳定性。资金管理的成功意味着单位在面对各种挑战和风险时，能够保持稳定的财务状况，为业务发展提供足够的支持。最后，整体效益最大化原则还能提高单位的信誉度，增强投资者和合作伙伴的信心。

2.实现整体效益最大化的策略

（1）制订明确的预算和财务计划：预算是资金管理的关键工具，它可以帮助单位明确资金的使用方向和数量。通过制订详细的财务计划，单位可以确保资金的使用符合战略目标，避免浪费和滥用。

（2）优化资源配置：在资源有限的情况下，单位需要确保资源的合理配置。这意味着要了解每种资源的成本和效益，并根据业务需求进行调整。通过优化资源配置，单位可以提高资金的使用效率，降低成本。

（3）保持灵活性：资金管理需要具备灵活性，以应对市场的变化和不确定性。单位应具备应急储备金，以便在遇到突发事件或市场变化时，能够迅速采取应对措施。

（4）关注风险管理：资金管理涉及的风险包括财务风险、市场风险、运营风险等。单位应制定适当的风险管理策略，并定期评估风险状况，确保资金安全。

（5）监控绩效：定期评估资金使用的绩效，有助于单位了解资金使用的有效性，并及时调整策略。通过对绩效的监控，单位可以发现潜在问题，并及时采取措施解决。

（6）鼓励团队合作：资金管理不仅是财务部门的工作，也是整个单位团队的责任。通过鼓励团队合作，单位可以提高员工对资金管理的认识和参与度，共同为实现整体效益最大化努力。

资金管理中的整体效益最大化原则强调的是通过合理规划和管理资金，实现单位整体效益的最大化。为了实现这一目标，单位需要制订明确的预算和财务计划、优化资源配置、保持灵活性、关注风险管理、监控绩效并鼓励团队合作。遵循这些原则将有助于提高单位的盈利能力、财务稳定性、信誉度和应对不确定性的能力。

四、资金管理的工具

资金管理是所有单位或个人理财的核心要素。有效的资金管理可以帮助我们保持财务稳定，防止破产，提高生活水平，并为未来的规划打下基础。以下是一些主要的资金管理工具，可以帮助你更好地理解和管理你的财务。

（一）账户管理工具

在当今的商业环境中，资金管理的重要性不言而喻。无论是个体经营者还是大型单位，都需要有效地管理其资金以确保财务健康和业务增长。账户管理工具，作为一种重要的资金管理工具，在优化财务流程、提高资金利用率和降低财务风险等方面发挥着关键作用。

1.账户管理工具的优势

（1）高效管理多个账户：账户管理工具允许用户集中管理多个银行账户、投资账户和现金池，方便快捷地查看和管理资金流动。

（2）实时资金流动监控：账户管理工具提供实时的资金流动监控，帮助单位或个人及时发现并处理潜在的资金风险。

（3）自动化报告和分析：账户管理工具通常具有强大的报告和分析功能，能提供定期的财务报告，帮助用户了解资金状况，做出更明智的决策。

（4）简化财务流程：通过自动化和简化财务流程，账户管理工具可以节省时间和人力资源，使财务人员能够专注于更重要的工作。

2.账户管理工具的功能

（1）账户余额管理：实时更新所有账户的余额，用户可以轻松查看和管理余额变动。

（2）交易管理：支持各种交易类型，包括转账、支付、汇款等，用户可以轻松追踪和管理资金流动。

（3）自动对账：自动对账功能可帮助用户轻松比较不同账户之间的交易，减少手动对账的麻烦。

（4）投资管理：支持多种投资产品，如股票、债券、基金等，用户可以方便地追踪和管理投资组合。

（5）报告与分析：提供丰富的财务报告和分析功能，帮助用户了解资金状况，预测财务风险。

3.选择合适的账户管理工具

在选择账户管理工具时，单位或个人应考虑其需求、预算、安全性和易用性等因素。可以通过试用不同的账户管理工具，比较其功能、价格和用户评价，来选择最适合自己的工具。

总之，账户管理工具作为资金管理的关键工具，具有诸多优势和功能，可以有效地提高资金管理的效率和效果。无论是个体经营者还是大型单位，选择合适的账户管理工具将有助于提升财务健康水平，促进业务发展。

（二）财务规划软件

在当今数字化时代，财务规划软件已成为资金管理的重要工具。这些软件以其易用性、高效性和精确性，正在改变我们的财务管理方式。本节将详细介绍财务规划软件的功能、优势以及如何使用这些工具进行资金管理。

1.财务规划软件的功能

财务规划软件通常具备以下功能。

（1）预算编制：用户可以根据个人或单位的财务目标，编制详细的预算计划，包括收入和支出。

（2）实时财务跟踪：软件能够实时更新用户的财务状况，使管理者能够迅速了解资金流动情况。

（3）报表生成：软件能够生成各种财务报告，如资产负债表、现金流量表等，帮助用户了解财务状况。

（4）风险管理：软件能够提供风险评估工具，帮助用户识别潜在的财务风险，并提供相应的应对策略。

（5）投资管理：一些高级的财务规划软件可以提供投资管理功能，帮助用户制定投资策略，跟踪投资表现，并提供投资建议。

2.财务规划软件的优势

使用财务规划软件有以下优势。

（1）提高效率：软件能够自动处理许多传统的财务管理任务，如预算编制、财务报告生成等，大大提高了工作效率。

（2）数据准确：通过自动化的数据处理和验证，软件能够提供更准确的数据，帮助用户做出更明智的决策。

（3）实时更新：软件能够实时更新财务数据，使管理者能够迅速了解资金流动情况，及时采取应对措施。

（4）易于协作：许多财务规划软件支持多人协作，使团队成员能够更有效地合作，共同管理财务。

3.使用财务规划软件进行资金管理

使用财务规划软件进行资金管理的基本步骤如下所述。

（1）注册并登录软件：访问软件官方网站，注册并创建账户，然后登录。

（2）创建预算：根据个人或单位的财务目标，创建预算计划。

（3）跟踪财务状况：软件将实时更新你的财务状况，使你能够迅速了解资金流动情况。

（4）生成报表：根据需要，生成各种财务报告，如资产负债表、现金流量表等。

（5）风险管理：使用风险评估工具，识别潜在的财务风险，并采取相应的措施。

（6）投资管理：如果有投资需求，可以使用软件的投资管理功能，制定投资策略，跟踪投资表现，并获取投资建议。

（7）定期回顾和调整：定期回顾预算执行情况，根据实际情况调整预算和策略。

财务规划软件是资金管理的理想工具，提供了高效、准确和实时的财务管理功能，使个人和单位能够更好地管理他们的资金，提高效率并降低财务风险。通过使用财务规划软件，可以更好地了解企业的财务状况，做出更明智的决策，实现我们的财务目标。

（三）投资平台

在当今高度竞争的金融市场中，投资平台已经成为资金管理的重要工具。作为一个集中的投资平台，使投资者能够方便地管理他们的投资组合，优化资产配置，降低风险，并实现长期稳定的投资回报。

1.投资平台的优势

（1）多元化投资：投资平台允许投资者将资金分散投资于不同的资产类别，如股票、债券、房地产和商品等，以降低单一资产的风险。

（2）方便管理：投资平台提供了一个一站式的解决方案，使投资者可以轻松地查看和管理他们的投资组合。他们可以跟踪投资的表现，调整投资策略，甚至自动化部分或全部的交易过程。

（3）实时市场数据：投资平台通常提供实时的市场数据，使投资者能够及时了解市场动态，做出明智的投资决策。

（4）交易策略定制：许多投资平台允许投资者根据自己的投资目标和风险承受能力，定制交易策略。

2.选择投资平台

（1）平台的安全性：投资者应选择有良好信誉和安全记录的平台。他们应该检查平台的合规性和数据安全措施。

（2）平台的多样性：投资者应该选择一个能提供多种资产类别和投资策略的平台。

这有助于他们实现多元化的投资组合，降低风险。

（3）平台的易用性：投资平台应该易于使用，界面清晰明了，功能齐全。投资者应该能够通过平台进行交易，查看市场数据，管理投资组合等。

（4）平台的费用：投资者应该了解平台的费用结构，包括开户费、交易费、管理费等。他们还应该比较不同平台的费用，以找到最适合他们的平台。

3.使用投资平台的风险

虽然投资平台提供了许多便利，但也存在一些风险。例如，市场波动可能导致投资者在短时间内面临损失。此外，自动化交易可能使投资者过于依赖系统，而忽视了人工的判断和风险管理。因此，投资者在使用投资平台时，应充分了解这些风险，并制定相应的风险管理策略。

随着科技的发展，投资平台也在不断发展进步。未来，更多的自动化和智能化的功能可能会被引入投资平台中，如算法交易、机器学习和人工智能等。这些新技术可能会进一步优化投资决策过程，提高交易的效率，并为投资者提供更多的定制化选项。

总的来说，投资平台是资金管理的有力工具。它们提供了多元化的投资机会、方便的管理工具、实时的市场数据，以及定制化的交易策略。然而，投资者在使用这些工具时，也应注意风险，并制定适当的风险管理策略。随着科技的发展，投资平台也将在未来继续发展进步，为投资者提供更多便利和选择。

（四）电子支付系统

在当今数字化的世界中，电子支付系统已成为资金管理的重要工具。这些系统以其高效、安全和便捷的特点，正在改变我们的支付和财务管理方式。本节将深入探讨电子支付系统如何助力资金管理，以及如何改变我们的生活。

1.电子支付系统的优势

（1）高效性：电子支付系统能够实现快速、高效的资金转移，大大缩短了交易时间，提高了资金周转效率。

（2）安全性：电子支付系统采用先进的加密技术和安全协议，大大提高了交易的安全性，减少了资金损失的风险。

（3）便捷性：电子支付系统提供了丰富的移动支付和在线支付方式，使得用户可以随时随地完成支付，大大提高了生活的便利性。

2.电子支付系统在资金管理中的应用

（1）预算管理：通过电子支付系统，单位或个人可以轻松地进行预算规划和管理。系统可以记录每一笔交易，帮助用户了解自己的收入和支出情况，从而更好地规划未来的支出。

（2）实时监控：电子支付系统提供了实时的交易监控功能，用户可以随时了解自己的资金状况，及时发现并处理异常交易，确保资金安全。

（3）自动化管理：许多电子支付系统还提供了自动化的财务管理功能，如定期转账、自动扣款等，帮助用户实现资金的自动化管理。

3.电子支付系统带来的影响和变革

电子支付系统的普及和应用，正在深刻地改变着我们的生活方式和金融体系。它不仅提高了资金管理的效率，也推动了金融科技的快速发展。未来，随着技术的进步和应用的深化，电子支付系统将在资金管理中发挥更大的作用。

电子支付系统作为资金管理的强大工具，以其高效、安全和便捷的特点，正在改变我们的支付和财务管理方式。通过预算管理、实时监控和自动化管理等功能，可以帮助我们更好地管理资金，提高生活和工作的效率。我们期待着电子支付系统在未来能够带来更多的创新和变革，推动金融科技的进一步发展。

（五）信用记录管理

在当今的商业环境中，资金管理是一项至关重要的任务，它涉及确保公司的财务健康，并确保公司能够顺利地运营和发展。其中，信用记录管理是资金管理的一个重要组成部分，它对于维持良好的信用状况，进而获取更多的融资机会，起着关键的作用。

1.信用记录的重要性

信用记录是个人或公司财务健康的关键指标，它反映了借款人偿还债务的能力。良好的信用记录不仅有助于获取更多的贷款，还可以降低贷款利率，减少利息支出，进而为公司节省大量的财务成本。

2.信用记录管理工具

（1）信用报告：信用报告是信用记录的主要来源，它详细记录了个人或公司的借贷历史、信用额度、欠款状况等信息。定期查看信用报告，可以及时发现信用问题，并采取相应的措施进行修复。

（2）信用评分：信用评分是衡量一个人或公司信用风险的重要指标，它可以帮助金融机构评估借款人的信用状况。通过了解自己的信用评分，可以更好地了解自己的信用状况，并采取相应的措施进行改善。

（3）信用保险：信用保险是一种保障借款人信用安全的保险产品，当借款人无法按时还款时，保险公司会代为偿还债务。通过购买信用保险，可以提高信用记录的可信度，为获取更多的融资机会提供保障。

（4）专业的信用管理服务：专业的信用管理服务可以为提供商提供一系列的服务，包括出具信用报告、信用评分评估、债务清理等。这些服务可以帮助个人或公司更好地管理自己的信用记录，提高信用状况的可信度。

3.优化信用记录

（1）保持良好的还款记录：还款是维护良好信用记录的关键。按时还款不仅可以提高信用评分，还可以避免产生不良信用记录。

（2）合理规划债务：避免过度借贷，合理规划债务，可以降低债务风险，提高信用状况的可信度。

（3）及时更新信息：当个人信息发生变化时，应及时更新信用报告中的信息，以确保信息的准确性。

（4）寻求专业帮助：当面临复杂的信用问题时，寻求专业的信用管理服务可以帮助个人或公司更好地管理自己的信用记录。

从资金管理的角度来看，良好的信用记录不仅可以提高融资机会，还可以降低融资成本。通过优化信用记录，公司可以获得更多的贷款额度，降低贷款利率，从而降低财务成本，提高公司的竞争力。

信用记录管理是资金管理的重要组成部分，它对于维护良好的信用状况，提高融资机会和降低财务成本起着关键作用。通过使用上述工具和优化自己的信用记录，个人或公司可以更好地管理自己的财务状况，提高资金管理的效率和质量。

第二节　资金管理风险控制

一、资金管理风险概述

根据资金的功能和使用，单位的资金管理可分为筹资活动、投资活动和资金营运活动三个环节。在此过程中，资金管理涉及的主要风险：安全风险、短缺风险、使用效率风险。

（1）资金安全风险。主要是指资金被挪用、诈骗和贪污的风险。这类风险主要源自单位内部控制的不完善，如没有很好地执行内部牵制原则，同一人兼任不相容职务等。资金安全风险管理重在防范，通过建立良好的内控环境、健全资金管理的内控机制来堵住各种安全漏洞，如建立健全授权审批制度，按照规定的权限和制度办理资金收支业务；贯彻内部牵制原则，确保不兼容岗位相互分离、制约和监督；加强员工职业道德和安全意识教育，如空白支票、印章应分别由不同的人保管，出纳不得兼任稽核等；加强内部审计，内部审计可协助管理当局监督控制措施和程序的有效性，及时发现内部控制的漏洞和薄弱环节。

（2）资金短缺风险。资金短缺风险是指单位不能及时、足额地筹集到生产经营所需资金，从而导致单位放弃供应商提供的现金折扣、低价甚至亏本出售存货和项目、无法及时清偿债务导致信用等级恶化、被迫破产重组或被收购等。形成单位资金短缺风险的主要原因有：激进的筹资政策、宽松的信用政策、片面追求生产规模和市场占有率、过多采用债务方式融资，未能根据行业特点和单位发展战略确定合理的资本结构等。

（3）资金使用效率风险。资金使用效率风险可以定义为多余现金获得的收益低于贷款利率。当一个单位既持有大量资金，又有巨额银行借款时，若非行业特点和经营战略所致，很有可能存在资金使用效率风险。形成单位资金使用效率风险的主要原因：预算，特别是现金预算编制粗略不准确，单位集团内部资金调度不畅，现金管理能力不强等。很多单位错误理解"现金为王"理念，片面追求现金充裕对经营安全性的保障，只知道融资"圈钱"，不太关注也缺乏能力提高资金使用的效率。

二、资金管理风险控制的维度

（一）资金管理制度风险控制

在单位的运营过程中，资金管理是至关重要的环节。资金管理涉及单位的资金流动、投资决策、财务规划等方面，任何环节的失误都可能给单位带来巨大的风险。因此，资金管理制度的风险控制显得尤为重要。

1.资金管理制度风险控制的重要性

资金管理制度是单位财务管理的基础，它涉及单位资金的来源、使用和分配等重要环节。如果资金管理制度不完善，或者执行不到位，就会给单位带来巨大的风险。具体来说，资金管理制度的风险控制可以避免资金流失、防止资金浪费、避免财务风险等。

2.资金管理制度风险控制的措施

（1）建立完善的内部控制体系

内部控制体系是资金管理制度的重要组成部分，它能够有效地防止资金流失和浪费。单位应该建立完善的内部控制体系，包括财务审计、财务核算、风险评估等方面。同时，应该建立相应的内部审计机构，对内部控制体系进行定期的检查和评估，及时发现和解决潜在的问题。

（2）加强财务管理人员的培训和管理

财务管理人员是单位财务管理的核心力量，他们的专业素质和职业道德直接影响到单位的财务安全。因此，单位应该加强对财务管理人员的培训和管理，提高他们的专业素质和职业道德水平，使他们能够更好地履行职责，防范财务风险。

（3）建立风险预警机制

单位应该建立风险预警机制，对单位的财务状况进行实时监控，及时发现和解决潜在的财务风险。同时，应该定期对单位的财务状况进行分析和评估，制定相应的应对措施，避免财务风险的发生。

加强资金管理制度的风险控制可以避免资金流失、防止资金浪费、避免财务风险等。因此，单位应该建立完善的内部控制体系、加强财务管理人员的培训和管理、建立风险预警机制，确保单位的财务安全。

（二）资金预算管理风险控制

随着单位的不断发展，资金管理的重要性日益凸显。资金预算管理作为资金管理的重要组成部分，其风险控制的重要性不容忽视。本节将从资金预算管理风险控制的重要性、方法、实践案例以及未来趋势等方面进行阐述。

1.资金预算管理风险控制的重要性

资金预算管理是单位根据年度经营计划、财务预算等进行资金配置的过程。在此过程中，任何不当操作都可能引发财务风险，如预算制定不合理、执行不到位、缺乏有效监督等。这些财务风险可能导致单位资金流失、资产浪费、运营效率低下等问题。因此，加强资金预算管理风险控制是单位管理者必须关注的重要课题。

2.资金预算管理风险控制的方法

为了有效控制资金预算管理风险，单位可以采用以下几种方法：

（1）制定科学的预算管理制度：制度应明确各部门职责、预算编制流程、审批权限等，确保预算管理的规范化和科学性。

（2）强化预算执行力度：建立预算执行考核机制，定期对预算执行情况进行检查和评估，发现问题及时纠正。

（3）建立风险预警机制：通过设置关键指标（KPI）和预警线，实时监控预算执行情况，及时发现潜在风险。

（4）引入外部审计：定期聘请第三方机构对预算执行情况进行审计，确保财务信息的真实性和准确性。

以某大型制造业公司为例，该公司通过以下措施有效控制了资金预算管理风险：首先，建立科学的预算管理制度，明确各部门职责；其次，加大预算执行力度，建立考核机制；再次，引入风险预警机制，设置关键指标和预警线；最后，聘请第三方机构进行定期审计，确保财务信息的真实性和准确性。经过一段时间的实施，该公司的资金使用效率明显提高，财务风险得到有效控制。

随着数字化和智能化技术的不断发展，资金预算管理风险控制将迎来新的机遇和挑战。未来，单位应积极探索数字化和智能化技术在资金预算管理中的应用，如大数据分析、人工智能、区块链等，以提高预算管理的效率和准确性，降低财务风险。同时，单位还应加强内部控制体系建设，提高全员的风险意识，确保资金安全和高效使用。

资金预算管理风险控制是单位财务管理的重要组成部分，对于保障单位资产安全、提高运营效率具有重要意义。通过制定科学的预算管理制度、加大预算执行力度、建立风险预警机制和引入外部审计等方法，可以有效控制资金预算管理风险。未来，数字化和智能化技术的应用将为单位带来更多机遇和挑战。单位应积极探索和应用新技术，加强内部控制体系建设，提高全员的风险意识，以确保资金安全和高效使用。

（三）单位银行账户管理风险控制

随着单位规模的扩大和业务范围的拓展，资金管理成为单位运营的重要环节。资金管理风险控制，特别是银行账户管理风险控制，是单位应对潜在财务危机的关键步骤。本节将深入探讨这一话题，分析当前存在的问题，并提出一系列有效措施来帮助单位规避风险。

1.单位银行账户管理风险概述

单位银行账户管理风险主要包括账户信息的保密性、账户活动的合规性以及账户资金的安全性。单位银行账户涉及大量资金流动，一旦泄露或违规使用，将给单位带来重大损失。此外，账户资金被盗用或滥用也是单位面临的重要风险。

2.当前存在的问题

（1）账户信息泄露：单位未采取有效的安全措施，导致账户信息被黑客攻击或内部人员泄露，增加了单位的财务风险。

（2）违规操作：部分单位为追求短期利益，违规操作，如挪用公款、洗钱等，导致单位面临法律风险。

（3）缺乏有效的监控机制：单位对银行账户的监控不足，无法及时发现并处理异常交易，增加了资金损失的风险。

3.风险控制措施

（1）强化账户信息安全管理：单位应采用先进的加密技术和安全协议，确保账户信息的保密性。同时，加强内部培训，提高员工对信息安全的认识。

（2）严格遵守法规：单位应遵守相关法规，规范账户活动，避免违规操作。同时，建立完善的内部控制制度，确保财务活动的合规性。

（3）建立有效的监控机制：单位应建立银行账户监控系统，实时监测账户资金流动，及时发现并处理异常交易。同时，与银行建立紧密的合作关系，共同防范风险。

（4）定期审计：单位应定期对银行账户进行审计，评估账户活动的合规性和安全性，发现问题及时处理。

（5）强化风险管理意识：单位应加强员工的风险管理意识教育，提高全员对资金管理风险控制的重视程度。

以某大型制造单位为例，该单位在银行账户管理风险控制方面采取了一系列有效措施。首先，加强了账户信息安全管理，采用了先进的加密技术。其次，严格遵守相关法规，规范了账户活动。再次，建立了完善的监控机制，通过实时监测账户资金流动，及时发现并处理异常交易。最后，该单位还定期对银行账户进行审计，评估账户活动的合规性和安全性。经过一系列努力，该单位成功地规避了资金管理风险，确保了单位财务的稳健运行。

资金管理风险控制是单位运营的重要环节，特别是银行账户管理风险控制更是重中之重。通过强化账户信息安全管理、遵守法规、建立监控机制、定期审计以及强化风险管理意识等措施，单位可以有效规避银行账户管理风险，确保财务的稳健运行。希望本节的观点能为广大单位提供有益的参考和启示。

（四）资金管理风险控制

在当今的经济环境中，资金管理是单位运营的核心部分，而风险控制则是资金管理的关键要素。其中，结算流程风险控制是资金管理风险控制的重要组成部分。本节将深入探讨结算流程风险控制的重要性，并阐述其相关策略。

1.结算流程风险控制的重要性

结算流程是单位资金流动的关键环节，涉及资金的流入与流出。在此过程中，如果不能有效地控制风险，可能会引发一系列问题，如资金流失、账务混乱、操作失误等。这些问题不仅会影响单位的正常运营，还可能导致单位陷入财务危机。因此，结算流程风险控制对于单位至关重要。

2.策略与方法

（1）建立完善的结算流程制度

单位应建立一套完善的结算流程制度，明确各岗位的职责和操作规范。同时，应确保制度的执行力度，确保每个环节都有明确的责任人和监督人。

（2）强化内部控制

单位应强化内部控制，确保结算流程的合规性和安全性。这包括定期对结算流程进行内部审计，及时发现并纠正潜在的风险和问题。

（3）引入先进的技术手段

随着科技的发展，单位可以引入先进的技术手段来提高结算流程的效率和准确性。例如，使用电子化票据和支付系统，可以减少人为错误，提高结算速度。

（4）定期培训和考核员工

单位应定期对员工进行结算流程的培训和考核，确保员工了解并遵守制度，提高员工的业务水平和风险意识。

（5）建立风险预警机制

单位应建立风险预警机制，对可能出现的风险进行提前预警和干预。这包括对市场环境、政策法规、单位自身状况等因素的监测和分析，以便及时采取应对措施。

结算流程风险控制是资金管理风险控制的重要组成部分，对于单位的正常运营和财务安全至关重要。通过建立完善的结算流程制度、强化内部控制、引入先进的技术手段、定期培训和考核员工以及建立风险预警机制等方法，可以有效降低结算风险。实际案例也证明了这些策略的有效性。单位应持续关注市场环境、政策法规的变化，不断优化和完善结算流程，以应对潜在的风险，确保单位的稳健发展。

（五）资金使用效率风险控制

在单位的运营过程中，资金管理是至关重要的环节。资金使用效率风险控制是资金管理的重要组成部分，它涉及如何有效地使用和管理资金，以确保单位的财务健康和可持续发展。本节将深入探讨资金使用效率风险控制的重要性，以及如何通过有效的策略来控制和管理这种风险。

1.资金使用效率风险控制的重要性

资金使用效率风险控制对于单位的生存和发展至关重要。首先，它有助于确保单位有足够的资金来支持日常运营和扩张。其次，有效的资金管理可以帮助单位避免资金短缺和流动性问题，从而降低财务风险。最后，通过优化资金使用效率，单位可以提高其盈利能力和市场竞争力。

2.进行资金使用效率风险控制

（1）制订明确的预算和财务计划：制订明确的预算和财务计划是资金使用效率风险控制的基础。单位应该根据市场状况和业务需求，制定年度、季度和月度预算，以确保资金的合理分配和使用。此外，财务计划应该包括对财务指标的分析和预测，以便及时调整策略。

（2）强化现金流管理：现金流是单位生存的关键。强化现金流管理可以提高资金的使用效率，降低财务风险。单位应该建立完善的现金流管理制度，定期监测和分析现金流状况，以确保资金流动的稳定性和可持续性。

（3）优化投资决策：投资决策是资金使用效率风险控制的关键环节。单位应该根据市场趋势和自身战略规划，制定合理的投资策略。在投资前，应该进行充分的调研和评估，确保投资项目的可行性和收益性。同时，单位应该建立投资风险评估机制，以应对可能出现的投资风险。

（4）实施有效的内部控制：有效的内部控制可以确保资金使用的合规性和透明度。单位应建立完善的内部控制体系，包括内部审计、财务报告制度和风险评估机制等。通过这些措施，可以及时发现和纠正潜在的资金使用问题，降低财务风险。

（5）提高财务管理人员的素质：财务管理人员的专业素质和技能水平对资金使用效率风险控制至关重要。单位应该加强对财务管理人员的培训和教育，提高他们的专业素养和管理能力。此外，单位还应该鼓励财务管理人员积极学习和掌握新的财务管理理念和技术，以适应不断变化的市场环境。

综上所述，资金使用效率风险控制对于单位的生存和发展至关重要。通过制订明确的预算和财务计划、强化现金流管理、优化投资决策、实施有效的内部控制以及提高财务管理人员的素质等策略，可以有效地控制和管理资金使用效率风险。只有这样，单位才能实现财务健康和可持续发展，提高市场竞争力。

三、优化资金管理风险控制措施

在当前的市场环境中，单位资金管理的重要性日益凸显。有效的资金管理可以优化资源配置，提高单位效益，同时可以防范资金风险。然而，如何通过内部控制制度、管理流程优化以及制度执行意识提升等方式来强化资金管理的风险控制呢？以下分别对这些措施进行详细阐述。

（一）利用内部控制制度完善资金管理

1.重新构建内部控制制度

内部控制制度是资金管理的基础，它能够确保单位资金的安全、合规和有效使用。首先，单位应建立完善的内部控制体系，包括财务制度、审批流程、内部审计等，确保资金使用的合规性和透明度。其次，应建立风险评估机制，定期对资金管理风险进行评估，及时发现并解决潜在风险。最后，还应建立有效的信息沟通机制，确保各部门之间的信息流通和协作，提高资金管理的效率和效果。

2.优化管理流程

优化管理流程是降低资金管理风险的关键。首先，单位应建立标准化、规范化的资金管理流程，明确各岗位的职责和权限，确保资金管理工作的有序进行。其次，应加强流程的监督和检查，定期对资金管理流程进行审计和评估，及时发现和纠正问题。最后，应加强与其他部门的协作，建立信息共享机制，提高资金管理的效率和效果。

3.提高制度执行意识

制度执行意识的提升是实现资金管理风险控制的重要保障。首先,单位应加强资金管理的培训和教育,提高全体员工的资金风险意识。其次,应建立健全的激励机制,鼓励员工积极履行资金管理制度,发现和报告问题。最后,单位还应加强对制度执行情况的监督和检查,确保各项制度的落地实施。

优化资金管理风险控制是当前单位发展的重要任务之一。通过重新构建内部控制制度、优化管理流程以及提高制度执行意识等措施,单位可以有效降低资金管理风险,提高资金使用的安全性和合规性。在实际操作中,单位应根据自身实际情况,不断调整和完善相关措施,确保资金管理的安全、高效和合规。同时,单位还应加强与其他单位的合作与交流,借鉴先进的管理经验和方法,不断提升自身的资金管理水平。

(二)构建资金监管平台

在当今经济环境中,资金管理是单位运营的核心部分,而风险控制则是资金管理的关键环节。为了优化资金管理风险控制,单位需要构建资金监管平台,其中涉及两个主要方面:资金内部信息互通和建立银企直联以及银行账户监督。

1.资金内部信息互通

资金内部信息互通是优化资金管理的基础。单位应建立一套完善的信息系统,以便各部门之间能够实时共享资金信息。通过这种方式,单位可以更全面地了解资金状况,从而做出更明智的决策。此外,定期的资金报告和财务分析也是必不可少的,可以帮助单位识别潜在的资金风险,并及时采取应对措施。

2.建立银企直联和银行账户监督

银企直联是指单位直接与银行系统相连,实现财务数据的实时传输和交换。通过这种方式,单位可以更方便地查询和管理银行账户,实时掌握资金流动情况,从而减少潜在的资金风险。此外,单位还应建立银行账户监督机制,定期对账户进行审计和检查,以确保账户的合规性和安全性。

优化措施的具体实施步骤如下:

(1)建立资金监管平台:单位应选择合适的软件开发商,开发适合单位需求的资金监管平台。该平台应具备实时数据传输、账户管理、报告和分析等功能。

(2)建立内部信息系统:单位应升级现有的信息系统,使其具备资金信息共享的功能。各部门应被要求定期提交资金报告和财务分析,以便管理层全面了解资金状况。

(3)实施银企直联:单位应与银行协商,实现银企直联。这将使单位能够实时查询和管理银行账户,提高资金管理的效率。

(4)建立银行账户监督机制:单位应设立专门的财务团队或委托第三方机构对银行

账户进行定期审计和检查。审计内容应包括账户合规性、账户余额、交易记录等。

（5）培训和宣传：单位应组织员工进行资金管理培训，提高他们对资金风险的认知。同时，通过内部通信、公告等方式宣传资金管理的重要性，使员工在日常工作中自觉遵守相关规定。

（6）定期评估和调整：单位应定期评估资金监管平台的运行效果，并根据实际情况进行调整和优化。此外，还应定期收集员工反馈，以便不断改进和完善资金管理制度。

通过实施以上优化措施，单位可以有效地降低资金管理风险，提高资金使用效率，从而在竞争激烈的市场中保持稳健的发展。

（三）完善管理模式与业务流程

优化资金管理风险控制的重要性不言而喻，尤其是在快速发展的现代单位中。资金管理是单位运营的核心，涉及单位的财务活动、资金流动和风险控制等方面。为了提高资金管理的效率，降低风险，我们提出以下措施来完善管理模式与业务流程，以实现资金管理风险控制优化。

1.建立统一对外支付系统

建立统一对外支付系统可以有效地整合单位的资金流动，减少资金浪费，提高资金使用效率。具体来说，这个系统应该包括以下内容。

（1）建立集中资金管理系统：对所有子公司的资金流动进行集中管理，方便单位整体掌握资金状况。

（2）实施资金授权制度：设定严格的资金支付审批流程，只有经过授权的人员才能进行对外支付。

（3）实现实时支付：利用现代技术手段，实现实时资金支付，减少资金在途时间。

2.建立多元化单位资金分级监控系统

多元化单位资金分级监控系统可以有效地监控单位各级的资金流动，预防财务风险。具体来说，这个系统应该包括以下内容。

（1）建立多级资金监控体系：从企业总部到各子公司，建立多级资金监控体系，确保各级资金流动的合规性。

（2）建立预警机制：对于可能存在的财务风险，如超支、逾期还款等情况，应及时预警并采取措施。

（3）强化内部审计：定期进行内部审计，确保各级资金监控系统的有效运行。

此外，还建议从以下方面进行优化。

（1）完善风险评估机制：定期进行风险评估，识别潜在的资金管理风险，并制定相应的应对措施。

（2）提高人员素质：定期开展培训，提高资金管理人员的技术水平和管理能力。

（3）加强外部监管：积极与政府部门、行业协会等机构沟通交流，加强外部监管，确保单位资金管理的合规性。

总的来说，优化资金管理风险控制需要从多方面入手，包括建立统一对外支付系统、建立多元化单位资金分级监控系统、完善风险评估机制、提高人员素质以及加强外部监管等。这些措施不仅可以提高单位的资金使用效率，降低财务风险，还可以为单位的长期发展提供有力保障。

第三节 智慧资金管理的技术与策略

随着金融市场的复杂性和不确定性日益增强，智慧资金管理的重要性日益凸显。它是一种综合性的理财策略，旨在通过科学的决策制定，实现财富的长期稳健增长。本节将深入探讨智慧资金管理的概念、原则和策略，帮助您开启财富管理的新篇章。

一、智慧资金管理的概念

智慧资金管理是一种以长期稳健增长为目标，通过科学的决策制定和风险管理，实现财富有效配置的理财策略。它涵盖了投资组合的构建、风险控制、资产配置等方面，旨在帮助投资者在复杂多变的金融市场中，做出明智的决策。

二、智慧资金管理的原则

随着社会经济的发展，资金管理已成为我们日常生活中不可或缺的一部分。而智慧资金管理，则是在这个基础上，融入了更高级的策略和原则，以实现更高效、更稳健的财务规划。

（一）长期视角

资金管理的长期视角，意味着我们需要以长远的眼光来看待和管理我们的财务。这是因为，短视的投资策略往往无法实现长期的财务目标，而长期的视角则能帮助我们更好地预测和控制市场风险，更好地把握投资机会。

首先，我们需要设定明确的财务目标。这些目标可以是长期的，也可以是短期的，但都需要具体、可衡量、可达成、相关性强且有时间限制。有了这些目标，我们就可以根据它们来制定投资策略，并以此来评估我们的投资表现。

其次，我们需要对投资风险有清晰的认识。长期视角能帮助我们更好地理解和管理风险，因为只有通过长期的观察和评估，我们才能真正了解一个投资项目的真实风险。

最后，我们需要保持冷静的头脑，不被市场的短期波动影响。市场总是有涨有跌，但我们不能因为一时的市场波动而改变我们的投资策略。我们需要坚持我们的长期视角，保持冷静的头脑，以实现我们的财务目标。

（二）多元化投资

多元化投资可以降低投资风险，提高投资回报的稳定性。因为单一的投资项目往往面临市场风险，而多元化投资能将风险分散到多个项目上，从而降低整体风险。

首先，多元化投资应该涵盖不同的资产类别，如股票、债券、房地产等。这些资产类别能在不同的经济环境下提供不同的收益来源。其次，应该在不同地区和行业中寻找投资机会，这样可以进一步分散风险。最后，还应该关注不同类型的投资者，为其量身定制不同的投资组合。

智慧资金管理需要的是耐心和智慧。要求我们不仅要有长期视角，理解并管理风险，还要有勇气去追求多元化的投资策略。这样的策略需要时间和耐心去实施和优化，因为只有在长期的市场环境中，多元化投资的优点才能充分显现出来。

（三）风险控制

在任何投资或财务决策过程中，风险都是一个需要考虑的重要因素。为了有效地控制风险，单位应采取以下措施。

（1）制定风险评估框架：单位应建立一套完整的风险评估框架，以识别、评估和管理各种潜在的财务风险。

（2）多元化投资：通过多元化投资策略，单位可以降低单一资产或市场的风险。

（3）定期风险审查：单位应定期进行风险审查，以确保其风险策略与市场环境保持一致。

（四）定期评估与调整

单位应定期评估其财务状况，包括收入、支出、资产和负债，以确保其财务计划的执行。此外，单位还应根据市场环境的变化和自身的业务需求，及时调整其财务策略。

（1）财务报告与分析：单位应定期收集和分析财务报告，以了解其财务状况和业绩。

（2）业务需求调整：单位应根据业务需求的变化，调整其财务策略，以确保其与单位的战略目标保持一致。

（3）市场环境监测：单位应密切关注市场环境的变化，以便及时调整其投资策略和风险管理措施。

智慧资金管理是单位成功的重要组成部分，它强调的是风险控制和定期评估与调整的原则。通过这些原则的实施，单位可以确保其在保持财务稳定的同时，能够实现长期可持续的发展。在未来的经济环境中，单位应继续关注市场动态，加强风险控制，并定期评估和调整其财务策略，以适应不断变化的经济环境。只有这样，单位才能在竞争激烈的市场中立于不败之地。

三、智慧资金管理的技术

随着全球经济的快速发展，资金管理的重要性日益凸显。智慧资金管理是一种先进的资金管理方法，它利用先进的信息技术，实现资金的高效、安全和有效利用。本节将探讨智慧资金管理的技术，以及如何运用这些技术提高单位的资金管理水平。

（一）智能财务分析

在当今高度竞争和快速变化的经济环境中，资金管理的重要性日益凸显。为了确保单位的稳健发展，智慧资金管理成为单位财务管理的核心。其中，智能财务分析作为一种先进的技术，正在为单位提供前所未有的洞察力和决策支持。

智能财务分析是一种基于大数据和人工智能技术的分析方法，它可以帮助单位快速、准确地分析财务数据，发现潜在的风险和机会。通过智能财务分析，单位可以更好地了解自身的财务状况，制定更加合理的财务策略，提高资金的使用效率。

1.智能财务分析的定义与优势

智能财务分析是一种利用人工智能、大数据和机器学习等技术，对单位的财务数据进行分析和挖掘的过程。

智能财务分析能够从海量的数据中提取有价值的信息，帮助单位识别潜在的风险，优化资源配置，提高经济效益。智能财务分析的优势在于其高效、准确和实时性，为单位决策者提供前所未有的洞察力和决策支持。

智能财务分析能够快速、准确地处理大量的数据，通过对数据的深度挖掘和分析，能够为单位提供决策支持。同时，智能财务分析还能有效降低人为错误，提高财务工作的效率和准确性。更重要的是，智能财务分析可以根据数据的变化，预测未来的趋势，帮助单位做出更明智的决策。

2.智能财务分析在智慧资金管理中的应用

在当今的商业环境中，资金管理的重要性不言而喻。智慧资金管理，通过精细化的财务管理和数据分析，以实现资金的高效、安全和有效利用，成为单位成功的关键因素。智能财务分析，以其强大的数据挖掘和分析能力，为智慧资金管理提供了强大的工具。本节将详细探讨智能财务分析在智慧资金管理中的应用。

（1）实时监控资金流动

智能财务分析的一大应用是实时监控资金流动。通过使用先进的算法和数据挖掘技术，智能财务分析可以实时分析单位的财务数据，监控资金的流入流出，及时发现异常资金流动，从而预防可能产生的财务风险。

（2）优化资金配置

智能财务分析的另一个重要应用是优化资金配置。通过对历史财务数据的深度分析，智能财务分析能够预测未来的资金需求，为单位提供合理的资金配置建议。此外，智能财务分析还能根据市场变化和业务需求，提供灵活的资源配置方案，以实现单位利益的最大化。

（3）决策支持

智能财务分析在决策支持方面也发挥着至关重要的作用。它不仅可以通过数据分析为决策者提供有价值的信息，还可以预测潜在的财务风险，从而降低决策风险。智能财务分析还可以通过对预算、财务报告和绩效评估的自动化处理，提高决策效率，使单位能够快速响应市场变化。

（4）成本控制

智能财务分析在成本控制方面也有显著的效果。通过分析成本结构，智能财务分析可以帮助单位识别潜在的成本节约机会，优化成本结构，从而实现成本控制的目标。此外，智能财务分析还能实时监控成本变化，及时发现异常成本，防止不必要的浪费。

综上所述，智能财务分析在智慧资金管理中的应用具有广泛而深远的意义。它通过实时监控资金流动、优化资金配置、提供决策支持以及有效控制成本，为单位提供了强大的财务管理能力。随着科技的进步，我们有理由相信，智能财务分析将在智慧资金管理中发挥更大的作用，助力单位实现更高的效益和更强的竞争力。

3.智能财务分析的实现方法

实现智能财务分析的关键在于建立完善的数据管理体系，收集和处理大量的财务数据。同时，需要利用人工智能、大数据和机器学习等技术，对数据进行深度分析和挖掘。此外，还需要建立一套完善的算法模型，以实现自动化的财务分析过程。

随着技术的不断进步，智能财务分析将在未来的财务管理中发挥更加重要的作用。它将从更多的维度和层次上提供更加全面、精准的财务信息，帮助单位做出更加科学、精准的决策。同时，智能财务分析也将为单位提供更多的可能性，如预测未来的财务状况、制订个性化的资源配置方案等。

总的来说，智能财务分析是智慧资金管理的关键技术之一，它能够为单位提供强大的洞察力和决策支持。通过建立完善的数据管理体系，利用人工智能、大数据和机器学习等技术，实现自动化的财务分析过程，智能财务分析将为单位创造更大的价值。在未来，随着技术的不断进步，智能财务分析将在财务管理中发挥更加重要的作用。

（二）风险控制技术

随着科技的发展，智慧资金管理已经成为现代单位财务管理的重要组成部分。在这个过程中，风险控制技术起着至关重要的作用。本节将探讨风险控制技术在智慧资金管理中的应用，以及这种应用如何推动单位资金管理的智慧化。

1.风险控制技术的演变

传统的风险控制主要依赖于人工操作和基础工具，这种方式虽然简单易行，但在处理复杂多变的风险时，其效率和精度却往往不尽如人意。现代的风险控制技术，如大数据、人工智能、区块链等，正在逐步改变这一现状。这些技术可以实时收集和分析数据，提供更准确、更全面的风险信息，使单位能够更有效地应对各种风险。

风险控制是资金管理的重要环节，智慧资金管理通过引入先进的风险控制技术，如大数据分析、机器学习和人工智能等，可以有效地识别和评估潜在风险，制定相应的风险应对策略，降低单位的财务风险。

2.风险控制技术在智慧资金管理中的应用

在当今高度竞争和快速变化的市场环境中，单位面临着各种不确定性和风险。为了确保资金安全，降低财务风险，实时监控和风险预警成为智慧资金管理的重要手段。本节将探讨风险控制技术在智慧资金管理中的应用，特别是实时监控和风险预警两方面。

（1）实时监控

实时监控是智慧资金管理的重要环节，它通过各种技术手段，如大数据、人工智能、区块链等，对单位的资金流动进行实时监测和分析。这种监控不仅可以及时发现异常资金流动，还可以预测潜在风险，为决策者提供及时、准确的决策依据。

①大数据技术：大数据技术可以收集和处理大量的数据，包括交易数据、账户数据、市场数据等，通过分析这些数据，可以发现异常交易和异常账户，从而及时采取措施。

②人工智能技术：人工智能技术可以自动识别和分析数据中的异常模式，预测潜在风险，并给出相应的预警和建议。

③区块链技术：区块链技术可以提供不可篡改的数据记录和验证机制，确保数据的真实性和完整性，从而降低监控的难度和成本。

（2）风险预警

风险预警是智慧资金管理中的另一个重要环节，它通过建立风险模型和指标体系，对可能出现的风险进行预测和警示。预警系统可以及时发现潜在风险，并给出相应的措施和建议。

①风险模型：单位可以根据自身的业务特点和风险偏好，建立适合自身的风险模型，通过模型分析，预测潜在的风险因素。

②指标体系：单位可以根据风险模型的要求，建立一套完整的指标体系，对各项指标进行实时监测和分析，及时发现异常指标，预测潜在风险。

③预警机制：当预警系统发现潜在风险时，会及时发出预警信号，提醒相关人员采取相应的应对措施。同时，预警系统还可以提供相应的建议和解决方案，帮助决策者做出更明智的决策。

在智慧资金管理中，实时监控和风险预警是两个关键的技术手段。通过实时监控，单位可以及时发现异常资金流动和潜在风险，为决策者提供准确、及时的决策依据。通过风险预警，单位可以提前预测潜在风险，并采取相应的应对措施，降低财务风险。

随着科技的不断发展，风险控制技术在智慧资金管理中的应用将会越来越广泛。未来，我们期待更多的技术创新能够为智慧资金管理提供更多的支持和保障，帮助单位实现更加安全、高效的资金管理。

通过应用风险控制技术，单位可以实现更高效、更安全的资金管理。实时监控系统可以实时发现异常交易，预防潜在风险；人工智能和机器学习可以提供更准确的风险评估；金融数据分析可以提高决策的准确性；应急预案则可以降低风险发生时的造成的损失。这些技术的应用将为单位带来诸多收益，包括降低运营成本、提高资金利用率、提高单位声誉等。

（三）自动化交易系统

自动化交易系统是一种基于人工智能和机器学习技术的交易系统，它可以自动执行交易决策，降低人为错误和风险。通过自动化交易系统，单位可以更加高效地管理资金，提高资金的使用效率，降低交易成本。

自动化交易系统能够实时监控市场动态，分析各种数据，如价格变动、成交量、市场情绪等，以便迅速对市场变化做出反应。这些信息不仅能够帮助投资者提前发现市场趋势，还能够有效地预防风险，降低投资损失。

通过使用自动化交易系统，投资者可以制定出基于数据和算法的量化交易决策。这些决策基于复杂的数学模型和统计方法，能够有效地捕捉市场中的机会，提高交易的效率和准确性。此外，系统还能够根据历史数据和实时市场信息，预测未来的市场趋势，为投资者提供投资建议。

自动化交易系统能够通过风险评估和压力测试，对投资组合进行实时监控和管理。系统能够识别潜在的市场风险，如价格波动、流动性风险等，并采取相应的措施来降低风险。此外，系统还能够根据市场变化调整投资组合，以保持其风险收益的平衡。

自动化交易系统通过运用大数据和人工智能技术，实现了智慧资金管理。这种管理方式能够根据投资者的风险偏好、投资目标和市场环境等因素，制定出个性化的投资策略。此外，系统还能够根据市场变化调整策略，以适应不同的市场环境。这种智慧资金管理方式能够提高投资者的收益，降低投资风险。

总的来说，自动化交易系统在智慧资金管理中发挥着至关重要的作用。不仅能够实时监控市场动态，制定出量化交易决策，还能有效地管理风险，实现智慧资金管理。随着科技的进步，自动化交易系统的应用范围还将不断扩大，为投资者提供更多便利和机会。未来，我们期待自动化交易系统在智慧资金管理中发挥更大的作用，帮助投资者实现更高效、更智慧的投资。

（四）智能预算管理

随着信息技术的飞速发展，单位的资金管理也在不断寻求创新和优化。其中，智能预算管理在智慧资金管理中的应用，无疑为单位的财务管理带来了巨大的便利。本节将深入探讨智能预算管理在智慧资金管理中的应用及其重要性。

1. 智能预算管理的定义和优势

智能预算管理是一种基于大数据和人工智能技术的预算管理模式。通过收集和分析单位内外部的各种数据，自动生成预算方案，并实时监控预算执行情况，为单位提供决策支持。智能预算管理的优势在于其高效性、准确性、实时性和灵活性，能够极大地提高单位的资金管理效率。

2. 智能预算管理在智慧资金管理中的应用

（1）自动生成预算方案：智能预算管理能够根据单位历史数据、市场信息、业务需求等，自动生成符合单位实际情况的预算方案，减少人为干预，提高预算的准确性和可行性。

（2）实时监控预算执行：通过大数据和人工智能技术，智能预算管理能够实时监控预算执行情况，及时发现和解决预算执行中的问题，确保预算的有效执行。

（3）决策支持：智能预算管理能够为单位提供决策支持，帮助单位做出更明智的财务决策。能够根据市场变化、业务需求等，实时调整预算方案，以满足单位的战略需求。

3. 智能预算管理对智慧资金管理的影响

智能预算管理能够提高单位的资金使用效率，优化资源配置，降低财务风险。它能够实时监控和分析单位的资金流动情况，及时发现和解决资金管理中的问题，确保单位的资金安全。此外，智能预算管理还能够提高单位的财务管理水平，增强单位的竞争力。

4.实施智能预算管理的建议

（1）建立完善的信息化系统：单位应建立完善的信息化系统，为智能预算管理提供技术支持。同时，单位应加强数据安全保护，确保数据的安全性和可靠性。

（2）培养专业人才：单位应培养具备大数据和人工智能技术知识的专业人才，为智能预算管理的实施提供人才保障。

（3）定期评估和调整：单位应定期评估智能预算管理的效果，并根据实际情况进行调整和完善，以确保其能够更好地服务于单位的资金管理。

智能预算管理在智慧资金管理中的应用，无疑为单位带来了巨大的便利和效益。能够提高单位的资金使用效率，优化资源配置，降低财务风险，提高财务管理水平，增强单位竞争力。因此，单位应积极探索和实施智能预算管理，以实现更好的资金管理效果。

智慧资金管理技术为单位提供了更加高效、安全和有效的资金管理方法。通过智能财务分析、风险控制技术、自动化交易系统、智能投融资决策和智能预算管理等技术，单位可以更好地管理资金，提高资金的使用效率，降低财务风险，从而取得更好的经营成果。在未来，随着技术的不断进步和发展，智慧资金管理的应用场景将更加广泛，为单位带来更多的发展机遇和挑战。

四、智慧资金管理的策略

随着全球经济日益复杂，单位的资金管理压力与日俱增。为确保单位的资金安全，降低风险，提升效率，智慧资金管理显得尤为重要。智慧资金管理是以智能化技术为手段，通过优化资金流动、风险控制、成本控制等环节，实现单位资金的高效、安全、可持续利用。本节将探讨如何通过建立全面的智能资金管理系统、实施智能财务分析、引入先进的支付和结算系统以及实施精细化成本管理，来优化智慧资金管理。

（一）建立全面的智能资金管理系统

建立全面的智能资金管理系统是优化智慧资金管理的第一步。这需要我们引入先进的技术，如大数据、人工智能、区块链等，对单位的资金进行实时监控和预测。通过系统平台，单位可以实时了解资金流向，及时发现并处理潜在风险。此外，系统还应具备自动化的资金调度功能，以便在风险和收益之间做出最优决策。

（二）实施智能财务分析

智能财务分析是智慧资金管理的核心环节。通过利用大数据和人工智能技术，单位可以对财务数据进行深度挖掘和分析，为决策提供科学依据。此外，智能财务分析还能实时监控单位财务状况，提前预警潜在风险，提高决策的准确性和效率。

（三）引入先进的支付和结算系统

先进的支付和结算系统是智慧资金管理的重要组成部分。引入高效的电子支付平台和结算系统，可以大大提高资金周转效率，降低成本。同时，通过与第三方支付平台合作，单位可以更好地管理跨境资金流动，提高资金安全性。

（四）精细化成本管理

精细化成本管理是智慧资金管理的关键一环。单位应通过建立全面的成本控制系统，实现成本核算的精确化和透明化。这包括对生产成本、采购成本、人力资源成本等进行全面监控和管理，以确保资源的合理配置和有效利用。此外，单位还应建立成本预警机制，及时发现并纠正成本异常，降低单位运营风险。

综上所述，智慧资金管理的优化措施包括建立全面的智能资金管理系统、实施智能财务分析、引入先进的支付和结算系统以及实施精细化成本管理。这些措施的实施将有助于提高单位的资金安全性和效率，降低风险，并为单位创造更多的价值。

在未来的发展中，智慧资金管理将发挥越来越重要的作用。通过不断的技术创新和模式创新，单位将能够更好地应对复杂多变的市场环境，实现可持续发展。我们相信，智慧资金管理将在未来的单位竞争中扮演更加重要的角色。

第六章　内部审计概要与发展趋势

第一节　内部审计概要和流程

一、内部审计概要

国际内部审计师协会（IIA）明确内部审计是一种独立、客观的确认和咨询活动，其目的在于增加组织价值，提高运行效率。内部审计通过使用系统、规范的方法对组织治理、风险管理和内部控制进行评价，帮助组织实现目标。

中国内部审计协会发布的《第1101号——内部审计基本准则》（以下简称《内部审计基本准则》）明确内部审计是一种独立、客观的确认和咨询活动。它运用系统、规范的方法，审查和评价组织的业务活动、内部控制与风险管理的适当性和有效性，以促进组织完善治理、增加价值和实现目标。

中国银监会发布的《商业银行内部审计指引》（银监发〔2016〕12号）明确内部审计是商业银行内部独立、客观的监督、评价和咨询活动，通过运用系统化和规范化的方法，审查评价并督促改善商业银行业务经营、风险管理、内控合规和公司治理效果，促进商业银行稳健运行和价值提升。

审计署发布的《审计署关于内部审计工作的规定》（2018）明确内部审计是指对本单位及所属单位财政财务收支、经济活动、内部控制、风险管理实施独立且客观的监督、评价和建议，以促进单位完善治理、实现目标的活动。

综上所述，我们认为内部审计是一种基于独立、客观的原则，遵循特定职业道德规范，运用科学、系统和可信的方法及工具对单位经营管理开展的鉴证、评价、监督或咨询活动。本定义中的鉴证是指确认和证明，评价是指基于一个特定标准进行评估和判断，监督是指监控和督办，咨询是指分析问题和提供解决方案。此外，内部审计还可以基于独立、客观的视角，开展针对商业管理、单位管理和信息技术等方面的研究活动。

二、内部审计的关键要素

内部审计是一种"特殊""高尚"的单位管理活动。它具有独立、客观的灵魂和精神，具有个性化的战略和定位，以及直达董事会的架构和充分的权力。这些要素是内部审计的关键要素。在新时期，内部审计的关键要素应包括以下十方面。

（一）内部审计的灵魂和精神

独立性与客观性是内部审计的核心价值，是其灵魂和精神。独立性要求内部审计人员与被审计对象之间不存在利益冲突，其他人员不能干预内部审计人员的工作，内部审计人员应该能够公正地发表审计结论。客观性要求内部审计人员基于充分的论证和论据发表结论、提出建议，且为保持客观性，必须使用科学严谨的方法分析问题。

（二）内部审计的战略和定位

内部审计的战略是指内部审计工作的愿景、目标以及支持其实现的内部审计关键能力、核心举措和实施路径。内部审计的定位是指从理念、组织、职能和权力等维度对内部审计在单位管理体系中的位置进行定义与明确。内部审计的战略和定位是相对高阶的名词，可以通过将理念、定位、目标、授权、职责、独立性、客观性以及对公司组织架构的影响与内部审计的工作性质、战略计划和工作范围相结合来进行解读。

（三）内部审计的架构及职能

内部审计架构是指由组织、岗位人员、权限、汇报和信息系统组成的一套管理体系，包括内部审计的机构和部门设置及其职责、岗位人员的配备及其职责、审计的权限、汇报路径、关键以及被审计事项和支持内部审计工作的信息系统。

（四）内部审计的权力

在基于人的社会活动和单位管理中，若想让内部审计部门充分发挥价值，必须赋予其充分的监督、检查和咨询权力。在不考虑特殊因素的前提下，内部审计部门的权力越大，其发挥的价值就越大。在实践中，单位一般会赋予内部审计部门直接向董事会或审计委员会汇报的权力，并在合规和必要原则下赋予内部审计部门检查各种资料和数据、开展风险评估、界定责任和问责处罚等权力。这些权力构成了内部审计保持独立性和客观性的有力支撑，使内部审计活动能够顺利开展。

（五）内部审计的限制和约束

内部审计的权力并非不受控制。在实践中，利用法律法规、审计准则、实务规范、公司章程、审计制度、董事会的管控、监事会的监督、被审计对象的适当评价以及内部审计质量控制，可以对内部审计的行为进行限制和约束。

（六）内部审计的先进性、权威性和专业性

内部审计秉承独立、客观的精神，遵循职业道德规范，并运用科学、系统和可信的方法开展审计活动。在审计活动中，需要研究宏观政策、引进领先实践和发表颇具洞察力的观点，树立内部审计的先进性、权威性和专业性。由于内部审计是一种对专业知识和技能要求极高的职业，因此未能掌握相关领域专业知识和技能的内部审计人员无法树立内部审计的权威性和专业性。优秀的内部审计人员应具备扎实的专业技能，从企业战略到业务操作、从宏观经济到微观运行、从风险管理到绩效提升、从运用先进的审计方法到开发实用的审计工具，系统而全面。

（七）内部审计人才

内部审计人才包括首席审计官、内部审计师、内部审计顾问、业务分析师、数据分析师和技术分析师等内部审计人员。内部审计人才管理包括但不限于内部审计人员的人才规划、引进、职业发展、角色分工、知识积累、专业技能、人才测评和培训教育。内部审计的独立性、客观性、先进性、权威性和专业性要求决定了内部审计人员是一种在多方面能力极强的人才，应具备优秀的职业道德、工作经验和工作能力。因此，发掘、培养和留住内部审计人才是一项十分重要的工作。

（八）内部审计的操作流程

内部审计的一般操作流程包括进行业务、数据和技术分析，确定目标，进行风险评估，制订审计计划，确定审计标准，编制项目方案，执行现场与非现场审计，出具审计报告，进行问题沟通与整改，跟踪审计，进行内部及外部质量评估。

（九）内部审计的方法、工具和技术

内部审计的方法是指多元化的数据采集方法、定性和定量的审计分析方法，或者内部审计职能积累及分享知识、经验和实践的方式。内部审计的工具指的是可以采用的各种标准、非标准或创新的审计工具，如测量工具、计算工具、扫描工具、分析工具等。

在我们的语境下，技术一般指信息技术（Information Technology，IT），主要是应用

计算机科学和通信技术来设计、开发、安装与实施信息系统及应用软件。信息技术主要包括数据科学技术、传感技术、计算机技术、智能科学技术、网络通信技术和控制科学与工程技术等。

有一个与数字化转型密切相关的概念是数字技术，它借助计算机等电子设备将数字、文字、图片、声音或视频等信息转化为计算机能识别的二进制码，然后进行分析和处理。

内部审计的技术主要是指审计科技（AuditTech），它是指内部审计部门以信息化、互联网、大数据、人工智能、云计算、区块链和安全技术等为核心的，利用其改进内部审计方法和工具、执行具体审计活动和建设内部审计系统平台的技术集合，能够提升内部审计效率及效果。

（十）内部审计的准则和实务规范

指导内部审计工作的综合性文件是中国内部审计协会发布的《内部审计基本准则》、国际内部审计师协会（IIA）发布的《全球内部审计准则》及专项要求与职业指南，还有IIA发布的《职业道德规范》《质量评估手册》，中国内部审计协会发布的《内部审计质量评估办法》《内部审计质量评估手册》，中华人民共和国审计署发布的《审计署关于内部审计工作的规定》（审计署令第11号）。对于金融企业，指导文件还包括银保监会或证监会发布的《商业银行内部审计指引》（银监发〔2016〕12号）、《证券期货业信息系统审计指南第5部分：证券公司》（JR／T 0146.5—2016）、《证券期货业信息系统审计规范》（JR／T 0112—2014）、《保险机构内部审计工作规范》（保监发〔2015〕113号）、《保险公司董事及高级管理人员审计管理办法》（保监发〔2010〕78号）等相关文件。

三、内部审计架构

内部审计是一个综合架构体系，包括关键要素、审计的组织和职责、审计程序、关键审计领域、审计方式、审计科技、审计基础支撑、审计关联方和审计活动。

内部审计的关键要素包括审计的灵魂和精神、审计的战略和定位、审计的架构和职能、审计的权力等十项。这些要素体现了内部审计活动与其他单位活动的差异，是对支持内部审计活动有效落地的各种理论和实践要素的总结。

审计的组织和职责是内部审计在单位中涉及的重要关联方，包括董事会和审计委员会、监事会、高级管理层、内部审计部门与被审计对象等主体的结构、人员及相关的权限和责任。

审计程序本质上包括审计计划、审计执行、审计报告、审计整改和审计跟踪五个环节

（可称为审计"五环"）。虽然在不同的合规指引或单位制度中描述的审计程序有一定的差异，但是总体上均是基于审计"五环"进行分解后产生的。

关键审计领域是审计部门关注的重点，具体包括公司治理、风险管理、内控合规、信息科技等多个领域，涵盖了单位经营管理的各个关键领域。这些关键领域也是内部审计人员需要重点掌握的核心能力领域。

内部审计的主要方式是现场审计和非现场审计，其他方式有风险识别和评估、审计监测预警、案件防范、审计研究和审计咨询等。若进一步丰富内部审计的工作内涵，还可以包括由内部审计人员执行的战略管理、风险管理、技术管理和创新管理等方式。

审计科技是顺应数字时代的科学技术对社会和单位的各项变革与推动的趋势在审计领域专业化分工下所形成的一种新型科技。审计科技与金融科技、监管科技、合规科技、风控科技等概念一样，是利用传统和新兴科技来管理与执行审计活动的一种表现。

审计基础支撑方面涵盖数字化内部审计所需的审计数据集市，各项审计活动落地所需的审计信息系统、业务和管理活动，以及审计活动的枢纽——审计人员。

内部审计的各种思想、方法论和具体项目还需考虑监管机构、客户和员工之间的相互关系及其与内部审计的关系。从狭义上来说，内部审计人员原则上只对股东和董事会负责，从广义上来说，内部审计人员也需要对监管机构、客户和员工负责。

内部审计的活动主要包括两大类型，分别是确认、评价和监督业务以及研究和咨询业务。这些活动是内部审计发挥价值、管控风险、赋能业务和引领单位变革的载体，共同构成内部审计的核心价值要素。

四、内部审计的类型

目前没有对内部审计进行分类的唯一标准，各家单位针对不同的情景，划分的方式存在差别。一般情况下，这种差别并不会影响内部审计工作的开展，反而是适应实际情况、追求最高效益的表现。当前主流的划分方法有以下四种。

（一）按审计导向划分

按照不同的审计导向，内部审计可具体划分为六个小类。

（1）合规导向审计。常见于基于财务报告准确性的审计、基于外部法律法规和内部政策制度的审计，它的特点是有既定的审计标准，并且以该审计标准为评价依据开展对标检查。

（2）舞弊导向审计。舞弊主要包括资产侵占和挪用、腐败、财务报表造假等行为。很多时候舞弊导向审计和合规导向审计会整合成一类，但是也有许多单位将舞弊导向审计单独列为一种类型。

（3）内控导向审计。基于内部控制经营合规性、运营有效性、财务报告准确性的审计，以内部控制框架为基石，以业务和管理流程为出发点，以各流程操作环节的风险及控制为对象。实际上，单位的内控导向审计集中于合规性领域，财务报告审计一般由外部审计承担，运营有效性因为缺乏明确的标准、评价工具而无法得到保障。

（4）风险导向审计。以全面风险管理、单项风险管理为指导，关注高风险领域，集中精力解决主要问题，与其他审计类型相比更加重视准确的风险评估、风险应对和风险价值。

（5）战略导向审计。基于科学、合理、明确的实践或标准，对战略规划的设计、运营执行、绩效达成情况进行调查、分析、评价和服务，它的特点是目前缺乏一套既定的方法论和工具。战略导向审计不仅要审计公司的战略风险，而且要评价绩效实现的情况。

（6）数字和技术导向审计。随着信息科技和数字技术的发展，单位管理中的数字和技术被广泛地应用于各个领域，导致出现数字和技术风险的概率与频次都大大增加。内部审计正是基于新时期的这种特点，开始对数字和技术开展专项审计，使之逐步衍生为内部审计中非常重要的审计方向。

（二）按审计内容划分

按照不同的审计内容，内部审计可具体划分为四个小类。

（1）业务审计。以前台部门各项业务为基础，不同行业或不同单位的业务千差万别，一般来说，涉及具体的产品、客户、供应链、渠道等，且业务全流程中有许多中后台职能的参与。因此，全面的业务审计一般涉及前、中、后台共三道防线，如商业银行业务审计内容涉及资产业务、负债业务、中间业务等。

（2）管理审计。以中后台职能部门工作（如战略管理、采购管理、财务管理、费用管理、资金管理、投资管理、内控合规、风险管理、关联交易和绩效管理）为审计对象。

（3）科技审计。传统的科技审计注重信息科技治理、信息安全、系统建设及其项目管理、系统运维和外包管理。数字时代的信息科技审计应该在此基础上更加强调数字技术、数字风险、金融科技、前沿技术的研发和应用、科技创新的审计。

（4）经济责任审计。经济责任是指领导干部任职期间因其所任职务，依法对所在部门、位、团体或组织的财政、财务收支以及有关经济活动应当履行的职责、义务。经济责任审计是对本组织所管理的领导干部经济责任履行情况进行监督、评价和鉴证的活动。实践中，经济责任审计内容一般至少涵盖战略和经营计划达成、内控合规与风险管理、廉洁从业。

（三）按是否进行现场审计划分

按照是否进行现场审计，内部审计可具体划分为三个小类。

（1）现场审计。现场审计是最为常见的审计，一般是指成立审计小组，进驻被审计方的工作现场，开展访谈询问、资料检查、系统测评等。

（2）非现场审计。非现场审计是随着审计信息化和数据科学的发展而逐步衍生出来的，一般不会进驻被审计方工作现场，而是通过信息系统和专业工具采集数据、电子档案等开展数据分析和资料检查，开展面向数据的分析和监测。

（3）现场审计+非现场审计。实践中，非现场审计经常被作为现场审计的前奏，可以为现场审计寻找高风险领域和重点审计对象，提前提供可疑点、异常点，以供现场审计进一步核查。

（四）按重点审计领域划分

按照重点审计的领域分类，内部审计可具体划分为六个小类。

（1）财务审计。一是与财务报表和会计核算相关的审计（一般此类审计由外部会计师事务所承担，内部审计极少开展财务报表审计）；二是与内部财务预算、财务收支、费用报销和特定科目核算相关的审计。

（2）业务审计。针对各项业务的设计、研发、销售、管理和退出的审计。

（3）风险审计。针对信用风险、市场风险、操作风险、流动性风险、消费者权益保护、反洗钱、关联交易、国别风险、技术风险等单独开展专项审计。

（4）科技审计。针对信息系统的建设管理、系统开发、科技运维、IT风险管理、业务连续性管理、金融科技的运用、IT数字化转型和IT数字化建设等开展专项审计。

（5）战略审计。针对企业的宏观或微观战略，集团或分、子公司战略，短期或中长期战略，业务、职能或技术战略，战略设计或战略执行等开展专项审计。

（6）创新审计。针对单位内部的各种创新活动，如业务创新、管理创新或技术创新活动开展专项审计或咨询。

五、内部审计的流程

由定义、关键要素和架构等因素可知，内部审计是一种科学、客观和严谨的单位内部活动。在其他要素没有差异的情况下，标准化的流程一般有助于提高审计活动的科学性、客观性和严谨性。因此，我们建议按照《内部审计基本准则》的规定，单位内部审计部门针对确认和咨询活动分别设定标准化流程。

实践中，常见的内部审计流程一般按照四个阶段或五个环节进行一级流程划分，在此基础上再区分二级流程甚至三级流程。具体实践可以参考《内部审计基本准则》和《商业银行内部审计指引》等文件，这些文件均给出了可遵循的通用标准流程。

（一）内部审计的四个阶段

内部审计的基本流程可以分解为四个阶段，分别是审计计划阶段、审计执行阶段、审计整改阶段和审计跟踪阶段。

（1）审计计划阶段，包括年度审计计划和单个项目的审计方案。其中部分大型和复杂项目也会制订项目计划。一般在进行年度风险评估后制订年度审计计划，在进行单项风险评估后制订单个项目审计方案。单个项目审计方案的核心是确定审计范围、审计期限、审计标准、审计方法和工具、人员分工和资源投入情况等。

（2）审计执行阶段，涵盖成立审计团队、发出审计通知、执行现场及非现场审计、进行问题沟通和确认、撰写审计报告并汇报、管理审计档案等过程。

（3）审计整改阶段。内部审计人员与被审计方达成一致的整改落实计划和方案，被审计方按期落实整改。

（4）审计跟踪阶段。内部审计人员按照整改计划和方案，执行问题整改跟踪或者后续跟踪专项审计。

此外，审计成果应用、审计质量监督也可以纳入内部审计流程，与上述四个阶段共同构成内部审计工作的全生命周期流程。

（二）内部审计的五个环节

实践中还有一种划分方法，即将内部审计分为五个环节，包括审前准备、审计实施、审计报告、后续审计和成果运用。

根据中国内部审计协会发布的《内部审计具体准则》，内部审计的工作程序包括审计计划（2103号）、审计通知书（2102号）、审计抽样（2108号）、分析程序（2109号）、审计工作底稿（2104号）、结果沟通（2105号）、审计报告（2106号）、后续审计（2107号）、审计档案工作（2308号）等。

内部审计的工作程序在不同单位或不同性质的项目中会有所不同，可以对上述划分方式进行组合或分解。例如，一些单位将内部控制审计的主要程序划分为编制项目审计方案、组成审计组、实施现场审查、认定控制缺陷、汇总审计结果、编制审计报告。

根据《商业银行内部审计指引》的规定，内部审计的工作流程包括编制中长期审计规划、编制年度审计计划、组建审计组、编制项目审计方案、现场审计与非现场审计、编制审计工作底稿、征求审计对象意见、完成审计报告、审计报告的确认和上报、问题整改、档案管理、审计质量评估等。

内部审计的方法一般有分析、核对、审核、观察、访谈、调查、检查、函证、鉴定、调节等。内部审计人员也可以综合运用访谈、问卷调查、专题讨论、穿行测试、实地查验、抽样和比较分析等方法来开展内部审计工作。

对于内部审计工具，相关规定和指引并未给出明确的类型。因此，内部审计工具可以各不相同，各单位和团队可以研发、借鉴和使用不同的有形或无形工具，如调查问卷、视频录音、数据分析工具、计算机辅助审计工具。

（三）内部审计的流程解析

根据内部审计四个阶段和五个环节的划分方式，结合单位实践经验，可以进一步将内部审计的流程划分为以下几个环节：业务和风险评估、制订年度审计计划、编制审计方案、执行非现场审计、执行现场审计、编制审计底稿、审计问题的识别和沟通、撰写审计报告、问题整改和追踪。下面对这些流程进行进一步的阐述。

1.业务和风险评估

在内部审计工作流程中，业务和风险评估是一项重要的工作，贯穿整个内部审计生命周期。业务和风险评估是制订审计计划、确定审计范围、识别问题缺陷、整改跟踪审计、问题处罚等工作的重要基础。风险就是可能影响单位业务目标实现的事件，内部审计需要建立一套系统的业务和风险评估流程。

2.制订年度审计计划

根据《内部审计基本准则》，审计计划一般包括年度审计计划和项目审计方案。年度审计计划是对年度预计要完成的审计任务的工作安排，是组织年度工作计划的重要组成部分。

内部审计人员应确保审计计划与相关业务目标及风险相匹配。具体来说，可以关注以下几点：

（1）分析组织的中长期战略、年度目标及业务活动重点。
（2）了解重要的法律、法规、政策、计划和合同。
（3）了解近期的风险管理状况，分析未来的风险管理趋势。
（4）了解重要人员的变动。
（5）理解单位业务、资源、文化和价值。
（6）对利益相关者在价值链中进行价值驱动分析。

年度审计计划至少应该包括年度审计工作目标、具体审计项目及实施时间、各审计项目需要的审计资源、后续审计安排等内容。此外，年度审计计划还需要经过高级管理层及审计委员会或董事会的审批和授权。内部审计机构负责人负责年度审计计划的编制工作。

审计计划的制订主要包括如下步骤。

（1）复核战略计划。

（2）进行年度风险评估，确定本年度实施的审计项目。

（3）核实已有的审计资源和专业胜任能力。

（4）制定人员和资源预算。

（5）拟订审计计划并与管理层沟通。

（6）计划审批通过。

（7）根据风险变化及业务需求进行调整。

根据行业最佳实践，优秀的审计计划应具备以下特点：

（1）正式、规范的风险评估过程。

（2）定义全部的审计范围。

（3）利益相关者大量参与。

（4）使用风险调查。

（5）内部审计的审计计划与风险评估紧密相连。

（6）审计计划覆盖高、中风险领域。

（7）审计计划包含控制情况回顾和对未来的预测。

（8）审计资源配置要求的初步估计，如技能、经验和人力。

（9）得到审计委员会的审批。

3.编制审计方案

项目审计方案是针对具体审计项目所需的审计内容、审计程序、人员分工、审计时间、资源配置等进行安排的计划。除了遵循《内部审计基本准则》的要求外，审计方案的结构和内容还可以根据单位和具体项目的特点进行个性化、创造性的改造。

4.执行非现场审计

非现场审计是一种在现代信息和数据处理、传递方式下快速发展起来的审计方式。它通过定期采集被审计单位的各种真实数据和信息，利用审计软件、监控系统等有重点地进行信息分析和数据核查，评估出风险线索，确定审计重点。一方面，可以为现场审计提供有价值的信息，具有很强的时效性和针对性；另一方面，可以独立开展核查分析，发现问题。对被审计单位定期进行非现场分析，使审计分析具有连续性和科学性。非现场审计通过网络实现数据在线审计或离线审计，能够实时、有效地对被审计单位各项业务进行监控。

5.执行现场审计

现场审计是指审计人员进驻被审计单位的工作现场开展审计工作，是审计项目实施中最重要、最关键的环节之一。现场审计通常包括几个标准化的审计工作流程，以独立开展项目的形式进行。此外，现场审计也可以在进驻现场之前通过调查问卷、获取数据和信息等方式进行审前分析。在目前的审计实践中，很多审计项目是通过现场审计和非现场审计相结合的方式开展的。

6.编制审计底稿

内部审计人员应根据项目审计方案，综合运用审核、观察、访谈、调查、函证、鉴定、调节和分析等方法，获取审计证据，并将审计过程和结论记录于审计底稿中。

监管机构没有给出审计底稿的形式标准。国外和国内、不同单位、同一单位内部不同时期不同项目的内部审计报告在形式上均具差异。

7.审计问题的识别和沟通

单位可以建立审计异议解决机制，以针对有异议的审计结论进行沟通和确认，再将沟通结果和审计结论报送至相关上级机构并归档保存。

审计项目中发现的问题可以记录在《审计问题事实确认书》中。在描述审计问题时，应注意审计标准的匹配性、审计证据的充分性、审计措辞的严谨性及语言的简洁性。对于合规类问题，应清晰地描述所违反的法规具体条款。对于风险类问题（无明确违反内外部政策制度的问题），应描述风险的现状、大小和影响。对于管理提升类问题，应描述领先实践和其他公司的管理规范。

8.撰写审计报告

内部审计人员在实施必要的审计程序后，应征求审计对象意见并及时完成内部审计报告。内部审计报告应包括审计目标和范围、审计依据、审计发现、审计结论和审计建议等内容。

内部审计人员应将内部审计报告发送给审计对象，并上报审计委员会及董事会。同时，根据内部审计章程的规定，应及时与高级管理层沟通在审计中发现的问题。

与审计底稿一样，监管机构也没有给出内部审计报告的形式标准。实际上，国外和国内、不同单位、同一单位内部不同时期不同项目的内部审计报告在形式上均有差异。存在差异是可取的，一成不变、僵化固定格式的内部审计报告反而是缺乏创新精神和变革精神的体现。

9.问题整改和追踪

金融机构的董事会及高级管理层应采取有效措施，确保内部审计结果得到充分利用，整改措施得到及时落实。对未按要求整改的，应追究相关人员的责任。内部审计部门应跟进在审计中所发现问题的整改情况，必要时可开展后续审计，评价问题的整改进度及有效性。

六、内部审计的方法和工具

内部审计的方法和工具没有固定的标准。在满足独立性、客观性和合规性的前提下，内部审计人员可以采用任何方法或工具来开展内部审计工作。根据行业实践，内部审计方法和工具至少可以分为三大类。

（1）常规方法和工具。审计的常规方法包括现场访谈、实地调查、询问、对标、抽样检查、数据分析、数据核算、财务分析、文档检查、系统测试等。审计的常规工具包括办公软件、音视频设备、统计分析软件、项目管理工具和内部审计系统等。

（2）特定方法和工具。审计人员主要基于不同性质、不同环境、不同条件的项目来采取有针对性的方法。例如，开展战略审计可以使用财务预测、成本分析、SWOT分析、平衡计分卡分析，开展人力资源管理审计可以使用人才规划、人才测评、目标管理法，开展内部评级法审计可以使用概率论和数理统计、样本检验法、压力测试法，开展信息科技审计可以使用PMO项目管理、开发测试、网络攻击渗透测试，开展固定资产审计可以使用扫描、测量、盘点、遥感，等等。

（3）综合性的方法。综合性的方法即结合使用常规和特定的方法、工具，是当前实践中采用的主流方法。一般一个常规审计或专项审计均会同时使用多种方法和工具。例如，在信贷业务专项审计中，需要通过调研了解合规政策和行业实践情况，通过访谈和实地勘察了解信贷项目概况，通过抽取样本检查业务流程的合规性和操作风险，通过数据分析查找客户之间的关联关系和核实资金流向，通过财务分析评价客户的信用风险，等等。

第二节　内部审计现状和发展趋势

随着经济增长放缓，单位经营环境变得更加复杂。为了应对这种复杂的外部环境，满足外部监管机构日益严格的合规要求，内部审计作为风险防线之一越来越受到重视，同时审计理念也在多年实践中与时俱进。近年来，互联网与新兴技术的发展，特别是大数据、人工智能、区块链等技术的赋能，为内部审计提供了更多技术手段。在数字经济和新兴技术的推动下，审计与科技的结合日益紧密，审计科技与审计理念的发展成为内部审计的两条发展主线。

一、数字经济和新兴技术发展

数字经济和新兴技术无疑是当下最热门的话题之一。数字经济是指将数据资源作为生产要素推动生产力提升的一切经济形式。运用数据资源进行资源配置的经济行为都是数字经济，无论是电子货币、互联网经济还是各行业的数字化都是数字经济的一部分。云计算、大数据与人工智能等新兴技术的进步在数字经济发展中起到了关键作用，这些新兴技术为新经济的数字化提供了底层的技术支持。如果没有这些技术在实践领域中的应用，那么数字经济也就无从谈起。

（一）数字经济的发展和影响

随着信息通信技术的进步以及云计算、大数据、物联网等技术的发展，互联网与大数据浪潮涌现，数字经济成为发展的方向之一。物联网将各种物理设备连接至网络，通过信息的收集、计算与分享，实现万物的互联与互通。它可运用在手表、家用电器、汽车等各种设备上。工业互联网是将传统工业的生产、运营、销售等各环节进行数字化与智能化升级，通过分析各环节数据进行精益管理。

德国是工业互联网的引领国家之一，提出的工业4.0包含工业互联网的思想，推动大数据与智能化技术对传统制造业进行升级改造，利用人工智能实现各制造环节的精准控制与效率提升。我国数字经济的发展相当迅速，在内在需求的驱动下，数字化俨然成为产业的发展趋势和重要方向。5G技术飞速发展，数字基础设施（如网络设施、数据中心等）越发完善，区域网络覆盖率达到极高水平，为数字经济的发展提供了良好支撑。在良好的网络基础设施、庞大的使用互联网人口与海量数据信息的基础上，互联网行业发展迅速，诞生了众多知名互联网企业，如京东、阿里巴巴、腾讯、美团、字节跳动等。从改造传统零售、外卖行业，开展网络电商销售、网络外卖订餐、网上支付开始，互联网企业逐渐向云计算、在线办公、在线娱乐、在线教育等领域拓展，发展如火如荼，引领了数字经济发展的潮流。

除了上述跟随互联网技术的发展而诞生、与数字化有天然联系的互联网行业以外，国内传统行业也运用互联网、云计算、大数据、人工智能等技术，逐渐实现了运营升级，在物联网、工业互联网、金融科技、智慧城市等方面都发展迅猛，诞生了一批领先单位。在流通领域，中国人民银行在积极探索数字货币，研究新形态货币。在城市管理领域，各地政府在探索智慧城市，通过数字化、智能化的方式实现城市交通、环保、安防等领域的管理升级。数字化已经深入国内经济与生活的方方面面，带来了许多创新与改变。

总体而言，数字经济不仅对各行业进行了重塑，还在深刻影响着每个人的生活。它的发展不仅为单位带来了新的机遇，为行业带来了升级改造与生产力提升，也为消费者带来了更多的便利、更优质的服务。数字经济已经成为经济生活的主题之一，我们都在数字经济中扮演着自己的角色。

（二）新兴技术的发展和迭代

与数字经济相关的云计算、大数据、人工智能、区块链、物联网、边缘计算、信息安全等新兴技术在近年来发展迅速,在各行业领域的探索越来越深入。例如,在金融行业,金融科技(FinTech)是指运用现代科技成果改造或创新金融产品、经营模式、业务流程等,推动金融创新、提质增效和改善用户体验,是信息技术与金融业务深度融合背景下的ABCD(AI、Blockchain、Cloud Computing、Big Data)新兴技术的统称。随着信息技术的进一步迭代和创新,金融科技从ABCD时代进入5IABCDE时代(5G、IoT、AI、Blockchain、Cloud Computing、Big Data、Edge Computing)。金融科技在推动金融企业客户经营、产品开发、风险管理、内控合规和内部审计等领域的数字化转型方面发挥了极其重要的作用,大大推动了金融企业的业务经营管理数字化转型。

在行业巨头的推动下,采用新兴技术的新应用持续涌现。如VR技术,通过数字化全息影像虚拟现实,制造极具真实感体验的三维虚拟世界。VR技术在众多领域的应用都有可探索空间,比如,在零售业和游戏领域:零售商为客户提供虚拟现实穿衣体验,客户就不必光顾线下商店,通过网络就可完成试穿和购物;游戏制造商基于VR技术制作的游戏在体验上更具真实感。相信在这一趋势下,未来会有更多的新兴技术出现在大众的工作与生活中,在先驱者的推动引领下不断迭代更新,带来更为多彩的世界。

二、审计服务的升级

作为内部风险管理的一种手段,审计服务经历了不同的发展阶段。随着时间的推移,不仅审计工作的外部环境发生了变化,审计服务的理念和内涵也在不断升级与延伸。

(一)审计环境的变化与发展

在我国引入审计制度后的一段时间内,审计工作并未得到足够重视,内部审计部门在单位中扮演着不太重要的角色。随着国家层面审计机构与审计制度法规的建立以及现代单位组织制度的发展,审计工作逐渐受到重视,审计制度作为政府治理、公司治理的常规手段之一被广泛应用于政府与单位管理当中。内部审计部门在单位架构中走向独立,从与业务部门平行设置转为由董事会或监事会下辖、独立管理,从而更好地保障了审计服务的独立性和公平性。

(二)审计服务的进步与升级

除了架构的演进,审计服务的理念也在不断进步。在审计理念和具体的审计实施层面,有以下五个发展趋势。

1.审计范围的变化,覆盖越来越广泛

审计范围从审计发展初始主要对财务数据的审计,逐渐延展至对业务层面的操作性风险、信用风险与市场风险的审计,从对单笔业务或项目的审计上升为对业务条线整体性风险的审计，再上升为对单位整体运营进行评价的审计。审计类型也从财务审计发展为财务审计、业务审计、离任审计和内部控制审计等组合形式。从广度上看，审计服务已经延伸到组织运营的方方面面，小到数据，大到公司治理，无所不包。

2.原本后置的审计监督逐渐前置，将风险防线从后端延伸到前端

在一些领先的审计实践中，审计在重要业务的开展过程中皆可介入，这样不但有利于审计人员了解项目的细节、减少信息不对称现象，也更利于审计人员对项目的风险程度做出正确判断，还避免了后置型监督在发现风险后难以应对风险施加影响的情况。

在传统的后置型监督中，审计人员发现项目存在重大风险时往往项目已经完结。特别是金融机构，在融资款项发放以后，往往更难以对融资进行有效管理，只能联合业务部门采取一些尽量挽回损失的措施，而难以完全发挥风险管理最后一道防线的防护作用。审计服务前置之后，审计人员可在业务进展过程中介入，与其他部门实现信息互通，在对项目做出存在重大风险的判断后实时提出中止建议。这样就可以有效切断风险链条，完善审计服务的风险控制作用。甚至随着审计服务的发展，内部审计部门在重大业务开展前就可与业务部门同步进行调查、收集数据，从项目立项阶段就可介入。机构设置相对独立的内部审计部门受业务部门与分支机构的影响更小，也更具公平性，可以发挥与风险管理部门相对的差异化优势，做出公正评估，避免舞弊等情形的出现。

3.审计服务向更加轻量化方向发展

现场审计项目的工作形式通常需要派驻工作组，往往占用较多的人力资源，也拥有较高的时间成本，且常常给业务的正常开展带来不便，对于组织资源消耗较大。相对而言，非现场审计具有远程操作、定向跟踪、线上执行等特点，运用调阅电子档案、查阅数据、电话访谈等手段即可完成审计任务。以前作为现场审计的补充手段而存在，现在被审计机构与单位的内部审计部门越来越频繁地运用在审计工作中。非现场审计的形式可以极大减少对组织资源的占用，轻量化的特点可以有效降低审计服务对正常业务运行的影响。小规模且高频开展的特点使审计机构可以根据风险疑点动态跟踪，有的放矢。

在可以预见的未来，随着云计算的普及，数据的收集和存储会更容易，将更利于远程的非现场审计的执行。在大数据和人工智能技术的赋能下，非现场审计获得了更加多元化的数据获取与分析手段，将智能化手段应用在审计中不仅可以摆脱对单一数据来源的依赖，还可以实现更加精准、更加动态的分析。拥有了新兴技术的赋能，非现场审计在审计服务中的比重还将进一步提升，可能跃升为最主要的审计方式之一。

4.内部审计导向从内控、合规向风险、战略转变

早期的内部审计通过检视管理制度的疏漏不足之处来完善流程与制度，实现制度层面的查漏补缺。在审计前置于内部管控的探索中，先进理念提出战略审计的概念，审计服务应跳出业务的框架，从风险导向的审计向战略导向的审计转变，在整体组织管理的层面进

行纠偏。新理念提出内部审计可介入战略制定的层面，对组织机构的战略措施进行审计，避免与组织既定发展方向产生偏离。为实现战略审计意图，审计机构应全程参与战略制定与实施过程。此种战略审计理念的提出，将内部审计监察嵌入了单位运营的方方面面，但对内部审计人员的各项能力也提出了更高的要求。

总体而言，内部审计在从初期的内控合规导向下的审计纠错、审计预防向风险管理、战略管理及其项下的咨询活动转变，审计服务逐渐被赋予了更多的咨询职能。内部审计人员未来要承担起内部咨询师的职责，相应地，需要对组织机构的业务与管理有全面了解，从而可以对业务与机构的发展进行全面评估，以提出更完善的发展建议。

5.与信息化、数据化技术的结合越来越紧密

审计与数据存在天然联系，审计服务往往需要对大量数据进行批量处理，而且一直走在与信息化、数据化结合的道路上。单位的内部审计部门往往会设置IT支持团队。IT支持团队能够处理数据，对既往内部审计发现的问题进行归纳总结、寻找规律，制作内部审计识别模型，使用数据筛查的方式对业务信息进行有效预处理，从而节省时间，提高工作效率。在大数据技术发展以后，审计工作借助技术进步也获得了更为丰富的筛查手段，未来审计服务将更多地与大数据技术结合，探索大数据在审计领域的应用。

总之，审计服务随着架构的演变和理念的进步而逐步提升。审计理念的进步，带来了审计范围的变化、审计监督职能的延伸，也让战略等更广范围作为审计目标以及应用信息技术开展审计成为可能。

三、信息化与内部审计

信息化一直是内部审计工作的内在诉求。在组织机构发展伊始，经营与组织机构相对简单，对于业务的监督审查可以采用传统内部审计的方式。随着时间的推移和组织机构的发展，生产经营信息不断积累，单位仅通过传统人工的方式已不能满足内部审计的需求，尤其是大型金融机构，在经营中，往往会生成巨量数据信息，依赖人工无法完成内部审计工作，而其中又以银行为最。银行组织机构庞大，客户众多，运营数据量惊人，以百万、千万的量级存在。在浩如烟海的数据信息中，只依赖人力是无法完成内部审计工作的，这就需要有信息化系统的支持。

（一）内部审计信息化的基本概况

大型企事业单位集团和大型金融机构通常都会借助信息化手段，配置信息化内部审计团队，招募富有经验的IT人员加入该团队，为内部审计工作提供系统接入、数据处理和数据支持服务。信息化内部审计团队通常有以下两大职责。

1.开发内部审计信息管理系统,实现内部审计操作线上化

内部审计信息管理系统为内部审计流程性工作提供了操作软件和工作系统,实现了内部审计流程性工作线上化、无纸化,也便于审计档案的存档,达到审计信息留存可追溯的目标。

2.获取数据,为内部审计工作提供数据获取、筛选与数据初步分析服务

在信息化手段的支持下,内部审计人员可以接入业务数据库,从中获取所需数据集合,为内部审计工作做前期准备。面对庞大的数据集合,需要进行数据预处理,从中筛出疑点数据。预处理过程通常采用数据处理手段来提高效率,缩短处理时间,对于疑点的筛查方法则依赖于根据以往发现的问题总结出的问题规律。例如,在以往内部审计中发现,经营机构企图隐藏的不良资产往往在财务报表中藏匿于应收账款项,瞒报不良资产的问题常常对应应收账款长期挂账,则可根据该规律开发出应收账款长期挂账的数据筛查方法。通过对数据的筛查,找出存在应收账款长期挂账等疑点的会计数据,将数据导出并提供给内部审计人员。内部审计人员在对疑点进行分析后进行深入检查,这样可以极大提高审计效率,使针对大体量业务信息的审计监察得以实现。

在具体的审计执行和项目实施中,信息化手段除了可在内部审计工作开展前的预处理环节发挥作用以外,在内部审计工作开展过程中也可根据内部审计人员的需求来进行定点的数据抓取和分析,为内部审计提供事中的数据支持。在内部审计执行环节结束后,信息化团队可以对审计中发现的问题进行分析,继而开发出更多内部审计模型或者对原有内部审计模型进行更新,以更好地为内部审计工作提供服务。在内部审计工作中,传统内部审计手段与信息化是相辅相成的,信息化支持手段为审计工作提供了越来越多的帮助,发挥着越来越重要的作用。

(二)内部审计信息化的不足

信息化为内部审计工作的开展提供了便利,极大地提高了内部审计效率。然而,传统信息化手段存在一些不足,主要包括以下三方面。

1.通过前端系统提取数据的操作不便利

在实践中,内部审计信息系统往往独立于核心业务系统,需要获取权限接入业务系统或从业务系统中下载数据并打包发送给信息化团队才能实现数据获取,后者往往更为普通。不仅数据获取不便,而且内部审计系统与主系统不联通,导致内部审计部门难以实现实时监控。新的审计理念提出,审计服务需要嵌入经营环节,实时获取经营信息,从而实现实时监控。为了实现更优的控制,内部审计的监督功能需要嵌入业务系统中,内部审计部门可随时调阅数据、查看业务情况,从事后查阅延伸到事中监控。

2.传统内部审计信息化难以满足大数据分析要求

在效率方面，传统信息化手段的数据处理能力要弱于新兴的大数据与人工智能技术，在分析大体量数据时存在效率低下的问题，因此传统信息化手段需要与时俱进，借助人工智能等技术升级数据获取与分析手段。

3.单位数据治理和管理水平限制内部审计信息化

内部审计信息化对于组织机构的数据信息水平有较高要求，它可以发挥的作用很大程度上取决于信息是否实现了线上化、数据化。现阶段，可以完全实现数据化管理的组织机构并不多见，大部分机构仅实现部分数据的信息化，因此，内部审计信息化在实施过程中会受到制约，无法完全发挥功效。

在数据化飞速发展的当下，信息与数据不足的情况预期会逐渐改善。政府审计部门、外部审计机构和单位内部审计部门都在越来越多地运用信息化的手段推进自身的信息化建设。审计服务的发展是与信息化手段的发展相伴而行的，内部审计信息化预计将在未来的内部审计工作中发挥更大的作用。

四、大数据与内部审计

大数据技术的发展为组织机构带来了更高的效率和更多的运营手段。近年来，云计算、区块链、数据挖掘与人工智能等数据技术迅速发展，在单位的经营中得到了越来越广泛的应用。数据挖掘与人工智能主要运用在数据存储、数据处理、数据分析与实践应用等方面，而云计算则为大数据分析提供了强力的算力支持、足量的存储空间及软件支持等，在基础架构服务、平台服务和软件服务三个层次支撑大数据技术在单位端的应用。

根据麦肯锡公司的定义，大数据是指规模大到在存储、处理等方面远超出传统数据库能力范围的数据集合。在现今的互联网时代，基于个人与单位产生的庞大数据是资源宝库。要对大数据进行挖掘与分析，首先需要解决数据收集与存储的问题。在物理设备和存储空间有限的情况下，云计算提供了完美的解决方案。

根据微软公司的定义，云计算是通过互联网云的方式来提供服务器、存储、数据库、分析等计算服务的。云计算技术的发展使众多单位脱离了硬件和软件的限制，通过购买云端存储空间与软件的方式，摆脱物理硬件与数据存储的桎梏，构建业务系统，存储与分析数据信息。在解决了数据的产生与存储问题后，要打开数据宝库，就需要借助统计学、人工智能等技术进行数据挖掘与分析。数学与统计学为人工智能算法的开发提供了方法论基础，概率、回归分析等计算方法被运用到算法开发中。

（一）大数据在单位管理中的应用

以金融机构为例，大数据技术的几个主要应用方向是大数据风险管理、大数据营销和运营管理优化。

1.大数据风险管理

大数据风险管理是指在拥有庞大数据资源的基础上运用大数据技术对标的对象的风险程度进行合理判断，进而开展风险评价和违约预测的管理方法。它既可以针对已开展业务进行风险分析与监控，又可以针对潜在业务进行风险判断，是传统风险管理手段的升级和补充。由于与业务相关的数据量往往比较庞大，传统风险管理手段难以穷尽已有数据，也更依赖于风险管理人员的经验与能力，所以存在不足。大数据风险管理则可以弥补传统风险管理手段数据覆盖和看重经验的短板。不仅如此，大数据分析的效率极高，它相比传统数据分析方法在数据处理量级上有大幅提升。分析效率的提升使风险管理工作可以在一定程度上减少人力资源，效率的提升节省了时间，也使得风险管理工作拥有更广的覆盖范围。

在大数据技术进入行业应用阶段伊始，大数据风险管理就首先被广泛试验和运用。以金融机构为例，许多银行已开始运用大数据技术进行风险管理，运用算法结合自己庞大的历史数据训练多因子风险管理模型，再运用模型对信贷主体的既有信息进行分析，得出风险评估结果，辅助风险判断。银行拥有丰富的数据资源，可以不断输入新的数据来训练和调试风险模型，以提高模型表现。也有许多银行的信用卡部门采用数据挖掘的方法，运用自己开发的信用风险算法对标的客户进行信用评价，并根据风险评价发放信用卡额度或消费融资，达到客户风险筛查的目的。采用大数据分析的方法极大提升了风险相关信息处理的内部效率，也有效提升了信息覆盖程度，已成为风险管理主要发展方向之一。

2.大数据营销

大数据营销也是大数据技术的重要应用途径之一，通过数据挖掘的办法得到用户群体的相关信息，继而通过聚类分析等手段绘制用户的典型特征画像，估计其消费能力与消费偏好，根据其潜在可能性需求进行精准推荐。大数据营销已被广泛应用于互联网和金融等行业。比如，电商平台基于用户的消费习惯分析而进行的精准推荐，互联网金融平台基于历史购买和风险偏好而进行的产品推荐。再如，电商类企业通过对用户的各项消费数据进行分析，绘制用户画像继而精准推荐旗下的消费类金融产品。

3.运营管理优化

第三个维度是运营管理优化，利用大数据技术的批量处理特性，对单位运营中的数据进行集合处理与分析，改进传统数据处理方式。

以上这些大数据手段的底层逻辑都是相同的，通过回归分析、聚类分析等统计手段和算法进行归类，并进行因子相关性研究，得出有效模型。

（二）大数据与内部审计的结合

大数据与内部审计的结合已经在领先企业中取得了较好的成绩，但在大部分中小型企业中仍然处于探索阶段。

1.大数据如何与内部审计结合

与大数据风险管理类似,内部审计可以借助大数据分析的方法来处理审计中的海量数据。通过总结既往发现的问题,开展风险筛查,从而大大提高工作效率。大数据技术是对传统信息技术的升级,它可以提高信息承载和处理能力。

传统内部审计和信息化手段的结合往往只能支持局部审计,即抽样审计。这是因为整体内部审计,即全面内部审计,需要耗费大量的人力和时间等资源。在实现数据技术升级以后,借助大数据技术极快的数据处理速度和数据分析手段的支持,内部审计工作可以大大提升覆盖广度,从抽样审计延伸至整体审计。在算法手段的支持下,经过筛查多数数据可以免人工处理,筛出存在潜在风险隐患的业务供人工筛查。除此之外,内部审计系统通过接入核心系统的方式,运用大数据技术实时扫描数据,实现对业务的动态监控,并根据分析结果进行分类,与风险管理部门共同执行风险的实时预警,支持审计服务由后置性向事中实时控制和事前管理方向转变。

区块链技术由于其特性也适用于内部审计工作中。大部分风险判断偏离实际的情况是因为信息不对称的存在,所以内部审计工作要去发现和解决信息不对称问题。区块链技术可用于解决各方信息不对称问题,比如,业务部门和客户之间的信息不对称、业务部门和内部审计部门之间的信息不对称都可通过区块链技术来打破信息壁垒。将区块链技术、大数据技术与人工审计相结合,三者相辅相成,可以把内部审计工作提升到新的层次。

2.探索中的"瓶颈"

大数据技术与内部审计的结合在当前的探索阶段也存在一些"瓶颈",具体包括如下三方面。

(1)经营机构往往对内部审计的大数据化发展重视程度不足。为促进内部审计工作向更好更深入的方向发展,需提高对大数据审计方向的重视程度,引入更多的数据人才来实施大数据升级。

(2)要提升传统内部审计人员对大数据技术的认识。在大数据发展已经十分成熟的今天,传统内部审计人员也需要掌握基本的大数据技术,知道如何运用大数据方法实现基础的数据处理,将基础大数据分析纳入常规的手段来提升运营效率。

(3)组织机构的数据化程度不足,大部分组织机构只实现了部分数据化和线上化。而大数据技术依赖于数据的数量和数据化的完善程度。数据化的完善程度低将成为制约大数据技术发挥功效的主要因素之一。因此,组织机构需要提升数据化治理水平,尽可能将业务数据留存在业务系统中。

五、人工智能与内部审计

人工智能与大数据技术密切相关，是大数据分析的重要技术支撑。人工智能技术研究内容包括认知建模、知识学习、机器感知、机器学习、智能系统等。根据主流定义，人工智能由数据、算法和算力三部分构成。充足的数据集合是人工智能分析的基础，算法是人工智能运行的核心，算力为人工智能提供计算力保障。

人工智能技术的发展经历了五个阶段。第一个阶段是20世纪50年代的启蒙期，神经网络算法等的出现，人工智能技术进入启蒙阶段。第二个阶段是20世纪70年代的低潮期，受计算能力所限，机器无法完成大规模数据训练和复杂任务。第三个阶段是20世纪80年代的复兴期，随着集成电路技术的提高，算法研究不断突破。第四个阶段是20世纪90年代的遇冷期，市场期待过高后失望情绪蔓延，投入资源减少。第五个阶段是2005年至今的快速发展期，这期间在应用层面不断突破，产生了在多种场景（如医疗、教育、金融、安防、城市管理等）下的各种智能化应用。

人工智能技术由决策树、随机森林、神经网络等基础算法向复杂的机器学习不断演进。机器学习即实现数据规律的分析与自主学习并不断自我改善，是模拟人类学习行为的高阶人工智能技术，包括对抗学习、强化学习、迁移学习、深度学习等类型。深度学习是机器学习中最受关注的方向，是更为复杂的算法，可分为卷积神经网络、循环神经网络和全连接神经网络。通过算法框架实现学习过程，模拟人类活动，被给予了像人类一样学习、分析与识别的期待。不断更新迭代的人工智能技术现今被广泛用于数据挖掘分析、智能硬件等领域，作为核心技术支持着各行业智能化的发展。

在内部审计中存在大量的人工智能应用需求。

（一）解构人工智能

在互联网时代，庞大的数据为人工智能发挥作用提供了大量可分析资源，数据抓取和挖掘技术的发展使获取数据资源变得不再困难，云计算技术的发展为人工智能提供了强大的计算能力保障。在这些因素的共同作用下，人工智能得以迅速发展。而由于在图像与声音识别、认知与推理、指令执行等方面的强大能力和出色表现，人工智能技术在数据分析、智能设备、无人驾驶等多个领域得到了广泛应用。

人工智能的重要演进方向是机器学习，包含数据收集、算法设计、算法实现、算法训练和算法验证五个步骤，通过这些步骤即可将算法运用到实践领域。机器学习又可分为有监督学习和无监督学习，其中有监督学习是为计算机提供运算规律，将部分数据和对应的运算结果输入计算机中，命令计算机根据所提供的规律学习数据与结果之间的对应关系，从而掌握这一对应关系并将其运用到剩下的数据计算中。无监督学习是向计算机下达指令，让其通过各种算法自主学习数据的潜在规律，并对数据进行分类和计算。深度学习是机器学习的重要方向，是更为复杂和前沿的机器学习，它会综合使用有监督学习、无监督学习、半监督学习等方式来模拟人类进行学习和认知。

（二）人工智能在内部审计中的应用探索

人工智能在机构的风险管理中发挥着重要作用。如前文所述，人工智能可开展客户风险筛查的大数据风险管理。虽然人工智能技术在内部审计工作中的运用现处于理论和探索阶段，但已显现出良好的发展前景，它可与多项内部审计工作相结合，极大提升内部审计工作的效率，是审计服务的重要发展方向。在内部审计实施的全流程中，人工智能发挥了重要作用。

1. 获取信息

在算力、存储空间等互联网基础设施的支持下，人工智能技术可通过网络数据抓取等手段获取与业务相关的信息。以金融机构为例，在以往的数据收集阶段，需要通过信息化团队导入业务数据的方式来对业务主体进行分析和判断，但业务系统中有关业务主体的信息并不通畅。运用数据抓取技术可以通过网络获取监管机构的相关信息，如工商管理信息、央行征信系统信息、信用系统信息等，也可以获取与业务主体有关的网络信息，如个人主体的消费行为、消费偏好、履约记录等，以及单位主体的销售信息、供应商信息、涉诉信息等。通过穷尽网络信息的方式来全面掌握业务主体的信息。

2. 数据分析

在软件分析层面，人工智能在各种基础算法的支持下可提供语音与图片识别、客户画像、数据分析等功能，将获取的非标准化数据转化为标准化数据，进而对数据进行归类分析。人工智能还可以结合历史风险信息，训练内部审计风险模型算法，并在后续内部审计工作过程中不断输入新的风险数据信息，训练并调校算法，以获得风险模型的最优表现。在风险算法的支持下，对数据开展分析，得出审计结论。

3. 可视化输出

对结论进行可视化输出，将结论提供给内部审计人员进行复核判断。随着人工智能运用经验的积累，可以逐步在算法训练环节运用内部审计风险模型的深度学习与自主学习，使算法可以自我学习、自我更新，深层次挖掘风险信息之间的关联性，提升审计筛查能力。在实践中，已有机构进行了人工智能和内部审计结合的探索。例如，德勤率先开发了智慧审计流程自动化机器人。既可以从银行IT系统中采集数据，也可以对手工单据等非结构化审计数据和财务信息等结构化审计数据进行抓取、分析。通过对比分析得出初步审计结论，生成审计底稿，替代人工的日常高重复性审计工作。

在审计监控环节，人工智能也可以发挥巨大作用。在实时监控业务数据的同时，可以根据风险发生的规律训练风险监控算法，在核心系统中实时抓取业务数据，运用算法实现对业务数据的实时分析，对存在风险隐患的业务进行动态预警，完善审计监督网络。在审计服务结合人工智能技术后，可以减少对于审计人员和审计时间的需求，提高工作效率，提高风险监控覆盖广度。未来审计工作会是审计人员与人工智能的有机结合，二者相辅相成，形成优势互补。

人工智能与大数据分析都对数据、算法和算力有较高要求。内部审计整体的人工智能升级需要借助云计算的底层算力支持，搭建好云计算、云存储等网络基础设施。基于人工智能对于数据的依赖，也需要机构尽可能地实现业务信息的线上化与数据化，载入更多可分析的数据源，以提升人工智能的表现，获得良好的运行效果。因此，组织机构应推动业务信息的数据化与云端化，为人工智能审计的实施提供良好环境。

（三）人工智能审计的时代

未来是大数据审计的时代，也是人工智能审计的时代。审计的工作特性和内在需求注定未来它将与人工智能紧密结合。不过，模仿人脑运转的逻辑在当今科技水平下尚存在困难，人工智能算法在现阶段还无法完全模拟人类思考。因此，人工智能在相当长的时间内都无法替代人类思维，人类思维对于人工智能是有益的补充。

在审计领域，由于线上信息的不完备性、实践中项目的复杂性以及人工智能算法当前的局限性，人工智能在一定阶段内可能无法做到与富有经验的审计人员等同的精准判断。因此，要综合运用人工智能和人类智慧，采用人类智慧和人工智能相结合的方式开展审计工作。在实践中，依靠人工智能实现深挖掘、高覆盖、广筛查，依靠资深审计人员实现深度分析、多角度调查和精准判断。两者结合会发挥一加一大于二的效用，这将极大提升审计人员的风险筛查能力，构筑最坚固的风险防线。

第七章 内部审计技术与工具

第一节 内部控制评价

一、单位内部控制评价概述

（一）单位内部控制评价的含义

内部控制通常被认为是由内部牵制发展而来，现代的内部控制理论则是从注册会计师行业对内部控制评价审核与鉴证的实践中经过不断的总结和完善，逐渐应用推广到单位管理的范畴。

内部控制是由单位组织管理的一系列程序组成，包括设计、实施、评价、反馈等一系列连续的动态程序。内部控制效果评价是整个内部控制体系中极为重要的一环；内部控制评价机制的作用能否得到切实发挥，严重制约着单位内部控制整体作用的实现。从动态角度看，评价起到了承上启下的作用。内部控制制度的设计是否健全和执行是否有效，都需经过评价一环。评价执行之后找出其中存在的缺陷；然后根据评价结果，进入整改环节，适时针对缺陷做出相应调整，以保障其持续有效地发挥作用。内部控制持续改进的功效正是在这样的循环机制下实现的。

单位内部控制评价是指单位董事会或类似权力机构对内部控制有效性进行全面评价、形成评价结论、出具评价报告的过程。

对此定义理解，需着重指明以下两点。

（1）定义明确了内部控制评价的对象，即单位在进行内部控制时需要关注的对象。内部控制评价要求对单位内部控制两个方面的内容进行考察，即制度设计和制度执行。一是在内部控制设计，需保障健全性。这是内部控制制度有效实行的前提条件。二是在内部控制运行，需确保有效性。这是达到控制目标的必要条件。根据内部控制有效性的程度，将内部控制分为五级，见表7-1。

表7-1 单位内部控制有效性等级

等级数	控制有效性等级	定义
1	有效	被评价对象的内部控制系统运行有效
2	基本有效	被评价对象的内部控制系统运行基本有效
3	关注	被评价对象的内部控制系统运行结果可以接受，不会对战略目标的实现产生实质性影响
4	特别关注	被评价对象的内部控制系统运行水平需要改进和予以关注
5	无效	被评价对象的内部控制系统运行无效

（2）定义明确了单位内部控制评价的主体，即单位董事或类似权力机构，即指由单位管理层进行的评价活动，本节所界定的单位内部控制评价属于"内部控制内部评价"。当然，它区别于"内部控制外部评价"，外部评价是由单位系统之外的机构进行的，如单位内部控制经审计师、审计署进行的审核与鉴定。

管理层作为评价主体进行的单位内部控制评价主要有以下特征。

（1）单位内部控制评价是一种由控制成员全员参与的评估运营程序。传统内部控制评价属于一种外部评价，是由单位聘请外部审计人员完成的。内部控制自我评价则需由单位管理层亲自负责。在单位内部设置相关评价机构组织实施，由参与控制活动全员共同参加。这样一来，全员评价、全员控制就实现了内部控制质的飞跃。

（2）单位内部控制评价是一种系统化的评估运营程序。其系统化主要体现在两方面。一方面，是评价方式的系统化：在单位内部控制评价实践中，评价人员逐渐认识到单独采取一种方法如调查法、询问法等获取的证据，无法实现对控制目标的合理保证，需多种方法综合运用互相印证以增强结果的全面性及实效性。所以内部控制自我评价采取多种方法相结合来实施，从而增强了评价结果的客观性及可信度。另一方面，是评价内容的系统化，传统的内部控制评价方法只能用来评价单位各业务流程中的"硬指标"，而内部控制自我评价过程还涉及高层经营理念与管理风格、单位员工素质、组织文化等"软指标"的评价，从而增强了评价活动的全面性、系统性。

（二）单位内部控制评价的作用

1.内部控制评价有助于查明并改善内部控制薄弱环节

每个单位内部控制都有其薄弱环节，好比"木桶原理"中的"短板"，制约着单位内部控制作用的发挥，进而影响单位整体目标的实现，导致单位在激烈的市场竞争中处于不利位置。就我国目前单位实际情况来看，一方面，很多单位都不能从整体出发对自身内部控制制度进行设计。在实际操作中，具体政策、程序的制定大都是由控制执行部门自己进行，例如，物品采购程序执行中由采购部门制定，销售程序由销售部门制定，这就会导致各部门从本部门利益出发制定政策而忽视了内部控制全局，造成内部控制制度缺乏整体协调性。另一方面，从整体上看当前我国单位内部控制，大多数没有做到在对关键控制点进行风险评估的基础上有针对性地开展内部控制活动。单位得通常做法是事后控制，即出现违规行为之后才采取措施进行惩处调整。花费成本较高，但收效甚微，内部控制失去了应有的效力。

有效的单位内部控制制度能够对单位所有的业务领域及操作环节实现全面控制，包括事前控制、事中控制和事后控制三个阶段。例如，单位内部控制评价定义的理解是，内部控制效果评价是整个内部控制体系中极为重要的一环。单位内部控制评价系统的构建分为以下三个必要条件：一是存在提前设定的标准；二是结果可以被计量；三是内控偏差可以被纠正。单位内部控制评价系统的目标是完成既定目标，任何一个环节没有达到目标要求，就会被视为薄弱环节并且被要求加强和改善。

2.内部控制评价有助于促进单位健康发展

一套健全单位内部控制评价系统具备的功能：一是内部控制评价的施行目标是对单位内部控制目标提供合理保证。单位内部控制目标的制定具有相对的独立性，其合理化程度或正确与否无法自我证明或解释。单位内部控制评价的施行目标一般包括树立评价的指导思想或原理、厘定评价的主要内容（包括单位内部控制目标）、拟定评价标准体系、制定评价方式方法、实施评价活动、反馈评价结果和对评价结果的应用等，这个过程是单位内部各职能部门相互沟通交流和相互进行业务配合的过程，发现不合理的因素及时进行更改，也是单位内部控制目标进行对比分析、综合评判、完善纠正的过程，是确保单位内部控制目标合理化的过程。二是内部控制评价能够促进单位内部控制目标的落实。单位内部控制目标正确与否或合理性程度固然重要，但其实际施行或支持其实施的各项计划步骤活动落实更为重要，因为再好的控制目标不落实就是一纸空文没有实际意义。由于单位内部控制目标一般是单位内部制定、落实和评判的，是采取封闭式运作的，通过单位内部控制评价过程，管理者可以及时检查和评判单位控制目标的实现程度，及时采取切实有效的措施及时纠正执行过程中的偏差，动态推动单位内部控制目标逐步贯彻落实。三是内部控制评价有利于动态调整单位决策。单位管理的重要内容之一就是进行决策并付诸实施，正确的单位决策能促进单位的发展，错误的单位决策能使单位走向困境甚至破产倒闭。单位内部控制评价对单位决策有很好的引导、修正作用。单位管理者通过内部控制评价过程对单位战略、重大工作部署、重要的经营方针进行再认识，也通过其在实践中的执行效果进行反思，也重新对单位内部各部门及单位内部对单位外部环境的反应进行审视，其所发现的新情况和新问题，会对单位决策产生有利的影响，有益于单位持续健康发展。

3.内部控制评价有助于实现与外部监管的协调互动

为防范和化解风险，按照我国相关会计管理制度的规定，政府等外部监管部门需要定期对单位内部控制制度的建设与管理进行监督检查。虽然监督检查的方法和程序有其自身的特点，但是检查所关注的重点通常与单位内部控制评价关注的关键环节是一致的。比如，对领导者重大经营决策是否合规及科学、对重要业务领域的管控制度措施效用的发挥等。这为单位内部控制的自我评估与外部监管实现协调互动打下了坚实基础。这种协调互动包含两方面：一方面，督促单位在政府等外部监管部门对单位内部控制实施监督检查工作之前，通过对单位内部控制自我评估的实施，主动排查管理及操作领域的薄弱环节，据以采取针对措施及时调整并出具相关报告，这样可以为外部监管部门评价的实施奠定良好的基础，有助于其节省时间节约资源以达到更好的效果；另一方面，政府等外部监管部门对单位内部控制监督检查的结果可以帮助单位更好地建立健全内部控制评价体系，增强单位抗风险能力，促进其健康有序发展。

（三）单位内部控制评价的理论基础

单位开展内部控制评价是单位内部控制的关键环节，起着承前启后的作用。因此，相应的内部控制理论和事件的发展引导着单位内部控制评价不断完善，即在内部控制理论和事件的不同发展阶段，内部控制评价也有着不同的内涵和侧重点。

随着生产力水平的迅速提高，科技的迅速发展，单位规模随之不断发展扩大，为适应不断发展的需求，单位内部职能部门也不断增多，迫切需要从整体上对单位内部资源进行协调，建立系统内部自我控制和自我调节机制。而此时的控制论、信息论和利益相关者理论等自然科学的形成，恰好满足了单位内部控制建立与健全的需要，为其提供了合理的理论支撑。相应地，为单位内部控制评价实施奠定了坚实的理论基础。运用信息论—委托代理理论、控制论、科斯定理及利益相关者理论等方法，指导单位内部控制评价范围、评价依据及标准的设定，构建科学合理的单位内部控制评价系统实施内部控制评价。同时，合理配置评价过程中的人、财、物等资源进而实现系统内部自我调节和自我控制。

1.信息经济学与委托—代理理论

信息经济学主要研究的是委托—代理关系能够保证委托—代理目标的实现，以及在一段委托—代理关系中找出潜在问题进而提出问题解决的办法，即它在很大程度上把整个社会经济关系归结为委托—代理关系。协调委托—代理关系的途径是契约。"信息"被认为是契约问题的实质。因此，信息不对称的问题是契约关系的特点，从其衍生出"道德风险"和"逆向选择"等问题。信息经济学揭示的信息不对称问题对内部控制评价系统研究的贡献是为研究内部控制评价系统打开了新的视角。

二者在具体运用到内部控制评价方面，表现为委托人和代理人都充分了解到内部控制对单位的重要性，双方都期望能完善内部控制制度，但是由于信息不对称的存在，代理人相较于委托人掌握了更多的内部信息，更加了解单位内部存在的风险点以及缺陷，为了保证代理人更好地使用这种信息优势所带来的权力，就必须要对代理人的权力使用予以控制，而单位内部控制评价就可以达到这种目的，是制约代理人权力的一种有效方式。

2.控制论

控制论研究所关注的主要内容是动态系统的控制调节机理和其中存在的一般规律，在经济过程中的经济主体作用的发挥，以及如何对经济过程中各环节实现控制是在控制论领域下经济控制论研究的主要内容。因为内部控制是控制活动的一种具体表现形式，所以控制论和经济控制论可以成为实施内部控制的基础理论。内部控制评价是内部控制系统中承上启下的一环，所以运行需遵照控制理论的一般原理。一方面，通过对内部控制制度的设计和执行情况进行评估，并出具评价结果，考核现在的内部控制是否有效，进而决定是否需要对现有情况做出调整或者变动，这符合控制论一般原理中的反馈控制原理，即通过反馈活动对系统进行调节，通过信息反馈实现控制；另一方面，内部控制评价可以反映出现有的内部控制是否存在较大缺陷，是否达到了最优效果，是否可以通过改进单位内部控制体系获得最好的经济效益，这符合控制论一般原理中的最优化控制原理，即在控制过程中为获取利益最大化从所有的备选方案中选择最优方案。

3.科斯定理

科斯定理的核心是产权的问题，是研究交易费用大于零的情况下的产权制度。科斯定理由三个相互联系的原理组成：一是如果交易费用大于零，不论权利怎样安排，都能实现当事人的财富最大化，适当的机制能够主动达到帕累托最优；二是由于现实生活中存在交易费用，不同制度安排会产生不同的经济效果，这就需要寻求一种能够降低交易费用，实现当事人利益最大化的产权安排；三是制度本身的设计、制定、实施、完善、修改也是有成本的。从科斯定理的阐述中我们可以认识到，任何制度的设计、制定、实施及修改都是要耗费成本的，在具体操作中应基于成本与效益原则进行综合分析与考量。正确理解科斯定理为研究内部控制评价系统拓展了思路。仿照科斯定理，我们把在内部控制进行过程中获取的信息视为一种资源，将信息的获取和提供视为一种交易过程，当然这一交易过程是存在成本的（交易费用）。因此，为了实现利益最大化但耗费成本最低化，单位内部控制评价主体与单位内部控制评价客体之间必须建立一项制度，内部控制评价系统产生与设计在实务中得到大家的普遍认同，成为这样一种符合要求的制度而得以推广及完善。另外，根据科斯定理内部控制评价系统的建立、实施和修订是要花费成本的，因此在设立内部控制评价系统的时候，首先要进行成本与收益分析，看看是否有条件建立评价体系；其次如果需要设立内部控制评价系统，要充分研究如何使设立成本降到最低。

4.利益相关者理论

在利益相关者理论下，现代单位被认为是由各个利益相关者按照一定的契约规则组成的集合体。单位利益相关者具体包含单位股东、投资者、供应商等所有可能影响单位效益的组织或者个人。利益相关者理论认为，由于利益相关者能够影响单位利益，所以管理者在进行决策时需要综合评价与考量他们的利益。不同利益相关者对单位开展内部控制评价所达到的效果的期望是不同的。相关研究也表明不同的主体对内部控制评价信息披露需求也不同。从内部管理需求研究，主要是基于改善内部控制环境和提高管理经营效率的内部管理需求；从所有者需求出发，主要是基于消除两权分离过程中逆向选择和道德风险问题；从投资者需求出发主要是降低信息不对称程度，让投资者对单位未来市场价值的估计更为可靠；从监管部门需求出发，主要是加强市场监督和规范市场。依据利益相关者管理理论，单位在设定内部控制评价系统时，必须顾及不同利益相关者的需要，以尽量在其中实现均衡。

二、单位内部控制评价体系构建

（一）我国单位内部控制评价体系的构建原则

1.系统性原则

系统性要求评价指标的设计需围绕单位战略目标实现进行，力求科学、完整、准确地反映公司内部控制指标之间的关系和层次结构，帮助单位及时发现内部控制制度的缺陷和实施过程中的薄弱环节。

2.可操作性原则

可操作性原则：一是要求评价采用的数据是可获得的，二是内部控制评价指标的设计要尽可能地少而精，能够被执行者理解，便于评判人员操作。因此，在设计内部控制评价指标体系时，应广泛征求执行者的意见。

3.前瞻性原则

前瞻性原则要求内部控制评价指标设计要考虑将公司知识资本等符合时代特征的元素纳入其中。在当下，经济飞速发展，组织文化、员工素质及技术水平等新要素成为单位效益增强的新制约因子，其在单位内部控制的地位也日益凸显。这就要求在构建单位内部控制评价指标体系的时候，要与时俱进，保持前瞻性，在指标设计中应对知识资本、人力资源、文化环境等新经济因素对内部控制和公司的影响给予充分考虑。

4.重要性原则

重要性原则要求单位在开展内部控制评价中要充分考虑成本效益的配比。一项政策或制度的实施必然伴随资源的消耗，单位实施内部控制活动也必不可免。但是单位整体的管理控制资源是有限的，因此对内部控制的评价应遵循重要性原则，应充分考虑成本效益配比。随着经济发展单位规模的扩大，单位面临的可供评价的因素范围不断扩大，在进行内部控制评价时要抓住单位内部控制的关键环节。在具体评价指标选取时应充分考虑到具体环境和评价目的不同而有所侧重，选取合理数量的评价指标，对结果采用相对分析方法，允许评价结果在标准值一定范围内发生波动。

（二）我国单位内部控制评价指标体系的构建

针对内部控制工作的特点，单一使用定量评价方法和定性评价方法都难以达到满意的效果。一方面，单位内部控制需考虑（如组织文化、员工素质、领导决策等）"软指标"，所以单独使用定量研究方法所测得的结果很明显无法对内部控制评价结果提供合理支持；另一方面，定性指标容易受人为因素的影响，定量指标的增加可以增加评价结果的客观性。同时，软指标的评估是内部控制所关注的主要内容，所以对其的评价涉及大量的定性评价指标。笔者认为，单位内部控制评价应采用定性评价方法为主，辅之以定量评价方法。

1.指标选取

（1）定量指标的确定

定量指标主要选取代表性的单位财务指标。财务指标是一定时期内单位经营效率和经营成果的综合体现，健全有效的内部控制能够保证单位生产经营活动顺利开展，减少各类错误和舞弊行为的发生，单位的财务指标虽然不能完全代表单位内部控制水平的高低，但至少能从一些方面综合反映内部控制执行的效果。

由此，定量指标在一定程度上也是一定时期内单位绩效的评价，所以借鉴单位绩效评价操作细则，结合单位内部控制的特点，笔者认为，财务指标应主要包括以下四部分八项计量指标。

①财务效益状况

净资产收益率=净利润÷平均净资产×100%

总资产报酬率=息税前利润总额÷平均资产总额×100%

②资产营运状况

总资产周转率=主营业务收入净额÷平均资产总额 流动资产周转率=主营业务收入净额÷平均流动资产总额

③偿债能力状况

资产负债率=负债总额÷资产总额

已获利息倍数=息税前利润总额÷利息支出

④发展能力状况

营业收入增长率=本年主营业务收入增长额÷上年主营业务收入总额×100%资本积累率=本年所有者权益增长额÷年初所有者权益×100%

（2）定性指标的确定

定性指标也划分为四个要素指标。由于每一个要素又可以细分，例如控制环境要素可以细分为操守及价值观、执行能力、董事会、人力资源政策等项目，因此单位可根据自身特点设置相应的具体指标（见表7-2）。

表7-2　定性评价指标体系

一级指标（要素指标）	二级指标（具体指标）
内部环境	组织架构
	发展战略
	人力资源
	组织文化
	社会责任
	……
风险评估	风险评估程序恰当性
	评估技术
	风险分类
	……
控制活动	业绩评价
	控制作业
	实物控制
	……
信息与沟通	信息系统
	信息质量
	沟通渠道与方式
	……

续表

一级指标 （要素指标）	二级指标 （具体指标）
内部监督	持续的监督
	单独评价
	报告缺陷
	……

内部环境评价指标。内部环境评价指标是单位内部控制的基础因素之一，是影响单位内部控制执行效果的最基础指标。内部环境评价指标主要包括单位内部的人员行为规范和道德规范遵守情况、管理层的经营理念与单位经营风格、发展战略及单位的社会责任等。

风险评估评价指标。风险评估指标主要反映了单位在抗风险环节的能力，包括风险识别与风险应对两方面。风险评估评价应重点从单位风险易发环节设置评价指标以评价单位主要风险是否得以识别，是否合理确定各项主要风险的承受程度。

控制活动评价指标。控制活动是在风险识别之后，单位采取有针对性措施对识别出的风险加以控制，将其影响减轻到可控范围之内。对其评价主要是看单位是否结合风险评估的结果，综合运用多种控制手段来减低风险和减少损失。主要包括授权审批制度是否完整有效、业绩评价是否完整有效、实务及财产管理制度是否完整有效、不相容职务是否进行了职责分离等。

信息与沟通评价指标。信息与沟通在内部控制活动中要求单位做到内部控制信息及时收集与传递。对信息与沟通的评价，主要包含三方面：一是相关信息传递制度是否完整、能否得到有效执行；二是信息传递质量能否得到保障；三是单位信息系统的建设情况。

内部监督评价指标。内部监督要求单位对内部控制监理与实施情况，进行监督检查。监督控制评价主要是考察单位是否建立了内部监督的程序、方法和要求。主要包括是否建立了内部控制评价和考核制度、是否设置了相应的内部审计机构、高管层对于内部审计工作的重视程度、内部审计人员的素质等。

2.指标权数的分配

单位内部控制评价实行百分制，指标权数采取专家意见法（德尔菲法）确定。其中，定量指标权重为20%，定性指标权重为80%。在实际操作中，为了计算方便，两层次指标权数均先分别按百分制设定，然后按权重还原。

3.单位内部控制评价标准的设定

评价标准是实施单位效绩评价的参照系。评价标准包括定量指标评价标准和定性指标评价参考标准两类。

（1）定量指标评价标准

定量指标评价标准分为两部分：评价标准值和评价标准系数。

①为了切实保证评价结果的客观性与可比性，笔者认为定量评价标准值应有国家组织统一制定。全国评价标准值由国家财政主管部门，根据全国单位会计报表数据资料及有关统计信息，结合国民经济近期发展水平，运用移动加权平均等数理统计方法统一制定。单位规模及形式不同，相应的其评价标准值的设置也是有差异的。笔者认为，现行分类可以对每个定量指标的标准值设置五个水平档次，分别为优（A）、良（B）、中（C）、低（D）、差（E）。

②标准系数，它可以反映通过计算得出的评价指标实际值对应评价标准值所达到的水平档次，是评价标准值所对应的水平系数。与优（A）、良（B）、中（C）、低（D）、差（E）五档评价标准值相对应的标准系数分别为1.0、0.8、0.6、0.4、0.2，差（E）以下为0。

（2）定性指标参考标准

从单位内部控制评价定义来看，所谓内部控制有效性，是指单位建立与实施内部控制对实现控制目标提供合理保证的程度，这就要求：一是内部控制设计需保障健全性，这是内部控制制度有效实行的前提条件；二是内部控制运行需确保有效性，这是达到控制目标的必要条件。

所以本节选择用健全性和有效性作为定性指标的基础参考标准。五个要素指标下各个具体指标用健全性与有效性分别给予定级，并设置相应的分值。具体分级如下：

①内部控制设计的健全性

内部控制设计的健全性包括两层含义：一方面，是指单位生产经营的业务流程，对应的关键环节内部控制制度已经设置；另一方面，是指单位内部控制制度能够保障对生产经营活动进行全过程控制。按照内部控制的健全性程度将其分为"健全""较健全""欠健全""不健全"四个等级，作为内部控制设计健全性的评价标准。

"健全"表示单位在国家相关法规的指引下，所有的业务领域和操作环节均已设置相匹配的内部控制制度，对其风险防范及业务活动管理切实起到了控制作用。

"较健全"表示单位在国家相关法规的指引下，在关键业务领域和操作环节均设置了相匹配的内部控制制度，对其风险防范及业务活动管理基本起到了控制作用，但其内部控制制度的设计未覆盖到全部业务领域。

"欠健全"表示单位内部控制制度设计未能达到国家相关法规的规定标准，内部控制制度设计不仅不能达到覆盖全部业务领域的需要，在关键业务领域和操作环节上内部控制制度的设计也缺乏适用性或缺失，对其风险防范及业务活动管理基本失效。

"不健全"表示单位内部控制制度未按照国家相关规定进行设计，关键业务领域和操作环节上内部控制制度缺失，单位业务活动管理失控，风险防范能力严重缺失。

②内部控制运行的有效性

内部控制运行的有效性，是指现有内部控制制度按照规定程序得到了正确执行。对内部控制运行的有效性进行评估，应当着重考虑以下方面：相关控制在评价期内是如何运行的；相关控制是否得到了持续一致的运行；实施控制的人员是否具备必要的权限和能力。按照内部控制运行的有效性程度，也将其分为"有效""较有效""欠有效""无效"四个等级。

"有效"表示在单位所有业务领域和操作环节中，已设置的控制均得到持续一致的运行，单位所承受的风险均能得到有效的控制，实施内部控制的人员所具有的权限和能力与其工作岗位相匹配。

"较有效"表示在单位关键业务领域和操作环节中，已经设置的控制基本得到了持续一致的运行，单位所承受的风险基本上能得到有效控制，实施内部控制的人员所具有的权限和能力基本上与其工作岗位相匹配。

"欠有效"表示在针对单位各个业务领域和操作环节所涉及的内部控制执行不到位，导致部分单位所承受的风险未得到有效控制，或部分实施内部控制的人员所具有的权限和能力与其工作岗位不相匹配，存在导致单位风险的隐患。

"无效"表示在针对单位各个业务领域和操作环节所涉及的内部控制基本上执行不到位，导致单位所承受的风险处于失控状态或实施内部控制的人员不具备与工作岗位相匹配的能力。

表7-3 内部控制定性评价指标体系

评价标准	分级	内部控制特征
健全性	健全	内部控制制度全面、完整
	基本健全	重要业务领域均制定了相应的内部控制制度，个别业务领域和管理环节缺少内部控制制度
	欠健全	部分重要业务领域或操作环节缺乏相应的内部控制制度或存在缺陷
	不健全	内部控制制度存在严重缺陷，重要业务领域或操作环节缺乏相应的内部控制
有效性	有效	内部控制得到认真贯彻执行并且能有效地发现、管理、控制各种风险
	基本有效	内部控制基本得到贯彻执行，重要业务领域和操作环节所承受的风险得到控制
	欠有效	内部控制没有得到认真执行，部分重要业务领域或操作环节风险未能有效控制
	无效	内部控制没有得到有效执行，不能有效防范和控制重大风险

4.评价计分方法

单位内部控制评价的主要计分方法是用于定性指标的评价计分；辅助计分方法是用于定量指标的评价计分。

（1）定量指标计分方法

定量指标计分方法主要采用了功效系数法，将指标实际值与相应评价标准值进行对照，确定标准系数，计算各项指标实际得分。计算公式为

$$基本指标总得分 = \Sigma 单项基本指标得分$$

单项基本指标得分=指标权数×本档标准系数

对有关指标的分母为0或小于0时，做如下具体处理规定。

①对于净资产收益率、资本积累率指标，当分母为0或小于0时，该指标得0分。

②对于已获利息倍数指标，如果出现分母为0的情况，具体处理如下：

如果利润总额大于0，则指标得满分；如果利润总额小于或等于0，则指标得0分。

（2）定性指标计分方法

定性指标计分方法主要采用了综合分析判断法，根据评价工作需要，运用定性指标对影响单位内部控制的相关非计量因素进行深入分析，做出内部控制状况的定性分析判断。

（3）确定要素指标分值

在此，本节设定了要素指标"健全性"和"有效性"定性评价转换为定量评价的评分矩阵。根据评分矩阵，分别将各个要素的定性评价转换为定量评分，得出上市公司内部控制系统五个要素的相应评分。每个要素的评分范围是0~10分。

评分矩阵设定如下所述。

10分：如果某项要素的内部控制"设计"是"健全"的且"执行"是"有效"的，我们通过矩阵设定这项要素的评分结果是10分。可见被评价为10分的内部控制要素应当是一个十分完美的内部控制系统，只有在"设计"和"执行"两个方面都找不到缺陷的情况下，才可以评价为10分。

8分：如果某项内部控制要素"设计"为"健全"，但"执行"是"基本有效"；或者"执行有效"，但"设计"是"基本健全"，则矩阵设定评分结果为8分。也就是说，在内部控制设计上没有问题，但执行中的有效性方面存在某些不足或在内部控制执行中没有问题，但设计的健全性方面存在某些缺陷的情况下，该项内部控制要素才能评为8分。

6分：如果某项内部控制要素设计基本健全同时执行基本有效，或者是设计虽然健全但执行不够有效，或者是尽管执行有效但设计不够健全，应当被评6分。

4分：一是设计虽然健全，但执行无效；二是设计虽然基本健全，但执行不够有效；

三是执行虽基本有效，但设计不够健全；四是尽管执行有效，但设计不健全。

2分：一是设计虽基本健全，但执行无效；二是设计不够健全，且执行也不够有效；三是虽然执行基本有效，但设计不健全。

0分：一是设计不够健全，且执行也无效；二是设计不健全，且执行也不够有效；三是设计不健全，且执行无效。

对单位内部控制的评价应注意综合考量：如果内部控制没有得到有效执行，那么无论其设计如何健全，这个内部控制系统都是无效的。同样，如果内部控制设计存在重大缺陷，不管你执行得如何到位，这个内部控制系统也是无效的，所以，内部控制是设计和执行的统一，两者缺一不可。因此，应同时选择健全性和有效性这两个内部控制评价目标指标来对上市公司内部控制各要素进行评分，将定性的描述转化成定量的表达，为下一步对内部控制系统的总体评价提供基础。根据单项指标权数及五要素分值计算得出内部控制定性评价分值。

$$定性指标总分 = \sum 单项指标权数 \times 单项指标分数$$

（4）内部控制综合计分方法

将定量指标评价分数和定性指标评价分数按照规定的权重加权相加形成综合评价结果，其计算公式

$$内部控制综合评价得分 = 定量指标分数 \times 20\% + 定性指标分数 \times 80\%$$

（三）单位内部控制的评价程序

单位在进行内部控制的评价时，笔者借鉴了注册会计师对被审计公司的程序、方法等加以适当调整后确定，第一步调查了解单位内部控制的现状；第二步收集定量指标基础数据资料，计算定量指标评价结果；第三步收集汇总定性指标基础数据资料，计算定性指标评价结果；第四步汇总评价基础资料和评价结果，对单位内部控制有效性进行综合评价；第五步是根据综合评价结果编制内部控制评价报告。

1.内部控制现状调查及资料收集

主要采取以下几种调查方式收集基础指标数据，了解内部控制现状。一是向单位的管理层及相关控制活动执行人询问有关内部控制的现状情况；二是查阅单位的有关内部控制规章制度和文件资料，收集单位财务基础数据；三是查问以前年度有关单位内部控制方面的内部审计和外部审计档案。在调查了解的同时，一项重要工作任务就是综合运用多种技术方法，对单位内部控制的现状进行准确的描述。

这一步骤主要目标是评审人员通过记叙法、调查表法、流程图法三种调查方法了解单

位已经建立的内部控制制度及执行情况,并对其进行描述。一般来说,一个单位的控制环境在很大程度上影响其内部控制设计和执行的有效性,内部控制评价工作的开展首先要从了解并记录单位内部控制环境入手,主要涉及各级管理人员的控制意识、各级管理组织的设置、各级人员的素质、权责分配、各项管理措施等。评审人员通过查阅有关规章制度、方针及政策组织机构系统图、业务流程图等文件,询问有关人员,进行实地观察等手段来入手,审查有关的规章制度是否符合内部控制的原则,以便了解情况和发现问题。通过上述工作逐步对单位的风险评估、控制程序等情况有一个总体概念。

2.单位内部控制定量分析

首先根据相关规章制度,对获取的定量评价基础指标数据进行核实确认,切实保障数据资料的健全性、客观性和有效性。然后利用定量评价计分方法计算指标分值并汇总计算定量指标总分值。

3.单位内部控制定性分析

定性评价坚持分两步进行:一是通过健全性测试,考核其内部控制设计的健全性;二是通过符合性测试,考核其内部控制运行的有效性。具体流程如下所述。

第一步:健全性测试和评价,是在分析公司内部控制中所有控制缺陷及其潜在影响的基础上,内部审计人员可以对其健全程度做出评价。

通过调查了解阶段,内部审计人员应运用记叙法、调查表法、流程图法等技术方法,将公司内部控制的现状准确地描述出来。进行健全性测试和评价是在上一步的基础上,将理想的模式与描述出来的单位现行制度进行比较,以理想模式下的内部控制为标准来揭示公司现行内部控制是否健全完善,重点揭示以下几个问题。

(1)控制对象目标是否明确,控制程序是否清晰明确,是否固定化。

(2)组织机构是否健全,是否适应控制要求。

(3)权责是否一致,分工是否明确,能否相互制约。

(4)规章制度是否健全,是否可行。

在比较时,一是要注意查找内部控制运行现状与理想模式的差距,尝试分析存在差距的原因。二是要注意分析和识别内部控制的优点和弱点。

第二步:符合性测试和评价。

符合性测试,也叫做有效性测试,它是对单位内部控制系统执行的进一步测试。此项测试的目的:一是检查所谓健全完善的内部控制系统贯彻执行的程序是否严格;二是内部控制系统按照相关制度设计执行后,能否对各项控制目标的实现提供有效保证。

符合性测试应着重查清三个问题。

(1)这项控制是怎样应用的。

(2)是否在年度中坚持应用。

（3）由谁来应用。

将各个控制环节实际控制情况与控制标准进行比较，将失效控制点找出来，对其失效性质、失效程度和潜在影响进行逐项分析，然后对内部控制执行的有效性进行评价，如果评价结果是内部有效或基本有效，则表明内部控制执行良好；如果评价结果是内部控制无效，则表明内部控制无法发挥控制功能。

通过两项测试，要将调查情况按各项内部控制要素及其具体项目进行汇总整理。然后通过整理的结果来分析判断内部控制系统中内部控制环境、风险评估、控制活动、信息与沟通、监督五方面的健全性和有效性的程度。接着将评价内部控制五要素设计和执行程度的结果予以分别定级，运用矩阵法进行评分，然后加权综合分析，得出单位内部控制系统的定性评价结果。

4.单位内部控制综合评价

将定量评价结果和定性评价结果加权后汇总，得出单位内部控制系统最终评价结果，从而给予定级，获得综合评价。

5.单位内部控制评价报告

根据《单位内部控制评价指引》第三十一条，单位应当结合年中、年末控制缺陷的整改情况和结果来编制年度内部控制评价报告。内部控制评价报告至少应当包括下列内容：（一）内部控制评价的目标、任务和责任主体；（二）内部控制评价的主要内容及其所依据的标准；（三）内部控制评价的程序和所采用的方法；（四）衡量重大缺陷严重偏离的定义，以及确定严重偏离的方法；（五）被评估的内部控制整体目标是否有效的结论；（六）被评估的内部控制整体目标未实现，甚至造成目标无效，则可能存在重大缺陷并造成难以估量的影响；（七）造成重大缺陷的原因及相关责任人；（八）在评估过程中发现的控制缺陷以及针对这些缺陷的补救措施及其实施计划等。

结合上述要求，建议将内部控制评价报告分为三大主要部分，具体包括内部控制制度情况（缺点与最佳部分）、执行情况与改进建议。主要包括单位内部控制环境、内部控制风险评估标准、内部控制活动开展、单位内部各部门之间的信息交流与协调沟通、单位所受监督五方面健全性和有效性的具体情况。一旦发现单位内部控制有缺陷，相关部门和责任人应立即让单位管理层知晓，并向管理层提供补救措施等建设性意见，以便及时对单位内部控制缺陷进行治理。

（四）单位内部控制评价体系

单位规模大小和单位内部控制评价的复杂程度正相关，单位规模越大则单位内部控制体系越完善，单位规模越小则单位内部控制评价体系越简单，甚至相当一部分小单位没有单位内部控制评价系统。单位内部控制评价体系的核心是单位内部控制评价标准，所以评价标准的设计必须根据根据单位规模的大小来制定。

（1）一般单位。此类单位公司治理结构较完善，内部控制制度相对健全，相关评议基础数据可以通过询问、访谈、查阅等方式取得，可以采用本节所设定性分析与定量分析相结合的方法构建单位内部控制评价体系，对单位内部控制有效性进行评价。

（2）小规模单位。顾名思义，此类单位生产和交易数量规模较小，劳动力、劳动手段、劳动对象在单位中的集中程度较低。相应地，单位内部控制制度不完善，缺乏相关基础资料，应用定性分析与定量分析结合的方法对其内部控制进行评价存在困难。在其内部控制制度设立完备之前，需设定一种过渡方法——缺陷归集法。

根据单位内部控制评价相关定义，开展单位内部控制评价主要工作内容之一就是要找出内部控制缺陷并有针对性地进行整改。在开展内部控制评价时，从具体标准入手，查找分析其各要素存在的可能影响内部控制目标实现的各种问题缺陷，进而可以给内部控制效果以定级内部控制缺陷认定程序。

依据单位内部控制评价含义，单位内部控制评价包含两方面即设计的健全性和执行的有效性，因此相应内部控制缺陷认定程序也分"两步走"。

第一步：内部控制设计性缺陷认定。

按照目标认定，风险识别、控制识别、缺陷认定的总体程序对设计性缺陷进行认定。首先，内部控制目标包含单位整体层面和各个流程层面的合法合规、资产安全、财务报告及相关信息真实完整、提高经营效率和效果以及促进单位实现发展战略五方面，对目标的认定就是结合单位实际全面分析单位内部控制目标，对单位在实现其目标过程中的风险进行识别。其次，对照实现出的风险，比对其所设置的相应控制措施。如果发现单位缺乏相应的控制措施或者所设置的控制措施实质上未起到预定作用，则可认定为设计性缺陷。

第二步：内部控制执行性缺陷认定。

单位首先需根据单位实际，识别并梳理业务流程中的关键控制点，制订出测试计划。随后，按照计划抽取样本执行穿行测试。对测试结果进行比对分析，查找运行中所发现的例外事项，也就是在执行过程中和原先设置的控制点不相一致的情况，最终认定为执行性缺陷。

虽然设计性缺陷认定程序和执行性缺陷程序在工作目标上存在差异，但是在实际操作过程中，会发现二者识别出的缺陷会有穿插，即在设计性缺陷认定中可能发现执行性缺陷，在执行性缺陷认定过程中也可能发现设计性缺陷。因此，在实务工作中，要求做到全方位分析与评估控制设计的健全性和执行有效性，识别单位内部控制缺陷。

三、完善我国单位内部控制评价体系的建议

近年来,我国重新检视单位内部控制规范体系的建设,并且已经取得了较大的成就。但我们应该清楚地认识到对于我国,建立健全的单位内部控制评价体系并不是一蹴而就的,而是一个不断摸索、不断完善的过程。就单位内部控制评价的现状进行分析,还需社会各方力量积极行动,互相配合,采取联动以促进其发展与完善。

在国家层面上,应着重采取以下几方面措施。

一是加强协调,统一标准。从西方发达国家内控体系构建经验来看,内部控制体系要充分发挥作用必须依靠一套统一的、公认的、科学的内控标准体系。我国内控标准体系建设应在总结提炼现有成果基础之上,结合西方发达国家单位内部控制评价体系构建经验,尽快出台一套既符合中国实际,又与国际控制标准趋同的公认内控标准体系,解决目前行业标准不统一、单位负担较重的问题。

二是逐步推行,平稳过渡。从国际内控评价制度建设经验来看,一个国家的内部控制评价制度是逐步发展完善的。我国单位管理水平参差不齐,其内部控制基础参差不齐,单位内部评价标准体系的构建实施,必须切合其自身的情况,不可能开始就要求面面俱到,因此,需要循序渐进,分步骤、分层次地进行。建议在内部体系健全的大中型单位,推行定量分析与定性分析相结合的内部控制自我评价制度,同时逐步探索建立符合小单位特点的内部评价标准,在实践中统一认识,逐步形成以公认内控标准为基础,特殊控制标准为补充,行业内控监管评价为保障的内部控制体系建设模式。

三是内控立法应当稳健,不可操之过急。单位内部控制评价体系建设在我国单位起步较晚,相关研究还处于摸索完善阶段。并且,相较西方发达国家的单位,我国单位在法制意识、制度基础、风险理念、经营风格等方面还存在一定差距。因此,内部控制的立法工作必须考虑到我国单位的实际接受程度与承受能力,以及在施行过程中的成本问题。美国内部控制评价体系的构建与发展对我们有很大的借鉴意义,但是其施行过程中的教训也需要我们吸取,以少走弯路。

(1)立法不宜过急。现阶段内控体系建设仍应以内控标准体系建设和内控评价制度建设为主,待有了一定的成果、积累了一定的经验后,再考虑内控立法。

(2)立法应把握好力度。内控立法要注意达到两方面作用的均衡。一是要保证政府监督约束作用的有效发挥;二是要避免因"门槛过高"限制自由竞争,降低资本市场活力。

(3)立法应考虑执行成本。内部控制本意是为单位服务,用于规范单位行为,提高流程效率。内控立法管制也不应偏离这一根本目标。美国,SEC曾提出建议要求董事会进行季度审查评估内部控制有效性并出具报告,但是由于其运行成本过高,导致该政策未能

施行。所以应吸取西方发达国家内部控制立法经验,加大对降低法律执行成本措施的研究力度。

对单位自身来说,应从几方面努力:一是增强内控评价意识。加大单位内部控制评价相关规范宣传力度,让单位管理者充分认识到,要想使单位在激烈的市场竞争中占据主动地位,就必须加强内控评价实施,及时发现并改善内部控制薄弱环节,保障单位持续健康发展。二是改善公司治理结构。公司治理结构的完善是建立健全内部控制,进行内部控制评价的基本前提。借鉴英国内控评价实施审计委员会制度,根据单位规模大小设立相应的内部控制评价实施机构,让内部控制评价成为其日常工作,提高内控评价独立性,保障内部控制评价系统性和评价结果科学性。三是完善内部控制体系。完善的内部控制体系是内部控制评价有效实施的基本保证。单位应该积极设计自身内部控制制度,规范内部控制执行体系,为内部控制评价工作有效实施奠定坚实基础。

第二节 大数据技术在智能审计中的应用

在大数据时代背景下,机遇与挑战并存,要把握好此次机遇,加快审计观念与审计方法的转型是推进大数据技术应用于审计工作的关键。在当前大数据环境下,要结合经济形势充分理解大数据发展趋势,促进大数据审计的进一步发展。

一、大数据的特点

大数据是2011年由麦肯锡提出的概念,随后维克多又出版了第一部关于大数据的著作,由此大数据逐渐走进人们的视野。大数据又称巨量资料,是海量信息的集合,其所包含的数据量目前主流软件无法在一定时间内进行处理分析并转化为所需要的信息。

大数据已经成为当今社会的一个热门话题,它具有许多独特的特点,这些特点使得大数据在商业、科技、医疗、金融等各个领域都具有重要的价值。下面将详细介绍大数据的四个主要特点。

(一)数据量大

大数据的一个显著特点是数据量大。随着科技的进步,各种传感器、移动设备、社交媒体等不断产生数据,使得数据量呈爆炸式增长。大数据的数据量不仅指绝对数量,还包括数据产生的速度。庞大的数据量需要更强大的处理能力,才能从中提取有价值的信息。

（二）速度快

大数据的另一个特点是速度快。在大数据时代，数据的产生和处理速度同样重要。在处理大量数据时，需要快速获取、处理和分析数据，以便在竞争激烈的市场中获得先机。大数据技术如Hadoop、Spark等提供了高速数据处理能力，可以在短时间内处理和分析大量数据。

（三）数据种类多

大数据的第三个特点是数据种类多。传统的数据处理方法主要针对结构化数据，而大数据还包括非结构化和半结构化数据，如文本、图片、音频、视频、社交媒体信息等。这些数据需要采用不同的处理和分析方法，以提取有价值的信息。

（四）商业价值高

大数据的第四个特点是商业价值高。随着数据的快速增长和价值的提升，大数据已经成为许多单位和机构的重要资产。通过对大数据的分析，单位可以更深入地了解市场和消费者，从而制定更有效的市场营销和商业决策。此外，大数据还可以提供个性化的服务，提高客户满意度和忠诚度，增强单位的竞争力。

综上所述，大数据的特点包括数据量大、速度快、数据种类多和商业价值高。这些特点使得大数据在各个领域都具有重要的价值，并为单位和机构带来了前所未有的机遇和挑战。未来，随着数据的不断增长和技术的不断进步，大数据将会发挥更加重要的作用。

二、大数据环境下审计的发展趋势

现代审计技术与方法是从账项基础审计由低级的不完备状态逐渐发展而来的，当风险管理理论体系逐渐完善并应用于实际工作时，风险导向审计便应运而生，计算机浪潮的到来将IT技术完美地融合到了审计工作之中。面对大数据、AI智能技术以及云计算的蓬勃发展，审计取证模式、审计抽样技术、审计报告模式等都将产生与以往不一样的变化。

（一）大数据推进持续审计方式的发展

在传统审计模式下，审计人员在期末进驻被审单位，对被审单位一年来发生的业务进行审计，通过前期对被审计单位的了解和风险评估程序来识别重点审计的范围。面对日益复杂的交易活动和日趋频繁的舞弊行为，事后虽有选择性的审计，但很难做出及时有效的评价，审计的滞后性难以避免，也因此带来了更高的审计风险。以往受限于技术手段，尽管开展了持续审计，但对于非结构化数据以及详细数据无能为力，导致持续审计难以进一步具体而深入地进行。大数据、云计算等技术可以完美解决审计过程中数据采集、收集、挖掘、分析、整理的问题，从而加快推进持续审计的发展。以金融行业为例，由于其业务的特殊性，风险实时性较强，如何强化日常的风险预警监测对开展审计工作至关重要；审计单位与被审计单位通过数据互联，审计人员可以通过深度挖掘贷款客户的信用情况、涉及行业的风险等信息，分析不良的贷款风险，实现实时预警，并及时将发现的审计线索进行标记并加以分类，作为重点关注对象。使用传统审计方式发现的问题无法对已成既定事实的结果产生任何改变，且由于滞后性的原因，形成的审计意见难以保证其有效性，导致传统审计难以得到过多的重视；而持续审计方式的推进不仅提升了审计意见的权威性，也有利于审计结果尽快用于单位的管理改革，从而进一步发挥注册会计师的积极作用。

（二）大数据促进总体审计模式的应用

在充分了解被审单位的风险之后，进行审计抽样仍然是目前事务所审计采用的主流做法。数据爆炸式的发展使得收集全部业务数据审计成了不可能的事情。基于此，从局部入手，依赖于审计抽样，对样本进行深入研究从而进一步推断总体。由于样本的种种限制，无法考虑到所有业务数据，使得审计人员难以完全发现被审计单位的重大舞弊和风险。大数据时代背景下，先进的技术手段和方法使得总体审计模式愈加可行，在大数据、云计算等技术手段的基础上建立的总体审计模式，可以分析所有与被审计单位相关的数据，进一步促进审计人员总体审计模式的形成，给审计带来革命式的发展。总体审计模式下，详细深入的信息更加有利于多角度、深层次地分析数据，从而发现细节数据包含的更有价值的信息，发现抽样模式下不能发现的风险。大数据、云计算技术给审计人员提供了一种能够从总体把握审计对象的技术手段，并帮助审计人员从总体视角发现以前难以发现的问题。

（三）大数据强化审计证据相关关系的分析

依据数据间的因果关系来收集和验证审计证据是传统审计模式下的工作方法，然而，想要验证数量巨大、来源广泛的电子数据之间的因果关系十分困难。依托于大数据的数据挖掘手段多是基于事物之间的相关关系来分析的，如H省审计厅医保审计过程中使用的跨部门关联分析、聚类分析，内部控制审计中常用到的关联网络分析。在大数据背景下，数据间相关关系的利用使审计工作降低了对具有因果逻辑关系的证据的依赖性。

（四）大数据推进审计结果的全面应用

审计报告就是注册会计师工作的最终产品，供外部预期使用者使用，然而，审计报告格式统一，内容信息含量少，难以起到应有的作用。在利用大数据技术对被审计单位进行审计的过程中，获取和分析的数据、采集和挖掘的数据之间的关系，都可以作为被审计单位经营管理的参考资料，从而进一步提高审计工作成果在单位日常经营中的利用。首先，审计人员通过分析单位内外部财务数据的比例、趋势以及汇总财务资料，有利于帮助单位经营管理人员发现存在的问题，改善单位经营管理。其次，审计成果可以通过大数据系统留存，既可以为连续审计提供切入点，减少现场审计的工作量，提高工作效率，又可以为其他审计工作提供借鉴。

三、大数据及人工智能为审计工作带来的机遇

以大数据、人工智能为代表的新技术发展无疑是一次革命，对于促进审计预警机制建立、实现审计关口前移、实现审计全面覆盖功能起着重要作用。大数据、智能化审计模式是时代变革的创新，与传统审计相比具有全面性、及时性以及低成本、高效率等优势。

（一）多渠道收集数据，信息更加全面

在大数据时代，数据、信息充分共享，商业银行能够通过购买、共享、合作开发等多种方式获取外部数据源，实现内外部数据有效补充。审计人员可以通过多种渠道收集被审计对象的内外部信息，快速掌握有价值的审计线索和证据，减少信息不对称性，降低内部审计风险。

（二）数据类型和分析手段更加丰富

人工智能技术的不断发展，为商业银行对结构化数据和非结构化数据进行处理分析提供了有力支撑，异构数据可以通过属性挖掘模型进行转换和应用。审计人员可以利用随机森林、神经网络、回归分析等人工智能算法，对海量数据进行深度挖掘，提取深层隐藏风险，使审计工作更有针对性。

（三）机器学习可显著提高工作效率

随着AlphaGo战胜人类顶尖棋手，其背后的深度学习成为人工智能新的发力点。机器学习和知识图谱技术可以实现对审计经验和风险事项规则等的知识管理，构建审计知识库体系，建立主动、实时响应的智能化风控模型，取代审计人员手工处理、分析等工作，缓解审计人才缺乏和知识储备不足的压力。

四、大数据技术在智能审计中的应用

智能审计是利用信息技术对单位的财务数据进行自动化、智能化的审计过程。传统的审计方式往往需要人工收集、整理和分析数据，不仅效率低下，而且容易出错。大数据技术的应用，使智能审计实现了自动化和智能化，大大提高了审计的效率和准确性。

大数据技术通过收集大量的单位财务数据和非财务数据，进行深度分析，从中发现异常和风险，从而实现对单位的全面评估。此外，大数据技术还能对数据进行实时分析，及时发现潜在的风险，为决策者提供及时、准确的信息。

（一）大数据技术在智能审计中的具体应用

随着信息技术的快速发展，大数据技术已经深入各个领域，尤其在智能审计领域，大数据技术的应用为审计工作带来了革命性的变化。本节将重点探讨大数据技术在智能审计中的应用，主要涵盖对单位财务数据的深度分析、对单位财务风险进行全面评估，以及为单位决策者提供及时、准确的信息等方面。

1.对单位财务数据的深度分析

大数据技术可以帮助审计人员从海量的财务数据中提取有价值的信息，实现对单位财务数据的深度分析。首先，通过大数据技术对财务数据进行采集、整合，可以将散落在各个系统中的数据集中在一起，形成一个完整的单位财务数据视图。其次，利用大数据技术的数据分析功能，可以挖掘出隐藏在数据背后的财务规律和趋势，帮助审计人员更好地理解单位的财务状况。

2.对单位财务风险进行全面评估

在智能审计中，利用大数据技术可以对单位的财务风险进行全面评估。首先，通过大数据技术对单位的各项财务指标进行监测和分析，可以及时发现财务风险点。其次，通过对历史数据的回溯和分析，可以评估单位风险控制的成效，为后续的风险管理工作提供参考。最后，通过大数据技术的预测功能，可以对未来的财务风险进行预测，帮助单位提前做好风险应对。

3.为单位决策者提供及时、准确的信息

大数据技术在智能审计中的应用，可以为单位决策者提供及时、准确的信息。首先，通过大数据技术对财务数据的深度分析和财务风险的全景展示，可以帮助决策者更好地了解单位的财务状况和风险情况。其次，大数据技术可以实时监测单位的财务数据和风险情况，一旦出现异常可以立即报告给决策者，帮助决策者做出及时的决策。最后，通过大数据技术的数据挖掘和分析功能，可以帮助决策者发现潜在的商业机会和风险隐患，为单位的长远发展提供有力的支持。

综上所述，大数据技术在智能审计中的应用具有广泛而深远的意义。通过深度分析单位财务数据、全面评估财务风险以及为单位决策者提供及时、准确的信息，大数据技术为审计工作带来了革命性的变化，也为单位的健康、可持续发展提供了有力保障。

（二）大数据技术在智能审计中的应用优势

随着大数据技术的快速发展，其在智能审计中的应用逐渐凸显出其优势。智能审计是一个依赖于大数据技术的全新审计方式，不仅可以提高审计效率，降低审计成本，还可以提高审计准确性，增强风险控制。本节将深入分析大数据技术在智能审计中应用的优势。

1.提高审计效率

传统的审计工作需要大量的人工操作，包括数据收集、数据整理、数据分析等。大数据技术可以极大地提高审计效率。首先，大数据技术可以快速收集并处理大量的数据，大大减少了人工操作的时间。其次，大数据技术可以通过算法自动识别和筛选出可能存在问题的数据，减少了人工筛选的工作量。最后，大数据技术还可以通过机器学习等技术，预测未来的趋势，提前发现可能存在的问题，从而大大提高审计的效率。

2.降低审计成本

传统的审计工作需要大量的资金投入，包括人力成本、设备成本、数据采集成本等。而大数据技术的应用可以大大降低审计成本。首先，大数据技术可以通过自动化操作减少人工成本。其次，大数据技术可以减少数据采集的成本，因为它可以通过网络自动获取数据，而无须购买大量的纸质文档。最后，大数据技术还可以通过智能分析技术，发现以前难以发现的规律和问题，从而减少了错误和遗漏的可能性，进一步降低了审计成本。

3.提高审计准确性

传统的审计工作往往由于数据的不准确而导致结果出现偏差。大数据技术的应用可以提高审计准确性。首先，大数据技术可以自动识别和筛选出错误的数据，从而减少了人为的错误。其次，大数据技术可以通过机器学习等技术，自动识别出数据的规律和趋势，从而更准确地预测未来的趋势和问题。最后，大数据技术还可以通过与其他系统的数据共享和分析，进一步提高审计的准确性。

4.增强风险控制

大数据技术的应用可以增强风险控制能力。首先，大数据技术可以通过实时监控和分析大量的数据，及时发现可能存在的风险和问题。其次，大数据技术可以通过智能分析技术，预测未来的趋势和问题，提前采取措施防止风险的发生。最后，大数据技术还可以与其他系统进行数据共享和分析，与其他部门共同协作，共同应对风险和控制风险。

综上所述，大数据技术在智能审计中的应用具有提高审计效率、降低审计成本、提高审计准确性、增强风险控制等多方面的优势。随着大数据技术的不断发展和完善，其在智能审计中的应用会更加广泛和深入，为审计工作带来更多的便利和价值。

随着大数据技术的不断发展，智能审计将更加智能化、自动化。未来，我们将看到更多的创新应用，如利用人工智能和机器学习技术进行深度分析，预测单位未来的财务状况，帮助决策者做出更明智的决策。同时，随着数据安全和隐私保护技术的不断进步，大数据技术在智能审计中的应用将更加广泛和深入。

大数据技术在智能审计中的应用无疑为审计工作带来了革命性的变化。它不仅提高了审计的效率，降低了成本，还提高了准确性，增强了风险控制。

五、基于大数据技术的智能化审计平台的构建

2017年7月，国务院发布了《新一代人工智能发展规划》，将发展人工智能提升到国家战略高度。在新形势下，内部审计部门应贯彻新的审计工作理念，创新大数据审计方式，建立配套的大数据库和知识体系，探索运用人工智能算法，加强数据挖掘分析能力，全面推进审计智能化系统建设。

目前，我国各大国有商业银行的内部审计部门都在积极探索金融科技在审计领域的应用。农业银行内部审计部门通过不断探索与实践，以业务需求为突破口，依托大数据、人工智能等先进技术，构建农业银行智能化内部审计平台。该平台通过构建内部审计知识库和信息库，模拟审计人员的工作和思维方式，实现系统对内、外部数据的自动化分析，并初步形成审计判断，旨在提高审计工作效率和系统的智能化、自动化水平。

（一）智能化内部审计平台架构

智能化内部审计平台主要由数据收集系统、数据处理系统、数据存储系统、数据分析系统及应用场景系统五部分构成。其中，数据收集系统负责收集内、外部各类与审计相关的结构化、半结构化和非结构化数据，外部数据主要利用网络爬虫技术，从互联网中抓取与法人（个人）客户相关的法院、工商、税务、海关、行政处罚、押品等方面信息，内部数据主要包括历史审计底稿、审计报告、法人（个人）客户贷前调查报告、贷后管理报告、财务报表等数据。

（二）智能化内部审计平台的主要特点

（1）数据获取更加便捷。由于智能化内部审计平台的建设，审计人员不再需要通过多种途径来搜集相关数据和信息，审计工作所需要的内、外部数据，通过特定接口定期导入智能化平台，并实现实时更新，供审计人员随时调用。

（2）数据分析处理更加高效。智能化内部审计平台采取"Spark分布式计算环境+MPP架构环境"，实现快速的数据加工和模型运算，可以实现海量数据的全量分析，数据处理及分析响应时间大幅减少，具备良好的平台性能和用户体验。

（3）数据挖掘手段更加丰富。智能化内部审计平台中全面支持数据挖掘、机器学习常用算法，依托大数据挖掘平台的技术支撑，提供5000多个库包供审计人员使用，覆盖全

面，基础扎实。

（三）智能化内部审计平台支持的应用场景

目前，智能化内部审计平台支持客户信息多维查询、财务报表智能分析、客户所属行业分析等应用场景。

（1）客户信息多维度检索。审计人员可以通过客户ID、客户名称、名称关键字等多种查询方式检索客户的内、外部相关信息，外部信息主要包括法院、税务、负面报道、失信等风险信息，内部信息主要为历次检查问题清单。

（2）单位财务报表智能分析。通过建立单位财务报表指标库、单位历史财报索引、行业财报资料库，实现对内部报表、外部报表及外部披露财务数据的自动分析，并根据出现的异常值域进行预警和提示。分析内容：对单一报表内部勾稽关系分析、单位不同年度的财务报表纵向对比分析、单位报表与当年该行业标尺值比对、单位内部报表中关键指标与外部披露数据比对。

（3）客户所属行业分析。建立国家、行业、单位等多层级、多维度的相关指标分析体系，实现对信贷客户所在行业、行业背景情况、行业发展前景、该单位在行业所处位置等信息自动分析，及时把握单位经营过程中存在的各类风险，针对异常数据进行相应的提示。

（4）房地产押品价值自动评估。建立两套标准，房地产押品专有标准和房地产押品公共标准，对信贷系统等级的房地产押品数据进行标准化处理，通过引入外部数据，根据房地产押品所在位置、房屋面积、结构及建设时间等关键信息，定期或实时获得押品当前参考市值。

（5）信贷报告摘要数据提取。建立情感分析词典，构建机器学习模型，对非制式贷前调查报告进行语义分析，自动提取报告基本信息及主要风险信息，形成报告摘要文档，并完成数据采集工作。

（6）信贷客户总体状况自动分析。建立基于信贷审计手册及风险事项规则的审计知识库。自动提取信贷客户报表、押品、行业和信贷报告中的数据信息，并与审计知识库中的违规事项逐一自动比对，形成信贷客户总体分析报告。

（7）客户舆情监测。利用爬虫技术，通过导入有信贷业务或集中采购业务的客户清单，在互联网中对清单客户的负面信息进行实时监测，对于检索发现的客户负面信息以制式表单形式导入平台，并及时进行预警，把好客户准入关。

（8）基于历史底稿的智能学习抽样。建立机器学习模型，通过对历史底稿中问题客户的基本情况、风险特征、违规事项等内容的学习，实现对新客户违规形成风险的预测，为审计抽样提供支持。

基于大数据技术的智能化审计平台有着传统审计系统无可比拟的性能优势，代表着未来审计信息化建设的发展方向。同时，构建智能化审计平台是一项长期且复杂的工作，大数据、人工智能、云计算等各种新技术与审计实务的融合仍有待进一步探索。在建设智能审计平台的道路上，应坚持以信息技术为引领，充分利用先进金融科技创新成果，深入推进科技强审，提高审计质量，促进审计转型。

第三节　信息系统审计

一、信息系统

信息系统是一种集合体，从不同的视角看，信息系统有不同的概念。从组成部分来看，它是由人员、数据、程序、设备和通信网络构成的互相关联的部件，能够收集、存储、处理、传递和输出信息的系统。从使用功能来看，信息系统是一个帮助使用者输入、存储、处理、输出、控制日常运行活动中产生的数据的工具。从使用目的来看，信息系统是一个帮助使用者提高生产力、加速决策过程、加强团队协作的媒介。

结合上述理论，本节认为信息系统是一个利用相关设施（包含网络）、设备按照既定的目的为使用者处理、分析各类数据并结合分析结果做出相应决策、带来影响的人机一体化系统。信息系统只是一个集合性的概念，按照具体特点又可细分为数据处理系统、管理信息系统、决策支持系统和专家系统。

二、信息系统审计

（一）概念

信息系统审计又称为IT审计，在早期也被叫作电子数据处理审计，关于信息系统审计的解释，相对主流的主要有以下三种。

美国专家罗恩·韦伯（Ron Weber）将信息系统审计定义为以计算机技术为主导的过程，该过程收集、分析信息系统产生的数据，并最终用来评价信息系统能否实现单位的经营需求。

日本通产省情报协会将信息系统审计定义为一项评估计算机系统可靠性、有效性和安全性的活动，由委托的审计人员执行。

中华人民共和国审计署认为，信息系统审计是审计机构和审计人员对信息系统建设的合法性、安全性、控制有效性和经济性进行检查和评价的活动。

结合上述三种主流解释，本节认为信息系统审计是审计机构、审计人员对被审计单位的一种系统性、综合性的评估过程，目的是评估和审查被审计单位的信息系统以确保其符合安全、法规和效率标准。信息系统审计通过检查信息系统的安全性、完整性、可靠性等方面的内容来评估系统的风险和漏洞，并提供改进措施和建议以提高信息系统的质量和安全性。信息系统审计可以帮助被审计单位确定潜在的威胁和风险，并提供解决问题的建议和方案。在信息系统审计中，审计人员会采用一系列技术和方法，如计算机辅助审计工具、安全审计日志、风险评估、采样技术、数据分析技术、网络扫描等方法来评估信息系统的有效性和安全性。

（二）信息系统审计目标

信息系统审计的目标分为总体目标和具体目标，总体目标是希望通过信息系统审计对被审计单位信息系统进行评估，以判断被审计单位信息系统的可靠性、保密性、完整性和可用性等内容，用以确保信息系统的正确评估。

信息系统具体审计目标是在原有总体审计目标的基础上衍生的，具体来讲有以下三个目标。

第一个目标是保持法律、业务的一致性。信息系统的建设需要参照相关建设制度和法律文书执行，以确保信息系统建设能与被审计单位经营目标保持一致性，并对其做出适当评价。

第二个目标是实现既定的业务目标。信息系统审计应确保信息系统在各种建设过程中符合相关法律规定，并保证信息系统数据在处理的过程中符合既定的业务目标。

第三个目标是对安全性、有效性、经济性的保证。信息系统审计最终是对信息系统的三个特性提供合理保证的，并确保相应数据的完整和准确。

三、理论基础

（一）系统管理理论

系统管理理论是管理理论的一种，它关注如何有效地管理组织的各方面，包括人员、流程、技术和资源等。该理论基于系统思考的概念，认为组织是由相互依存的子系统组成的，这些子系统在整体上产生了特定的行为和效果。主流的核心思想认为系统管理是一个开放的、相互作用的系统，需要考虑内部和外部环境因素的影响。为了有效管理组织，系统管理理论强调需要全面理解组织的各个方面，并采取协调一致的方法来实现目标，管理者需要对组织的整体效果和局部效果进行平衡，关注长期和短期目标的协调，遵循系统的动态变化，同时注重组织内部和外部环境的互动作用。该理论还强调不断学习和改进的重要性，通过不断反思和调整来提高组织的绩效和适应能力。

本节着重分析医院信息系统的物理层面，并结合信息系统的管理和控制环境进行讨论，通过建立三项控制的框架，利用系统管理理论能够对医院信息系统整体做出有效评估。医院信息系统由管理人员、信息系统和硬件、内外环境构成，医院信息系统需要时刻关注整个系统的相关人员和其他信息资源，而不仅仅是系统本身。

（二）风险管理理论

风险管理作为单位的一种管理活动，旨在帮助组织在面对不确定性和风险时做出明智的决策。该理论基于对风险的识别、分析、评估和控制，以及对组织决策的影响和认识，理论强调需要采取系统化和综合化的方法来管理风险。其包括对组织内和组织外的风险进行全面的分析和评估，以及制订具体的风险管理计划，以降低或避免风险对组织产生的负面影响。风险管理是一个连续的过程，需要不断地进行监测和评估，并随时做出调整和改进。风险管理需要从全局的角度出发，关注整个组织的长远利益，并考虑到各种因素对组织目标的影响。

在本案例中，信息系统是公立医院所有业务活动中不可或缺的一部分。然而，作为公立医院本身，并没有自行实施信息系统审计的条件。因此，针对本案例医院，以政府主导的第三方审计需求是必不可少的，在对案例医院实施了信息系统审计后，对系统进行合理的风险评价，应用了风险管理理论的主要内容。

（三）公共受托责任理论

公共受托责任理论是一种道德和伦理理论，着眼于公共领域中各种组织和个人的道德责任。该理论认为，公共组织和个人应该承担起对公众的责任，为公众利益服务，并保证公共资源的合理分配和使用。该理论的核心思想是，在公共领域中，公共组织和个人不仅应该承担法律责任，更应该具备道德上的责任感和义务感。这意味着他们需要遵循一些基本的伦理原则和价值观，如诚信、公正、透明等，以保证公众的利益最大化。公共受托责任理论还强调公共组织和个人应该积极参与公共决策，为公众利益发声，应该关注公共政策的制定和实施，监督公共资源的使用情况，并及时回应公众的关切和反馈。总的来说，公共受托责任理论是为了保证公共组织和个人在公共领域中能够真正履行自己的责任和义务，为公众利益服务，同时确保道德和伦理价值在公共领域中的实践。

四、信息系统审计框架

（一）总体控制审计

总体控制审计是一种针对组织整体控制环境进行评估的审计方式。包括对组织的风险管理、内部控制、信息技术、人力资源、财务管理五方面进行综合评估，以确保组织的整体控制环境健康稳定，能够支持组织的战略目标实现。

总体控制审计的主要目的是评估组织整体控制环境的有效性和适当性，发现控制缺陷和风险，并提供改进建议，以帮助组织优化控制环境，提高其运营效率和风险管理能力。总体控制审计涵盖的内容广泛，需要审计人员具备全面的知识和技能，能够综合运用审计方法和工具，全面评估组织的控制环境，提出切实可行的改进建议。主要内容有系统总体环境控制审计和基础设施控制审计。

（1）系统总体环境控制审计。系统总体环境控制审计是一种评估组织IT控制环境的审计活动。旨在确保组织的IT控制环境具有足够的保障措施，以保护信息系统中的数据和资源不受内部或外部威胁的影响，并确保信息系统的稳定性、可靠性和合规性。

（2）基础设施控制审计。基础设施控制审计是一种评估组织基础设施控制的审计活动。主要关注组织的物理安全、环境控制和设备管理等方面的控制措施，旨在确保组织的基础设施能为信息系统提供稳定、安全、可靠的运行环境。

（二）一般控制审计

一般控制审计是指对组织的一般控制措施进行评估和审计的一种活动。这些控制措施通常涵盖了组织的整体控制环境，如管理结构、人员管理、物理安全、逻辑访问控制、系统开发、变更管理六方面。审计人员通过对这些控制措施的评估和测试，来判断组织的一般控制措施是否足够健全和有效，能否支持信息系统的正常运行和信息安全的保护。

一般控制审计的目的是确定组织能否在信息系统运行和信息安全方面达到预期的控制目标，并评估组织的控制环境是否足够稳健和可靠。通过审计报告中的建议和改进措施，组织可以增强其信息系统的保护能力，提高整体的信息安全水平，一般控制审计的内容：信息系统开发控制审计、信息安全控制审计和信息系统运维控制审计。

（1）信息系统开发控制审计。信息系统开发控制审计是对组织信息系统生命周期管理过程进行评估的一种活动。包括信息系统规划、设计、开发、测试、实施五阶段，以确保信息系统在整个生命周期中都能够得到充分的控制和管理。

（2）信息安全控制审计。信息安全控制审计是指对组织的信息安全控制措施进行审计的一种活动。这些控制措施包括身份认证、访问控制、密码策略、数据备份与恢复、加密技术、网络安全六方面。审计人员通过对这些控制措施的评估和测试,来判断组织的信息安全控制措施是否足够保证信息系统的机密性、完整性和可用性。

(3)信息系统运维控制审计。信息系统运维控制审计是指对组织信息系统运营与维护过程进行评估和审计的一种活动。主要关注信息系统在运营和维护过程中能否得到充分控制和管理,以确保信息系统能够保持高效、稳定、安全和可靠的运行状态。

(三)应用控制审计

应用控制审计主要关注业务应用系统能否得到充分的控制和管理,以确保业务过程的准确性、完整性和可靠性。应用控制审计通常关注业务应用系统的输入、处理和输出过程,以及与之相关的控制措施,包括数据验证、访问控制、事务完整性等。

在应用控制审计中,审计人员通常采用不同的方法,如数据采样、流程分析和系统演练等,来评估业务应用系统的控制效力。审计人员还会对业务应用系统的相关文档和记录进行审查,以确保业务应用系统的设计、实施和操作符合规定和最佳实践。通过应用控制审计,审计人员可以评估组织业务应用系统的控制效力和合规性,是否符合内部和外部要求和标准,能否确保业务过程的准确性、完整性和可靠性。审计报告中的建议可以帮助组织改进其业务应用系统的控制措施,增强组织的业务管理能力。应用控制审计的主要内容有:业务流程控制审计、数据控制审计、接口控制审计。

1.业务流程控制审计

业务流程控制审计是指对组织业务流程控制措施进行评估的一种活动。主要关注组织业务流程的有效性、效率性和合规性。业务流程控制审计通常关注业务流程的输入、处理和输出过程,以及与之相关的控制措施,包括流程设计、流程管理、流程风险评估和流程改进等。在业务流程控制审计中,审计人员通常采用不同的方法,来评估业务流程的控制效力。审计人员还会对业务流程的相关文档和记录进行审查,以确保业务流程的设计、实施和操作符合规定和最佳实践。

2.数据控制审计

数据控制审计是指对数据控制措施进行审计的一种活动。主要关注组织数据的保护、完整性、可用性和合规性,以确保数据能够满足组织的业务需求,并且不会受到损坏、泄露或未经授权访问等安全威胁。在数据控制审计中,审计人员通常会对数据的采集、存储、处理和传输等方面进行评估,包括数据的保密性、完整性、可用性和准确性等方面的控制措施。审计人员还会对数据的安全管理政策、数据备份和恢复计划、数据访问权限和审计跟踪等方面进行审查,以确保数据控制措施的有效性和合规性。

3.接口控制审计

接口控制审计是指对组织与外部系统、应用程序或服务之间的接口进行评估和审计的一种活动。主要关注组织与外部系统、应用程序或服务之间的数据转换与控制流程,以确保接口的安全性和有效性。在接口控制审计中,审计人员通常会对接口的各方面进行评估,包括身份验证、访问控制、数据完整性、数据加密和数据传输保护五方面。此外,审计人员还需要评估接口的功能性和性能,确保接口能够满足组织的业务需求,并符合内部和外部的要求和标准。

五、主要审计内容

目前,审计机关的信息系统审计的主要内容涵盖了信息系统的安全性、业务流程、数据完整性、网络安全、系统可靠性和管理制度等方面,旨在保障信息系统的正常运行和业务需求。经过对相关资料的整理,本节将目前审计机关信息系统审计的内容分为三个板块,分别是对信息系统设计的审计、对信息系统功能的审计和对信息系统应用的审计。

(一)信息系统设计的审计

对信息系统设计的审计主要包括:需求分析审计、系统设计审计、系统架构审计、界面设计审计,具体的审计内容如表7-5所示。

表7-5 信息系统设计的审计内容

审计项目	审计内容
需求分析审计	审计信息系统的需求是否与业务需求一致,是否具备完整性、正确性和可行性等特征
系统设计审计	审计系统的设计是否满足业务需求,是否具有良好的可扩展性、可维护性、可操作性等特征
系统架构审计	审计系统的整体架构是否合理、是否满足可靠性、可用性、安全性等特征
界面设计审计	审计系统的界面设计是否符合用户需求,是否具有易用性、友好性和效率等特征

(二)信息系统功能的审计

对信息系统功能的审计,包括输入控制审计、数据处理过程审计、输出控制审计、系统安全审计,具体的审计内容如表7-6所示。

表7-6 信息系统功能的审计内容

审计项目	审计内容
输入控制审计	测试软件的输入数据是否规范、正确、完整、合法,以保证其正确性、可靠性和完整性,同时防止误操作并及时纠正错误
数据处理过程审计	检查软件处理过程的正确性和合法性,包括排查是否存在隐形程序或弱点程序,是否存在数据丢失、重复或不恰当的改变等问题
输出控制审计	检查系统的输出数据是否完整、正确,且仅提交给有权使用的人员,确保输出数据没有被丢失、误导或破坏
系统安全审计	检查软、硬件配置和网络平台是否足够安全可靠地运行,排查数据丢失、损坏、泄密的风险,以确保系统的安全性

(三) 信息系统应用的审计

对信息系统应用方面的审计,包括内部控制审计、系统应用的合法性审计、信息系统的自我完善能力审计和系统安全审计,其具体的审计内容如表7-7所示。

表7-7 信息系统应用方面的审计内容

审计项目	审计内容
内部控制审计	审查信息系统内部控制的健全性、合理性和有效性,包括实际岗位设置和人员分工是否与软件中的角色设置和权限分配相适应,实际业务工作流程是否与软件固化的工作流程相符合,以及相容职能分离控制措施及其执行情况
系统应用的合法性审计	检查软件的处理过程是否正确、合法,包括检查是否存在"后门"或"漏洞",以及数据是否丢失、增加、重复或发生不恰当的改变等问题
信息系统的自我完善能力审计	检查系统能否确保输出数据的完整性和正确性,以及仅将输出结果提交给有权使用的人员,防止输出数据被丢失、误导或破坏
系统安全审计	检查软、硬件配置和网络平台能否保证系统的安全可靠运行,包括排查数据丢失、损坏、泄密等风险,以确保系统的安全性

六、现阶段信息系统审计的发展策略

(一) 建立完备的专业人才审计队伍

随着政府机关逐渐重视信息系统审计问题,现今的审计机构迫切需要拥有传统审计技能和计算机技能的综合型人才。从目前信息系统审计的实际情况看,审计人员的知识储备还远远不够。因此,审计机构应当重视培养相关人才,利用各种手段宣传和推进信息系统审计人才的建设。

（二）建立个性化的审计系统

为了提高当前信息系统审计效率，审计机关应建立符合各项审计特点的个性化审计系统。这种系统集合了全国范围内资深审计师的经验和知识储备，以及来自全国的信息系统审计案例，形成了一个数据库系统。在未来的审计项目中，审计人员可以利用这个审计系统提出审计建议。

（三）建立与审计软件对接的财务系统

在信息系统审计中，获取被审计单位财务软件的数据一直是一个比较棘手的问题。为了提高审计工作效率，建议被审计单位建立符合审计软件的财务系统，以便审计软件可以轻松识别和转换这些财务数据。

（四）建立符合时代背景的新信息系统审计指南

现有的信息系统审计指南内容与特点已经不适应于现代社会的高速发展。因此，审计机关需要了解当前信息系统审计领域的最新发展趋势，包括新技术的应用、审计方法的创新，以及数据分析技术的应用等方面。此外，审计机关还应该与业界人员进行沟通，了解他们的需求和反馈，并根据这些信息制定新的指南。在制定新指南时，还需要考虑到新的审计标准、法规和行业趋势。

第八章 内部审计项目

第一节 经济责任审计

经济责任审计是审计机关通过对领导干部所任职地区、部门（系统）或者单位的财政收支、财务收支以及有关经济活动的审计来监督、评价、鉴证领导干部履行经济责任情况的行为。

领导干部履行经济责任的情况应当依法接受审计监督，这是被审计对象的法定义务。根据干部管理监督的需要，经济责任审计可以在领导干部任职期间进行任中审计，也可以在领导干部任职期满时进行离任审计。

一、经济责任审计的内容

在经济责任审计中，要以被审计领导干部履行经济责任时是否做到了"守法"和"尽责"为核心来确定审计内容。同时，要以被审计领导干部所在单位或者原任职单位财政收支、财务收支以及有关经济活动的真实、合法、效益为基础来确定审计内容。审计内容不能超越审计机关的法定职权，有关部门和单位、地方党委和政府的主要领导干部由上级领导干部兼任，且对于实际履行经济责任的，在对其进行经济责任审计时，审计内容仅限于该领导干部所兼任职务应当履行的经济责任。

（一）地方党委和政府主要领导干部经济责任审计的主要内容

地方党委和政府主要领导干部经济责任审计的主要内容包括：①贯彻落实科学发展观，推动区域经济、社会科学发展情况；②贯彻执行有关经济法律法规、党和国家有关经济工作的方针政策和决策部署情况；③制定和执行重大经济决策情况；④本地区财政收支的真实、合法和效益情况，国有资产的管理和使用情况；⑤政府债务的举借、管理和使用情况；⑥政府投资和以政府投资为主的重要投资项目的建设和管理情况；⑦对直接分管部门预算执行和其他财政财务收支，以及有关经济活动的管理和监督情况；⑧与领导干部履行经济责任有关的管理、决策等活动的经济效益、社会效益和环境效益；⑨领导干部履行经济责任过程中遵守有关廉洁从政规定情况。

（二）主要领导干部经济责任审计的主要内容

党政工作部门、审判机关、监察机关、事业单位和人民团体等单位主要领导干部经济责任审计的主要内容：①贯彻落实科学发展观，推动本部门（系统）、单位科学发展情况；②本部门（系统）、本单位预算执行和其他财政财务收支的真实、合法和效益情况；③重要投资项目的建设和管理情况、重要经济事项管理制度的建立和执行情况；④对下属单位财政财务收支以及有关经济活动的管理和监督情况；⑤领导干部履行经济责任过程中遵守有关廉洁从政规定情况。

（三）国有企业领导人员经济责任审计的主要内容

"国有企业领导人经济责任审计主要是指由独立审计机构及人员根据国家的相关政策法规、制度、计划、预算以及经济合同对国有企业领导人经济责任履行情况的审查、评价、监督以及证明的一种审计方式。"①

国有企业领导人员经济责任审计一般应根据干部管理部门的具体要求、领导人员所在企业的实际情况和与领导人员经济责任相关程度来确定审计重点。一般包括如下内容：

（1）企业财务收支及相关经济活动的真实性、合法性和效益性。

（2）企业的经营成果及国有资产的安全、完整和保值增值情况。

（3）企业内部控制的建立和运行情况。

（4）与企业资产、负债、损益目标责任制有关的各项经济指标的完成情况。

（5）重要经济决策和重大经济事项的程序和效果。

（6）财经法纪的遵守情况和领导人员个人廉洁自律情况。

（7）领导人员管理素质的评价。

（8）其他。

（四）党政领导干部经济责任审计的内容

1.贯彻落实中央宏观调控政策措施情况

掌握被审计领导干部任期内贯彻执行宏观调控政策的总体情况，重点审查落实措施是

---

① 伍华林. 国有企业领导人经济责任审计相关问题探讨[J]. 现代审计与会计，2022（12）：9.

否及时、得力、有效。

2.财政收支情况

掌握被审计领导干部任职期间所在地区财政预算管理、财政收支等总体情况，客观评价保障财政收支稳定增长、调整财政支出结构、加强财政预算管理等方面所做的主要工作，重点审查本级财政收支的真实性、管理的规范性，关注财政支出结构状况。

3.国有资产资源管理情况

掌握被审计领导干部任职期间对国有资产资源的决策、管理情况，审查国有资产资源管理制度建设和处置决策、执行等情况。

4.政府债务情况

按照"摸清规模，分清类型，分析结构，揭示问题，查找原因，提出建议"的工作思路。

5.政府投资项目管理情况

掌握被审计领导干部任职期间决策建设的政府投资项目及以政府投资为主的重要建设项目的总体情况，重点审查政府投资项目的立项决策、管理制度和建设效益情况。

二、经济责任审计的程序

（一）审计通知

1.组成审计组

审计机关应当根据年度经济责任审计计划，组成审计组并实施审计。审计机关应当按照项目管理和质量控制的要求配置审计资源，组成审计组，负责具体实施审计。审计组是审计机关在长期审计实践中形成的进行项目审计的审计组织形式。审计组一般由审计组组长、主审和审计组成员三类审计人员组成，在具体的项目审计过程中有着不同的分工。审计组组长、主审和审计组成员应当按照国家审计准则的要求履行职责，做好相应的工作。

2.下发审计通知书

（1）经济责任审计通知书的制作。审计机关在实施经济责任审计前应当制作经济责任审计通知书，经济责任审计通知书应当包括：①被审计人的姓名及职务，所任职或原任职地区（部门、单位）名称；②审计依据、范围、内容和时间等；③审计组成员名单；④被审计单位配合审计工作的要求等内容；⑤其他必要的内容，如附审计工作纪律要求等。

（2）经济责任审计通知书的送达。送达经济责任审计通知书，关系到对被审计领导干部及其所在单位或者原任职单位合法权益的尊重和保护，审计机关必须严格按照法定要求进行：①送达主体——审计机关。②送达客体——经济责任审计通知书。③送达对象——被审计人及其所任职单位或者原任职单位。④送达时间——在实施经济责任审计3

个工作日前。经济责任审计通知书首先应送达被审计领导干部本人，同时考虑到经济责任审计涉及被审计领导干部所在单位或者原任职单位的财政财务收支及有关经济活动，审计通知书在送达被审计领导干部本人的同时应送达其所在单位或者原任职单位。

（3）直接持审计通知书进行审计的例外情况。当审计机关遇有特殊情况时，可以直接持审计通知书实施经济责任审计，但必须经过本级人民政府的批准。所谓的特殊情况，一般是指：①办理紧急事项的，如基于紧急、重大事项而对审计项目的特殊要求或者相关部门的特殊需求，如党委、政府基于有特殊要求情况紧急的；②被审计领导干部或者被审计单位涉嫌严重违法违规的，如相关部门掌握了被审计人或者相关人员涉嫌经济犯罪，需要协同相关部门，立即实施经济责任审计的；③其他特殊情况，从依法审计、保护当事人的合法权益的角度出发，审计机关应当慎重把握"特殊情况"的界限，避免将其泛化，借以侵蚀经济责任审计的一般程序，并严格履行审批程序。

（二）召开审计进点会并进行审计公示

1.审计进点会

审计机关实施经济责任审计时，应当召开有审计组主要成员、被审计领导干部及其所在单位有关人员参加的会议，安排审计工作有关事项。召开经济责任审计进点会，是各级审计机关在多年实践中总结出来的有效做法和成功经验，是保证审计质量和提高审计效率的重要措施。召开审计进点会主要注意以下方面。

（1）召开进点会的主要目的。召开进点会的主要目的是安排审计工作有关事项，以保证审计工作的顺利进行。

（2）进点会的召开时间。在经济责任审计实践中，在审计组进点开始现场审计前召开进点会的效果最好，如果时间或者条件不允许，也可以在开始实施审计的一段合理的时间内召开进点会，否则就失去了召开进点会的实际意义。

（3）进点会的参加人员。审计进点会参加人员应当包括审计组主要成员、被审计领导干部及其所在单位与审计有关的重要部门的相关人员参加。考虑到经济责任审计是联席会议成员单位共同管理的工作，联席会议有关成员单位根据工作需要可以派人参加。在审计实践中，一些地方的纪检、组织、国有资产监督管理等部门派人参加审计进点会，取得了较好的效果。

2.审计公示

审计机关实施经济责任审计时，应当进行审计公示，审计公示可以按照以下步骤进行。

（1）审计公示的公示人。公示人应当是审计组或者审计机关。

（2）审计公示的时间。审计公示的时间一般在审计组进入被审计单位开始现场审计时进行。在审计实践中，召开完审计进点会后马上进行审计公示的效果最好，但如果进点会召开的时间较晚，在开始进点审计时就进行审计公示较为妥当。审计公示应当持续一段合理的时间，或者持续整个审计期间。

（3）审计公示的形式。审计公示可以选择多种形式，如张贴告示、发布信息等，公示形式的选择要便于被审计单位全体职工了解审计公示的信息。

（4）审计公示的内容。审计公示的内容包括审计项目、审计依据、审计主要内容、审计时间、联系电话、公示人、公示时间等。

（三）被审计领导干部和单位作出审计承诺并提供资料

审计机关实施经济责任审计时，被审计领导干部及其所在单位，以及其他有关单位应当提供与被审计领导干部履行经济责任有关的下列资料。

（1）财政收支、财务收支相关资料，包括预算或者财务收支计划、预算执行情况、决算、财务会计报告、运用电子计算机储存、处理的财政收支、财务收支电子数据和必要的电子计算机文档。在金融机构开立账户的情况，社会审计机构出具的审计报告以及其他与财政收支或者财务收支有关的资料等。

（2）工作计划、工作总结、会议记录、会议纪要、经济合同、考核检查结果、业务档案等资料。需要注意的是，审计机关要求被审计对象提供上述资料中包含被审计对象所任职单位或原任职单位时的会议记录，被审计对象不能以保密为理由拒绝提供上述资料。但审计机关和审计人员应当遵守有关保密规定。

（3）被审计领导干部履行经济责任情况的述职报告。

（4）其他有关资料，按照审计法及其实施条例和相关规定，被审计领导干部及其所任职单位或者原任职单位应当对上述所提供的资料的真实性、完整性做出书面承诺。

（四）座谈调查了解并听取有关部门意见

审计机关在经济责任审计过程中，应当听取党委、政府、被审计领导干部所在单位有关领导同志，以及联席会议有关成员单位的意见，听取有关领导同志和联席会议有关成员单位的意见，是审计机关在审计实践中总结出的成功经验之一。通过听取他们的意见，可以帮助审计机关和审计人员掌握被审计领导干部在任职期间经济责任履行的总体情况，把握有关问题和线索，突出审计重点，从而提高审计质量和审计效率，也为审计结果的有效运用奠定了基础。听取上述单位和领导同志的意见是经济责任审计的必经程序和要求，审计机关和审计组对此不能进行选择。

同时，审计人员还要在进行现场审计前，或者是开始进行现场审计的前半段，要专门到组织、纪检监察、国有资产监督管理机构（仅限于国有企业领导人员经济责任审计项目）调查了解相关部门掌握的情况和具体的审计需求等。在必要的情况下，还可以提请公安、监察、财政、税务、海关、价格、工商行政管理或者其他机关予以协助；在经济责任审计中，纪检、组织、监察、人力资源和社会保障以及国有资产监督管理等都是干部管理监督部门，都承担经济责任审计的管理和协调职责。

第二节 经营审计

经营审计是随着社会经济的发展产生需求而出现的。早期人们单纯注意企业的财务状况和盈利情况，很少特意关注企业全部的经营活动。到20世纪，资本主义经济迅速发展，企业规模越来越大，特别是20世纪50年代以后，一方面，先进科学技术的飞速发展，特别是以电子计算机为标志的技术革命，大大推动了经济的发展步伐，同时大大促进了企业管理的完善，使企业管理活动建立在科学的管理方法的基础上；另一方面，企业生产规模日益扩大，竞争更加激烈，企业时刻存在着被吞并、倒闭的危险。为了在竞争中求生存、谋发展，企业管理者的责任由简单的财务要求，发展到要求以经济、有效的办法管理和使用资源，并要求采用适当的管理方法和内部控制来达到预定目标。对这种责任的考核就产生了经营审计。

一、经营审计方法

审计的方法很多，经营审计运用的方法更多。它除了继承和发展审计的一般方法，还要吸收现代管理咨询的各种技术方法。这里概要说明经营审计常用的基本方法。

（一）顺审法

顺审法是指按照企业经营管理活动过程的顺序，即按预测、决策、计划、控制、结果顺序进行审计的方法。运用这种方法，可以对企业经营管理的全过程进行完整、系统的查核、分析、评价，但工作量大，费时费事。

（二）逆审法

逆审法，与顺审法恰好相反。它是从对企业经营结果进行分析入手，依次往前逆推进行审计的方法。这种方法针对性强，易于发现问题，抓住重点，效率高，收效快。因而常被采用，但不够全面系统。

在实际工作中,采用顺审法还是逆审法,或者两者结合运用,应视具体情况而定。对于新建立企业,如新项目,由于主要要审查管理状况,以顺审法为宜。对于管理组织、程序、制度比较健全的企业则用逆审法较为恰当。当然,这也不是绝对的,因为实际情况比较复杂,根据实际需要,两种方法可以结合起来灵活运用,相互补充印证,以取得最佳的审计效果。

(三)审阅法

审阅法就是阅读和审查有关企业经营管理资料,判明其是否真实、完整、准确、合理、合规,审问可以确定哪些资料可以作为审计证据,哪些资料不够系统,还有待进一步查询,哪些资料不具备,还需要调查收集。

(四)查询法

查询法是向被审企业内外有关人员调查询问,取得明确的解释回答,使有关资料成为切实可靠的审计证据。查询可采用面询、函询或询证等具体方法。对于面询取得的解答应有书面记录,经解答人员签字证实,或取得书面解答。运用查询法可以采用调查表的形式,调查表的设计应根据具体情况的需要而定。一般应列调查目标、范围、查询人员、查询结果等项目。运用调查表进行查询工作,可以直接取得系统的书面资料,提高审计工作效率和质量。

(五)核对法

核对法是根据有关指标相互间连带、包容和平衡关系,对企业经营管理的计划等资料进行审查核对,判明其是否相等、相符、吻合、衔接。通过审计核对,可以发现决策是否有可靠依据,有关计划的指标是否协调。

(六)抽查法

抽查法也称抽样法,即抽样审查法。它是运用判断抽样或统计抽样的方式,从企业经营管理资料中抽取一部分"样本",加以审查分析。采用抽查法可以缩短审计时间,提高审计工作效率。在实际工作中,运用抽查法是必要的,因为企业经营管理活动中各种资料数量很大,特别是经营规模大、结构复杂的企业尤其如此,审计人员不可能在短期内将这些资料逐一进行审查,只能有重点、有目的地围绕一些重要的资料进行抽查。抽查时要注意"样本"的代表性、典型性,避免以偏概全。

（七）详审法

详审法也称普审法或细审法，是抽查法的对称。详审法就是对企业经营管理的全部资料进行详细的审查。从理论上讲，详审法的结果最为系统、全面、可靠、准确。但在实际中是难以做到的，因而也只能是相对的。当然，并不排斥可以对某些项目、某些重点进行详审。

（八）比较法

比较法就是对某一事物在不同时期、不同范围进行对比的方法，如企业的经营结果同经营计划比较、同历史同期比较、同其他企业比较等。通过比较可以发现差距、问题，借以评价经营管理水平。运用比较法应明断企业指标的一致可比性，剔除不可比因素，取得准确、客观的比较结果。这种方法常常用于中间审计和事后审计。

（九）分析法

分析法是指企业经营管理活动分析所运用的各种方法。分析法对经营审计至关重要，运用广泛，可用于经营审计内容的各个方面。通过分析可以发现问题、分清是非、明确责任、找出原因，以便提出改进建议。分析的方法非常之多，如定量分析和定性分析、静态分析和动态分析、对比分析、因素分析和平衡分析、总量分析、比率分析、结构分析、指数分析等。也可以结合运用财务分析、统计分析的方法，借鉴外国管理会计的分析方法。

（十）鉴定法

鉴定法是指根据审计标准对企业经营管理的资料、水平、成果等进行鉴别、判断的方法，如对资料真伪的鉴别，经营规模、决策程序合理性的判断，经营管理的效率性、结果的效益性的鉴定。

二、经营审计过程

经营审计的实施大致要经过五个步骤。

（一）初步调查

审计人员首先对被审核业务进行初步调查以获得必需的背景资料。在初步调查中，要获得业务活动怎样发挥作用和控制程序怎样运作的信息，尤其是那些看起来很难控制或很容易被滥用的控制程序。如果审计人员觉得这些控制程序对良好的经营十分重要，应当把测试工作的重点放在这上面。初步调查的目的就是发现存在问题的范围。在初步调查中,询问、观察以及对内部报告的审查等方法运用较普遍。

审计人员在初步调查中与被审计单位的管理人员和与被审计业务相关的人员进行交谈,能取得有关疑点问题的有价值的信息。能否成功取得有价值的信息在很大程度上取决于审计人员能否掌握良好的访谈技巧。

对一个组织的业务活动和经营设施实地观察是可能发现存在的问题的有效方法,如积压的材料、废置的设备、雇员的懒散以及大量的重复、无效率的工作等。审计人员对有关管理层定期使用的信息和经营状况的内部报告的审查可能成为了解有问题领域的有价值的资料来源。一般关注管理层在报告中提出但没有解决的问题等。

(二)审核规章和制定效益标准

在经营审计中,审计人员需要审核企业基本规章制度、主管部门的批复、所复核业务活动的职责分配,并找出或制定出明确的执行准则。

一方面,审计人员需要对政策公告、程序规则、已确立的实施准则、可行的法律和规章以及其他相关资料进行调查,弄清楚被审核业务活动所表明的目的或目标。此外,还要弄清楚管理层如何判断确定的政策和程序是否执行,是否以高效和经济的方式得到执行。

另一方面,审计人员应当尽可能地对调查中的经营活动根据客观的、相关的、可接受的标准进行衡量,以得出客观的结论和建议。审计人员通常可以从以下几个途径获得相关的判断标准:①企业内部产生的衡量标准,如既定的目标、历史数据、生产能力等;②外部产生的衡量标准,如合同条款、行业标准等;③与相似经营活动有关的以前的约定。审计人员通常应与管理层就被审核业务活动所采用的适当标准达成一致,再进行下面的工作。

(三)管理和相关控制的审核

审计人员应对与被审核活动相关的管理与控制加以关注。通常应关注以下情况:①管理层没有建立评价业绩、生产效率或有效性的标准;②对可能导致误解、不一致或偏离的情况缺少明确的指示;③由于员工素质低而无法完成所分配的任务;④没有接受责任;⑤重复工作;⑥对财务资料使用不当;⑦组织的安排缺乏灵活性;⑧对资源的无效或浪费使用;⑨工作订单的积压等。

(四)提出具体结果和建议

通过对以前步骤中所获得的信息进行分析并收集证据以确认这些信息,从而提出具体的调查结果并提出建议。例如,审计人员应指出被审核业务活动存在哪些问题与不足,原因在哪里，有何不良影响，应如何改进等。

（五）编制经营审计报告

经营审计报告是审计人员完成经营审计任务之后，针对其审计过程中所发现的问题发表审计意见做出审计评价的一种书面文件。审计人员可以通过经营审计报告向国家有关的职能部门、被审计单位的主管部门以及被审计单位管理层报告审计结果，对被审计单位的经营成果、经营状况、管理效率等方面的情况做出评价，提出改进工作的建议。经营审计报告具有很重要的意义。审计工作结束后，审计人员有责任根据相关审计准则的要求出具经营审计报告。经营审计报告也是审计人员发表经营审计意见的主要途径，也是审计人员提出改进意见和建议的重要方式。经营审计报告比较确切地提出了有利于提高经济效益的各种情况，也指出了存在的各种问题以及解决问题的办法，以供被审计单位参考。因此，它也是被审计单位管理机构和上级主管部门提高工作效率、进行经济决策的重要参考文件。

第三节　管理审计

一、管理审计概述

（一）管理审计的含义

提高经济效益的方法和手段，大体可分为两个层次：一是谋求最大限度地利用现有资源，充分挖掘人、财、物的潜力；二是企业谋求改善管理素质，通过提高管理水平来提高经济效益。与此同时，将增值型内部审计划分为经营审计和管理审计。

管理审计是指对被审计单位管理活动的效率性、效果性和经济性进行确认与评价的一个过程，其目的是通过评价管理工作的质量水平以及管理机构、人员的素质和能力，促进加强管理，提高经济效益。

对企业而言，经营讲的是市场，管理讲的是效率。从这个意义上讲，管理审计又可以称为效率审计。

前面我们已经阐述，管理的职能是计划、组织、领导与控制，企业管理的主要任务是按照经营决策所规定的目标、方针和策略，对企业的人、财、物等要素进行合理的计划、组织、领导和控制，做到合理利用资源，降低成本，减少消耗，提高劳动生产率，提高产品服务质量，最终达到最大的经济效益。因此，管理审计就是对企业的计划、组织、领导与控制等经济管理行为进行确认与评价，并深入剖析，发现问题，提出管理建议的一个过程。

（二）管理审计的目标与内容

1. 管理审计的目标

管理审计是通过对企业管理状况的系统检查，评价管理绩效，借以提高管理效益。

（1）计划职能的审计目标。审查计划职能，主要回答被审计单位有无能保证经营目标实现的各种具体计划，以及有无正确的决策程序等；要明确指出计划、决策中存在的缺点及其改进的措施。

（2）组织职能的审计目标。审查组织职能，主要回答被审计单位内部机构的设置是否合理，机构间的职责划分是否明确，是否有上下左右的协调措施，部门职责及群体、个人的工作是否明确，以及有无有利于实现经营目标的人事制度，等等。

（3）领导职能的审计目标。审查领导职能，主要回答被审计单位是否有素质高、方法得当、具有集结人们能力与意愿的领导群体；该群体是否能有效地把个人目标和单位目标协调起来，具有说服与指导他人的才能；领导者所采用的授权方法、激励机制和沟通机制，是否能有效地调动广大职工的积极性，是否有利于协调干群之间的关系。

（4）控制职能的审计目标。控制职能审查，应回答被审计单位有无健全有效的内部控制制度，内部控制制度能否执行，内部控制工作能否保证单位管理目标的实现、各项任务的完成和各种偏差的纠正等。

2. 管理审计的内容

管理审计的内容主要包括管理职能审计和管理人员胜任能力审计。

管理职能审计又称管理过程审计，是指以计划、组织、决策和控制等管理职能为对象的一种管理审计。通过对各种管理职能的健全性和有效性的评估，以考核管理水平的高低、管理素质的优劣以及管理活动的经济性、效率性，并针对管理中存在的问题，提出改进的建议和意见。

通常所讲的内部控制审计和风险管理审计都属于管理职能审计。

管理人员胜任能力审计是通过对管理人员工作现状进行调查分析，评价管理人员在企业经营管理中的能动作用，进而审查管理水平和管理绩效的一种审计活动。

（三）管理审计的特点

虽然说管理审计是经营审计的自然发展，但它还是具备某些从根本上就区别于经营审计的特征。

1. 管理审计是增值型内部审计中的高层次审计

企业的生产经营活动都是在一定的管理体系的作用下进行的。如果说业务经营活动是企业经济活动中的"经济基础",管理活动就是经济活动的"上层建筑"。抓好管理工作,才能保证企业各项业务经营活动正常、高效地进行,保证提高经济效益的各种措施和方案得以实施。通过管理审计促进被审计单位改善管理素质、提高管理水平和管理效率,从而保证企业在现有技术水平和技术装备不变的条件下,通过改进计划、组织、指挥、协调、控制、激励和决策的方式、方法,来提高经济效益,帮助企业实现其价值。

2. 管理审计的重点是管理人员胜任能力

管理审计着眼于提高企业整体功能,从根本上改进组织管理,提高管理效率。管理审计为从系统整体的高度优化整体结构,首先要提高管理组织、管理人员的胜任能力,从而为实施挖掘潜力、提高经济效益的各种改进方案创造条件,铺平道路。

3. 管理审计是对管理进行的审计

管理审计本身不具有管理职能,它不是直接的管理活动,而是一种确认与咨询活动,它是审查评价管理活动的审计,而不是代替重复企业管理部门的工作。

4. 管理审计关心组织效率与效果的综合评价

尽管管理审计人员最终总是集中分析某些主要问题,但这也是在评价组织综合经营过程之后才是如此。这与内部审计师实施经营审计存在明显的不同,尽管在经营审计中内部审计师也关心效率,但只是评价组织的个别部分,而不进行全面的评价或审计。这是管理审计最基本的性质,它使管理审计成为财务责任程序中最有效的控制机制。

二、管理职能审计

管理职能审计是指以计划、组织、领导和控制等管理职能为对象的一种管理审计。它通过对各种管理职能的健全性和有效性的评估,以考查管理水平的高低、管理素质的优劣以及管理活动的经济性、效率性,并针对管理中所存在的问题,提出改进的建议和意见。

在管理的各职能中,计划职能是管理活动的首要职能,是管理活动的的起点;组织职能是管理活动得以顺利进行的必要环节;领导职能是管理过程的活的灵魂,是管理的核心环节;控制职能是管理过程的监视器和调节器,是管理过程不同阶段的连接点,是管理过程的重要链条。

(一)计划职能的审计

广义的计划职能是指管理者制订计划、执行计划和检查计划执行情况的全过程;狭义的计划职能是指管理者从各个抉择方案中选取未来最适宜的行动方针，包括选定方案和制订达成方案的行动。有效的计划具备下列积极意义。

一是有利于合理地配置资源，充分发挥生产经营潜力。

二是增强管理的预见性，规避风险，减少损失。

三是将组织的目标传达给外部，增强外部对企业的信心。

四是将组织的目标传达给内部，统一员工思想行动。

五是评估目标的可行性。

六是评估实现目标的各种方法。

七是建立事情的优先顺序。

八是有效减少应急需要。

可见，计划不仅是最基本的一项管理职能，而且是实施其他管理职能的基础。对计划职能进行审计是非常重要的。

1. 审计目标

（1）被审计单位是否根据公司战略与经营环境制定了与既定的战略相适应的经营目标。

（2）被审计单位是否制订了与既定的经营目标相适应的经营计划。

（3）被审计单位制订的经营计划体系是否科学和完整，能否保证经营目标的实现。

（4）被审计单位是否遵守正确的决策原则，有无科学的决策程序和方法。

（5）根据审计过程中发现的计划、决策中存在的缺陷提出改进意见。

2. 审查计划制订原则

要想使计划工作能充分发挥其功能，就必须选择适当的设计原则。在审查时，内部审计师应注意以下几方面的问题。

（1）被审计单位是否选择了正确的设计程序。计划设计程序由两种不同的经营思想决定：一种是以生产为导向，另一种是以销售为导向。在审查时，应注意被审计单位在选择设计程序时，究竟受哪种思想支配。

（2）被审计单位是否重计划编制体系的层次性。从计划长短来看，计划可分为中期计划和长期计划，中期计划指3-5年的计划，长期计划指5年以上的计划。从纵向来看，计划可以分为战略计划、基层作业计划和业务计划。战略计划提供由上而下的指导；基层作业计划提供由下而上的保证；业务计划发挥承上启下、上传下达的作用。审查时应注意：各层次的计划能否形成一套上下、远近相互关系的目标体系，是否形成了完整的层层相连的目标手段链，以利于进行目标控制。

（3）被审计单位是否建立了整体的计划预算制度。只有充分认识到计划的多样性，才能编制出有效的计划，才能建立"战略、规划、预算"制度，以贯彻整体性、系统性和目标管理精神。

（4）被审计单位是否注重信息系统的建立。计划的制订受多方面因素影响，并应根据因素的变化而进行经常性调整，没有一套完整的信息系统做保证是不可能做到的。

3.审查计划制订步骤

（1）内外要素的审查。一份有效的经营计划，实际是外部要素以及内部要素之间的一种平衡，外部要素是确定计划目标的依据，内部要素则是实现计划目标的保证，只有内外要素协调平衡，制订的计划才有可行性。在审计时，一是要查明被审计单位是否进行了充分的市场调查，真正判明了自身所处的地位及所期望的方向；二是要查明被审计单位是否对内部条件进行了充分的研究，是否对未来和自身适应能力做出了恰当估计。

（2）确定目标的审查。目标是计划方案的核心，通常以量化的数字指标来表示。目标是在内外部因素协调平衡的基础上确定的。应该说明的是，市场预测结果只是根据外部因素测算的理论值，不能直接作为计划目标，应根据企业内外可能存在的各种因素对它进行修正。例如，当预测值小于企业从规模效益考虑的盈亏点时，显然就不能以预测值作为计划目标，这时就应该在计划方案中采取措施，开拓新的市场，扩大经营规模，保证企业必需的盈利水平。确定目标可能遇到的最大障碍有两个：一是多目标之间的协调，多目标之间的协调是指相互矛盾的目标之间的协调，如企业经济效益目标与社会责任目标之间、数量目标与质量目标之间、企业整体目标与职工利益目标之间等经常是矛盾的，确定目标时应协调好这些矛盾。二是目标风险性的估计。目标实现的风险性，在市场经济条件下是必然存在的，问题是如何预测和对待风险，将风险损失控制在最低限度，这是在确定目标时必须考虑的问题。在审计时，应查明被审计单位确定的目标是否符合企业的战略；对是否能实现进行了充分的估计；目标是否可分解，并为经营计划的制订指明方向。

（3）明确抉择方案的审查。应查明被审计单位对那些可供抉择的方案是否进行了认真的研究与考察；是否通过考察与近似计算的方法而选取一些最有成功希望的方案，以备进一步分析、选用。

4.审查具体的经营计划

经营计划是指在经营决策基础上，根据经营目标对企业的生产经营活动和所需要的各项资源，从时间和空间上进行具体统筹安排所形成的计划体系。审查时应注意以下几点：

（1）经营计划反映的内容是否完整、全面、得当。

（2）经营计划编制的程序是否科学、规范。

（3）具体的经营计划是否切实可行，是否起指导作用。

（4）作为经营计划重要组成部分的财务预算是否具有弹性。

（5）对经营计划的完成情况是否有明确的考核指标。

（二）组织职能的审计

组织是为了达到某些特定目标经由分工与合作及不同层次的权力和责任制度而构成的人的集合。组织职能是指按计划对企业的活动及其生产要素进行的分派和组合。组织职能对于发挥集体力量、合理配置资源、提高劳动生产率具有重要的作用。管理学认为，组织职能一方面是指为了实施计划而建立起来的一种结构，该种结构在很大程度上决定着计划能否得以实现；另一方面是指为了实现计划目标所进行的组织过程。

组织设计所面对的基本矛盾是管理对象的复杂性与个人能力的有限性。组织设计的基本任务，就是如何发挥管理者群体的作用，有效地管理复杂多变的对象，发挥整体大于部分之和的优势，使有限的人力资源形成综合效果。

1.组织职能的审计目标

审查组织职能，主要回答被审计单位有无有利于经营目标实现的组织结构，协调统一工作，个人与群体工作，以及人员配备、选拔、使用、考核、开发的制度。主要审计目标有以下几项。

（1）内部机构的设置是否合理。

（2）机构间的职责划分是否明确。

（3）是否有上下左右的协调措施。

（4）部门职责及群体、个人的工作是否明确。

（5）有无有利于实现经营目标的人事制度。

2.组织机构类型的审查

设置组织机构的核心问题是划分部门问题，划分部门的关键是要使部门划分后所构成的结构体系能够适应战略、战术和环境方面的特定条件。因此，审计时主要应查明该单位的组织机构是否符合以下要求。

（1）组织结构是否能反映出目标、战略。

（2）组织机构是否适应于单位的任务与技术的需要。

（3）组织机构是否能反映周围环境的需要。

（4）组织机构是否适宜于主管人员的职权范围及人员调配等。

3.组织机构有效性审查

任何组织机构要想有效地履行管理功能，必须做到既目标明确而又固定，各级管理部门指挥灵活、信息畅通、联络方便、工作分配肯定、而又清晰，便于发现和纠正偏差。审查时，应注意以下几个问题。

（1）各部门职能是否独立。

（2）业务经营职责是否分离。

（3）有无形成灵活的指挥体系。

（4）部门和个人职责范围是否明确。

（5）是否按等级层次进行授权管理。

（6）是否有利于信息传递。

（7）组织机构是否具有弹性，是否能适应经营目标和经营环境的变化。

（8）职能、责任和权利的分配有无重叠、冲突。

（9）职权分配是否过细，而导致行动迟缓。

（10）是否存在职务虚设、机构重叠，从而导致开支加大、效率低下等情况。

（三）领导职能的审计

领导是影响和支持其他人为了达到目标而富有热情地工作的过程。领导的实质是组织成员的追随与服从。正是组织成员的追随与服从，才使领导者在组织中的地位得以确定，并使领导过程成为可能。领导职能是指领导者运用组织赋予的权力，组织、指挥、协调和监督下属人员，完成领导任务的职责和功能。好的领导与决策是权威、艺术与程序的统一，对组织的管理与发展至关重要。

1.领导职能的审计目标

审查领导职能，主要回答被审计单位是否有素质高、方法得当、具有集结人们能力与意愿的领导群体；该领导群体是否能有效地把成员的个人目标和单位的集体目标协调起来，具有说服与指导他人的才能；领导者所采用的授权方法、激励机制和沟通机制，是否能有效地调动广大职工的积极性，是否有利于协调干群之间的关系。主要审计目标有以下几项。

（1）各层次管理人员的领导才能和责任感是否与组织管理的要求相适应。

（2）是否存在有效的领导。

（3）是否采用了适当的授权管理方式。

（4）是否存在有效的激励机制。

（5）信息沟通机制是否有利于使命的传达和任务的完成。

（6）领导和下属的关系是否融洽、团结。

2.领导素质与方法审查

（1）对领导素质与修养的审查。主要审查：领导者的认识和行为，领导者的个人品质，领导者的修养，领导群体的整体素质等。

（2）对领导方式的审查。主要查明领导者所采用的领导方式是否有利于调动广大职工的主动精神，是否有利于企业管理目标的实现。

（3）对领导方法的审查。不同的领导有不同的领导方法。通常认为，对下属充分信赖并充满信心，经常征求和采纳下属意见，在帮助下属实现企业目标的同时还能实现下属个人目标,这样的领导是好领导。在审查时,应注意了解领导:是否有明确的个人职位和工作职责;能否帮助下属消除取得成就的障碍,谋求群体的协助,加强群体的团结协作精神;能否创造能激励群体成员潜在或明显能力的一种环境;能否增加下属在工作中得到满足的机会,减少不必要的心理压力和外部控制;是否明确奖励标准,以及做一些其他符合人们期望的事情等。

3.授权管理审查

授权是指由主管授予下属以一定的责任与事权,使之在其监督下能自主地处理与行动。授权是一门管理的艺术。现代管理学认为,在目标管理中,授权管理非常重要。

第一,授权是完成目标责任的基础。权力随着责任者,用权是尽责的需要,权责对应或权责统一,才能保证责任者有效地实现目标。

第二,授权是调动部属积极性的需要。目标管理对人的激励,是通过激发人员的动机,将人们的行为引向目标来实现的。目标是激发这种动机的诱因,而权力是条件。

第三,授权是提高部属能力的途径。目标管理是一种能力开发体制,这主要是通过目标管理过程中的自我控制、自主管理实现的。实行自我控制与自我管理,目标责任者必须有一定的自主权。在运用权限自主地决定问题和控制中,将促使目标责任者对全盘工作进行总体规划,改变靠上级指令行事的局面,有利于能力发挥并不断提高。

第四,授权是增强应变能力的条件。现代管理环境情况多变,要求管理组织系统要有很强的适应性和应变能力。实现这一点的重要条件是各级管理者手中要有自主权。

对授权管理进行审计,主要审查以下方面。

(1)授权方式审查。主要是对利润中心授权方式、成本中心授权方式和责任中心授权方式进行审查。

(2)授权方法审查。授权方法有两种:一般授权与特定授权。

一般授权指的是在正常业务范围内的授权。审计应该查明:是否在制度、职责分配中规定了处理正常性业务的标准;该种授权方法是否具有经常性和连续性。

特定授权指的是对非正常业务之内的授权。审计应查明:是否只对特殊的个人进行授权,并给予严格的条件;该种授权方法是否只属于一次性授权。

(3)授权其他问题审查。包括:是否根据明确的隶属关系进行授权;是否明确授权环节与授权者,有无越权授权;是否以被授权者的能力强弱及知识高低为根据,因事选人,视能授权;授权前是否做充分研究和准备,力求将责任与事权授予最合适的人;所授权责是否明确,是否具体规定其目标和范围;授权是否适当,是否有适当控制,以免造成授权过度或不足,或放任自流;主管是否保留有适当权责,授权者和被授权者是否相互信赖,上级是否事事干预,下属是否事事请示;是否注意适时授权和授权技巧等。

（四）控制职能的审计

控制是促使组织的活动按照计划规定的要求展开的过程。控制职能是按照既定的目标、计划和标准，对组织活动各方面的实际情况进行检查和考察，发现差距，分析原因，或采取措施，予以纠正，使工作能按原计划进行；或根据客观情况的变化，对计划作适当的调整，使其更符合实际。

控制职能处于管理的中心地位，对整个管理系统的活动具有约束和指导作用，它不仅能有效地预防或发现错误、弊端与风险，而且有利于单位有秩序、高效率地经营，实现组织的目标。因此，控制职能审计是管理审计的重要内容之一。

第四节　内部控制审计

一、实施内部控制审计的必要性

内部控制作为企业的一项重要管理活动，主要试图解决三方面的基本问题，即财务报告及相关信息的可靠性、资产的安全完整以及对法律法规的遵循。与此同时，促进提高经营的效率效果，并促进实现企业的发展战略。安然、世通等一系列公司财务报表舞弊事件发生后，人们认识到健全有效的内部控制对预防此类事件的发生至关重要。各国政府监管机构、企业界和会计职业界对内部控制的重视程度也进一步提升，从注重财务报告本身可靠性转向注重对保证财务报告可靠性机制的建设，也就是通过过程的有效保证结果的有效。资本市场上的投资者甚至社会公众要求企业披露其与内部控制相关的信息，并要求经过注册会计师审计以增强信息的可靠性。

但是，在财务报表审计中，只有在以下两种情况下才强制要求对内部控制进行测试：在评估认定层次重大错报风险时，预期控制的运行是有效的（在确定实质性程序的性质、时间安排和范围时，注册会计师拟信赖控制运行的有效性）；或者仅实施实质性程序并不能够提供认定层次充分、适当的审计证据。可见，注册会计师对内部控制的了解和测试不足以对内部控制发表意见，难以满足信息使用者的需求。因此，内部控制审计逐渐发展起来，很多国家要求注册会计师对内部控制设计和运行的有效性进行审计或鉴证。例如，美国《萨班斯—奥克斯利法案》第404条和日本《金融商品交易法》要求审计师对企业管理层对财务报告内部控制的评价进行审计；我国《企业内部控制基本规范》要求会计师事务所对企业内部控制的有效性进行审计，出具审计报告，并专门制定《企业内部控制审计指引》（以下简称《审计指引》）规范内部控制审计工作。

二、内部控制审计的定义

内部控制审计是指会计师事务所接受委托，对特定基准日内部控制设计与运行的有效性进行审计。

（一）企业内部控制审计基于特定基准日

注册会计师基于基准日（如年末12月31日）内部控制的有效性发表意见，而不是对财务报表涵盖的整个期间（如1年）的内部控制的有效性发表意见。但这并不意味着注册会计师只关注企业基准日当天的内部控制，而是要考察企业一个时期内（足够长的一段时间）内部控制的设计和运行情况。例如，注册会计师可能在5月对企业的内部控制进行测试，发现问题后提请企业进行整改，如6月整改，企业的内部控制在整改后要运行一段时间（如至少1个月），8月注册会计师再对整改后的内部控制进行测试。因此，虽然是对企业12月31日（基准日）内部控制的设计和运行发表意见，但这里的基准日不是一个简单的时点概念，而是体现内部控制这个过程向前的延续性。注册会计师所采用的内部控制审计的程序和方法，也体现了这种延续性。

（二）财务报告内部控制与非财务报告内部控制

《审计指引》第四条第二款规定，注册会计师应当对财务报告内部控制的有效性发表审计意见，并对内部控制审计过程中注意到的非财务报告内部控制的重大缺陷，在内部控制审计报告中增加"非财务报告内部控制重大缺陷描述段"予以披露。

财务报告内部控制是指企业为了合理保证财务报告及相关信息真实完整而设计和运行的内部控制，以及用于保护资产安全的内部控制中与财务报告可靠性目标相关的控制，主要包括下列方面的政策和程序。

（1）保存充分、适当的记录，准确、公允地反映企业的交易和事项。
（2）合理保证按照企业会计准则的规定编制财务报表。
（3）合理保证收入和支出的发生以及资产的取得、使用或处置经过适当授权。
（4）合理保证及时防止或发现并纠正未经授权的、对财务报表有重大影响的交易和事项。

非财务报告内部控制是指除财务报告内部控制之外的其他控制，通常是指为了合理保证经营的效率效果、遵守法律法规、实现发展战略而设计和运行的控制，以及用于保护资产安全的内部控制中与财务报告可靠性目标无关的控制。

（三）企业内控责任与注册会计师审计责任的关系

《审计指引》第三条规定，建立健全和有效实施内部控制，评价内部控制的有效性是企业董事会的责任。按照本指引的要求，在实施审计工作的基础上对内部控制的有效性发表审计意见，是注册会计师的责任。两者之间的关系和会计责任与审计责任的区分保持一致。换言之，内控本身有效与否是企业的内控责任，是否遵循审计指引开展内控审计并发表恰当的审计意见是注册会计师的审计责任。因此，注册会计师在实施内控审计之前，应当在业务约定书中明确双方的责任；在发表内控审计意见之前，应当取得经企业签署的内控书面声明。

三、整合审计

《审计指引》第五条规定，注册会计师可以单独进行内部控制审计，也可以将内部控制审计与财务报表审计整合进行（以下简称整合审计）。

理解这一规定，要明确两点：一是内部控制审计与财务报表审计是两种不同的审计业务，两种审计的目标不同；二是内部控制审计与财务报表审计可以整合起来进行。

（一）内部控制审计与财务报表审计的异同

内部控制审计要求对企业控制设计和运行的有效性进行测试，在财务报表审计中，也要求了解企业的内部控制，并在需要时测试控制，这是两种审计的相同之处，也是整合审计中应整合的部分，但由于两种审计的目标不同，审计指引要求在整合审计中，注册会计师对内部控制设计与运行的有效性进行测试，要同时实现两个目的。

（1）获取充分、适当的证据，支持在内部控制审计中对内部控制有效性发表的意见。

（2）获取充分、适当的证据，支持在财务报表审计中对控制风险的评估。

（二）两种审计的整合

财务报告内部控制审计与财务报表审计通常使用相同的重要性（或重要性水平），在实务中两者很难分开。因为注册会计师在审计财务报表时需获得的信息在很大程度上依赖注册会计师对内部控制有效性得出的结论。注册会计师可以利用在一种审计中获得的结果为另一种审计中的判断和拟实施的程序提供信息。

在实施财务报表审计时，注册会计师可以利用内部控制审计的结果来修改实质性程序的性质、时间安排和范围，并且可以利用该结果来支持分析程序中所使用的信息的完整性和准确性。在确定实质性程序的性质、时间安排和范围时，注册会计师需要慎重考虑识别出控制缺陷。

在实施内部控制审计时，注册会计师需要评估财务报表审计时实质性程序中发现问题的影响。最重要的是，注册会计师需要重点考虑财务报表审计中发现的财务报表错报，并考虑这些错报对评价内控有效性的影响。

第五节 风险管理审计

一、风险管理审计的程序

所谓"无规矩不成方圆"。审计人员在进行风险管理审计的过程中也应遵循一定的工作顺序和过程。科学合理的审计程序不仅有利于提高风险管理审计工作的工作效率和质量，而且有利于风险管理审计工作的规范化。

（一）检查已经设定的目标

风险管理审计的开始和结束都是帮助组织实现目标。组织的目标包括高层次的公司目标以及从整体战略计划中衍生出来的低层次运营目标等。风险包括所有影响业务目标的不确定性因素，其形式有真实的威胁、观察到的威胁和错过的机会等。建立风险管理系统的第一步通常是重新检查已经设定的目标并保证这个目标定义清晰，以及所有人都能正确理解该目标。

（二）制订风险管理审计计划

审计的目的之一是向管理层提供信息，以减少组织在实现目标过程中可能的风险。作为风险管理审计的负责人应当根据年度审计计划的要求，进行审前调查，在对可能影响组织目标实现的风险评估的基础上，编制科学、合理的项目审计计划和审计方案。

（1）项目审计计划，是对具体风险业务、项目或因素实施审计的全过程所做的综合计划和安排，主要包括：审计的目标、范围、重要审计领域、审计组成员、预计审计时间、利用的外部专家等。

（2）审计方案，是对具体风险业务、因素的审计程序及其时间等所做的详细安排，主要包括：具体审计的目标、审计程序和方法、预定的执行人员和执行时间、拟获取的审计证据等。

审计计划通常由内部审计机构根据上级部门和本部门、单位的具体情况拟定，并报本部门、单位领导批准后实施。审计计划可以促进内审人员有效率地、及时地完成审计业务，提高审计效率。

（三）风险因素识别、分析与评价

本部分的主要内容包括：风险识别、定义，按照风险重要性和可能性进行排序等，审计人员通过调研通用风险模型，发动相关人员补充例外风险、定义风险、联结风险与战略等各项工作，建立一个特定的风险模型，确保影响企业成功的所有风险都能被识别、定义和理解。

审计人员通过访谈、发放调查表、召开座谈会等形式收集相关信息，按照重要性、可能性以及容忍度等标准，使用专家评分法、风险评估模型、风险指数法等方法确定哪些是主要风险、次要风险、低级风险等，从而为保证核心风险能够得到有效管理奠定坚实的基础。

识别风险要素后，需要对流程进行分析。这一步骤所涉及的工作主要有以下几项。

（1）通过流程图等形式对公司流程及流程管理形成清晰的认识。

（2）识别和记录将风险控制在预期水平的关键控制点。

（3）评估这些关键控制点能否有效地将风险控制在预期水平。

（4）如果这些关键控制点不足以将风险控制在预期水平，则需要进一步识别差距，并确定缩小这种差距的措施。

（5）对存在较大认识偏差的风险进行了解，或者由公司组织讨论，并将不同的风险认知水平揭示出来，引导责任人进行再次理解、判断和评估，直到不存在较大偏差。

内部审计人员为了证实流程的实际运行能够确保预期目标的实现，证实没有相应的流程或流程运行不畅时潜在的影响有多大，需要进行审计测试。此时，内部审计人员的主要工作包括：

（1）实施符合性测试，验证流程是否如设计的那样有效运行。

（2）当流程的一部分设计不完善或未能如设计那样顺畅运行时，执行实质性测试（量化测试），以推算或预测潜在的影响。

（3）根据测试结果，评估流程的有效性。

（4）对设计不完善的流程或运行不畅的流程，应进一步分析其原因，找出可能的解决方案。

（四）评估风险管理能力

风险管理的综合能力体现在战略与政策、流程、人力资源、技术、信息、管理报告等方面，这些能力的水平可以划分为若干级别（或阶段），如初始阶段、可重复阶段、确定阶段、管理阶段、优化阶段。本步骤的具体工作包括：

（1）内部审计人员基于流程分析和审计测试的结果，描述每一项能力的具体特征，并对照五个阶段的界定来确定企业风险管理水平当前所处的阶段。

（2）综合考虑管理层对风险的容忍度与公司治理的相关要求，确定每种能力的期望。

（3）针对各项风险管理能力当前所处阶段与期望阶段之间的差距，考虑各种改进技术方法和政策措施。

按照SMART（针对性Specific、可测量性Measurable、能达到Actionable、责任到人Responsibility、及时性Timely）标准，结合前述各步骤中的审计发现及当前风险管理活动的实际情况提出完善风险管理行动计划的建议，并及时与管理层进行沟通，落实风险管理改进责任人，设定建议落实时限，以确保实现风险管理审计最终的增值功能。

（五）审计实施

风险评估的结果可能会产生风险图和风险记录，这些文件记录了每一项风险以及相应步骤、程序、产品、方案、项目或者部门的风险。风险记录的结果是对控制措施的书面化，管理人员会将这些风险每年在内部控制报告中进行说明。与其说审查流程就是对以往的风险评估进行简单更新，不如说审查流程与培养正确的企业文化更为相关。例如，所有重要决策背后都应该有正式风险评估的支持，并且所有的风险投资、项目和战略的变化都需要进行风险评估。这也意味着，员工应该将风险评估和管理作为自己的日常工作，并且主要业绩指标也应该包括风险评估的结果。风险审查流程不仅是公司管理的一部分，还应该是组织内部各个成员以及同事之间的行为方式。

（六）出具风险管理审计报告

审计工作的最终结果表现为审计报告，报告阶段在整个审计过程中有着重要的作用。风险管理审计报告应当主要反映整个审计的要点，既要肯定企业在风险管理中先进、有效的管理方式，又要针对风险管理中的漏洞和不足之处进行分析，并提出改进建议。

内部审计师递交的风险管理审计报告的基本要素包括：标题、收件人、正文、附件、签章、报告日期。其中，风险管理审计报告的正文是实施风险管理审计结果的综合反映，是风险管理审计报告的核心内容。下面我们将对其主要内容进行介绍。

（1）审计概况。主要描述风险管理审计的依据、审计目的和范围、审计重点和审计标准、主要实施程序等内容。

（2）审计单位风险管理基本情况。主要反映审计期内被审计单位的情况、存在的问题以及成因。其中，需要反映的被审计单位的情况包括：

①风险管理基本流程运转情况，是否收集风险管理初始信息，是否组织进行风险评估，是否制定相应的风险管理策略，是否提出和实施风险管理解决方案等。

②风险管理监督与改进情况，是否能以重大风险、重大事件和重大决策、重要管理及业务流程为重点对风险管理基本运转情况进行监督，是否采用压力测试、返回测试、穿行测试以及风险控制自我评估等方法对风险管理的有效性进行检验，是否根据风险变化情况和存在的缺陷及时进行整改等。

③风险管理组织体系建设情况，是否建立健全了规范的公司法人治理结构，形成高效运转、有效制衡的监督约束机制，董事会是否履行了在风险管理方面的职责，风险管理委员会的召集人是否符合规定要求，下设的风险管理委员会是否履行了相应的职责任务，各个层级的管理人员是否指导、制定、实施了风险管理工作要求。

④风险管理信息系统建设情况，是否建立了涵盖风险管理基本流程和内部控制系统、各个环节的风险管理信息系统，输入系统的信息是否准确、及时、可用和完整，是否设置了对数据信息更改的控制与管理措施。

⑤风险管理文化建立情况。

（3）审计评价。主要反映通过审计得出的对审计期内被审计单位在风险管理方面的结论性评价。

（4）审计建议。主要描述对已查明审计事实和审计评价结果提出改进和完善内部风险管理的建议。风险管理审计的建议应主要包括风险回避、降低、分担、承受。

风险管理审计报告由内部审计人员撰写结束后，与被审计单位进行交流沟通，征求意见，提交本单位董事会或管理层审核和应用。

（七）进行风险管理后续审计

后续审计是风险管理审计项目完成后，审计人员对其所提出的改进措施的落实情况进行审计。例如，被审计单位是否纠正已审查的账表错误，是否改善了不合理的内部控制程序，风险管理方案是否得以实施，风险管理的效果如何等。

后续审计实质上就是对被审计单位执行审计决定的一种继续监督。通过后续审计，既可以监督审计决定的执行，又可以帮助被审计单位解决一些他们不好解决的问题，帮助他们落实有关措施。后续审计是内部审计的重要环节，因为风险是时刻变化着的，如不及时落实有关措施，风险可能会加大。进行后续审计可以提高内部审计工作质量和审计监督的权威性，保证决定的正确执行以及使企业面临的风险得到有效的控制。值得注意的是，后续审计的重点不是如何改进报告中所提到的具体建议，而是由于控制目标未能实现而产生的风险和影响，实现控制目标才是后续审计的最终目的。

后续审计的程序包括：

（1）确定后续审计项目。后续审计项目应根据原审计项目所涉及风险的大小以及实施改进措施的难易程度来确定。原审计项目所涉及的风险越大，实施改进措施越困难的，就越需要后续审计。

（2）确定后续审计的人员。可以选择内部审计人员，以查明被审计者是否采取了适当的措施、是否取得了理想的效果，也可以由高级管理层直接实施后续审计，监督被审计单位的后续工作。

（3）开展具体的后续审计工作。内审部门根据被审计单位对改进建议的书面回复内容，与其探讨存在的问题和误解，如果有重大的审计发现，则需进行现场审计，对已改善了的控制环境的风险进行重新评估，判断其是否在合理范围内。

（4）出具后续审计报告。内部审计人员实施后续审计后，应向被审计单位出具后续审计报告，与被审计单位管理者共同探讨上次审计决定或建议未得以落实的原因。

二、风险管理审计的内容

由于风险管理主要包括风险识别、风险评估和风险应对三个阶段。内部审计师对风险管理的审查和评价应主要包括如下方面。

（一）审查与评价风险管理机制

风险管理机制是企业进行风险管理的基础，良好的风险管理机制是企业风险管理是否有效的前提，因此内部审计部门或人员需要审查以下方面，以确定企业风险管理机制的健全性及有效性。

（1）审查风险管理组织机构的健全性。企业应该在全员参与和专业管理相结合的基础上，根据自身生产经营的性质、规模的大小，管理水平，风险程度等特点，建立一个包括风险管理负责人、专业管理人员、非专业风险管理人员以及外部风险管理等在内的风险管理体系。并且这个风险管理体系需要根据产生风险的原因和阶段进行动态调整。

（2）审查风险管理程序的合理性。企业风险管理机构应当采用合理的风险管理程序，以确保风险管理的有效性。

（3）审查风险预警系统的存在及有效性。风险管理的首要工作是建立风险预警系统，即通过对风险进行科学的预测分析，预计可能发生的风险，并提醒企业相关部门采取措施，以达到规避风险、减少风险的目的。

（二）审查与评价风险识别的适当性及有效性

风险识别是指对企业面临的以及潜在的风险加以判断、归类和鉴定风险性质的过程。内部审计师可以采取各种必要的审计程序审查风险识别过程，重点关注组织面临的内、外部风险是否得到充分、适当的确认。

内部审计师在对风险识别的适当性和有效性进行审查和评价时，应该注意以下内容。

（1）风险识别原则的合理性。企业进行风险管理审计、风险评估的前提是对风险的识别和分析，正确地识别风险是确保审计成功的关键一步。

（2）风险识别方法的适当性。内部审计师在进行实地调研后，需要运用各种风险识别方法归类并总结企业面临的各种风险。风险识别方法需要解决的问题包括：分析风险要素、风险性质以及这些风险可能导致的后果。内部审计人员在分析风险识别方法的适当性时可以采取各种方法。例如，可行性分析、决策分析、投入产出分析、流程图分析、资产负债分析、专家调查法、风险清单分析法（包括调查表法、资产—损失分析法、保单对照法等）、财务报表分析法等以识别确保公司经营模式的成功所必须管理的风险。在此基础上，通过利用产业结构分析、竞争对手分析等方法进一步分析更深层次的原因、根源，以便深化对企业相关风险的全面认识和理解。

（3）风险识别的充分性。审计人员在充分了解企业总体目标及主要业务的基础上，可以从战略风险、运营风险、财务风险、信息风险四个层面评估已经识别的风险的充分性，审查企业面临的主要风险是否均被识别出来，并找出未识别的主要风险。

（三）审查与评价风险评估方法的适当性及有效性

风险评估的方法包括定性和定量两种。其中，定性方法是指运用定性术语评估并描述风险发生的可能性及影响程度。定量方法是指运用数量的方法评估并描述风险发生的可能性及影响程度，定量方法主要包括：专家打分法、层次分析法、计分法、风险价值法等。在上述定义中，风险发生的可能性是指影响组织目标实现的不确定性事件成为现实的可能性，而风险的影响程度是指该不确定性事件发生时对组织目标带来的影响的程度。

通过对比，可以得出一般情况下定量方法比定性方法可提供更为客观的评估结果。在对两种风险评估方法有了初步的了解后，审计人员对风险评估方法的适当性和有效性进行评价时，还应该坚持如下原则。

（1）定性方法的使用需要充分考虑相关部门及人员的意见。从对定性方法的描述中，很容易发现定性方法相对于定量方法，受评估人员主观判断的影响较大，为了更加接近客观事实，提高评估结果的客观性，内部审计人员应多方面收集相关风险资料，在充分考虑相关部门及人员的意见后，得出多方面的综合意见。例如，我们在评估市场风险对企业的影响时，不能只考虑市场调查部门的意见，还需要结合营销部门、客户服务部门的意见。

（2）在风险难以量化、定量评价所需数据难以获取时，一般应采用定性方法。在运用定量方法的前提条件不具备时，如没有定量分析所需的数据，如果仍然要进行定量分析，那么就会导致评估结果的无意义和失效。例如，员工不胜任岗位要求，会导致工作效率低以及组织名誉损失风险。在这种情况下，应该采用定性方法对风险进行描述和评估，以提高风险评估结果的有效性。

内部审计人员在充分了解风险评估方法和原则的前提下，对管理层所采取的风险评估方法的适当性和有效性进行审查和评价，应该注意以下内容。

（1）已识别的风险的特征。内部审计师应当考虑使用以识别风险的特征来判断风险评估方法的适当性。如果已经识别的风险可以用定量的方法表示，则可以用定量的方法表示评估风险的影响程度。

（2）相关历史数据的充分性与可靠性。某些与风险相关的历史数据容易获得并且比较可靠，可以在此基础上进行定量分析，但如果某些风险的发生具有偶发性，不具有相关历史数据，则很难进行定量分析，如火灾、地震等意外事故带来的风险。

（3）管理层进行风险评估的技术能力。定量分析的方法需要可靠的历史数据，还需要一定的数学模型和现代信息技术，并非任何人员都能掌握，如果管理层没有该方面的技术能力，则定量方法评估结果的适当性是值得怀疑的。对定性方法来说，定性方法不仅依靠管理人员的主观判断，还需要依赖所获得的各种信息和资料，评估人员需要具备丰富的经验。

（4）成本效益的考核与衡量。定性方法运用较为简便，成本较低，但其结果较为主观，效果有时不太好，而定量方法虽然较为客观和准确，但是因为定量方法的运用比较复杂，有时需要信息技术的辅助，所以与定性方法相比，成本较高。管理层在运用定性与定量方法时需要考虑方法的成本—效益性。

（四）审查与评价风险应对措施的适当性及有效性

1.风险应对措施

风险应对措施是指针对经过识别和衡量而确定的关键风险，从一系列风险管理工具中挑选出能够最大限度地降低风险损失或取得风险报酬的集合。根据风险评估结果做出的风险应对措施主要包括以下方面。

（1）回避。退出会产生风险的活动。如果风险评估的结果表明风险发生可能性较大，后果较严重，组织往往会采取回避的风险措施。特别适用于重大的项目决策。风险回避可能包括退出一条产品线、拒绝向一个新的地区市场拓展等。

（2）降低。采取措施降低可能发生的风险或降低风险对目标影响的可能性，或者同时降低两者。降低策略是组织采取适当措施降低风险的举措，是最普遍与常用的风险应对措施。降低策略的具体运用有多种方法，但其中最主要的是通过内部控制来控制风险。风险降低并非完全消除风险，因为完全消除风险是不可能的也是不必要的。

（3）分担。通过转嫁风险或与他人分担风险，来降低可能发生的风险或降低风险对目标影响的可能性。常见的技术包括购买保险产品、从事避险交易或外包业务活动。

（4）承受。不采取任何措施而接受可能发生的风险或风险对目标影响的可能性。事实上，组织更愿意承受现有风险水平，而不是消耗昂贵的资源以实施某种风险应对措施。

2.评价风险应对措施的适当性和有效性应考虑的因素

审计人员评估风险应对措施的有效性，就是对有关部门针对风险所采取的应对措施进行检查。检查其效果和效率是否有助于企业目标的顺利实现。审计人员可以通过将现有风险应对措施与最佳实务对比、将现有风险应对措施的实施情况与预计期望对比，并以分析对比得出的差距，来系统评估特定风险应对措施的有效性。对于风险缺乏有效的控制措施的情况，审计人员还应进一步分析差距产生的原因，从而提出改进措施和建议，以强化企业的风险管理，降低风险损失。在内部审计人员对风险应对措施的适当性和有效性进行审查和评价时，应该注意以下内容。

（1）采取风险应对措施之后的剩余风险水平是否在组织可以接受的范围之内。剩余风险水平是指采取风险管理措施管理风险之后现有的风险的程度，剩余风险水平对应的是未采取任何措施时风险的原始水平。风险应对措施的有效性首先表现在采取了改进措施后能否将风险控制在组织可以接受的程度。内部审计师需要对剩余风险水平进行评估，确定评估结果是否在组织可接受的范围之内。

（2）采取的风险应对措施是否适合本组织的经营、管理特点。除了风险应对措施的有效性，还需要强调风险应对措施的适当性。换句话说，组织采取的风险应对措施应该符合组织的经营、管理特点，如针对由于员工能力有限带来的工作效率效果损失风险，企业可以采取在岗培训的方式提高员工胜任能力。

（3）成本效益的考核与衡量。评估风险应对措施的适当性应当衡量其成本效益。组织应该选择令自己满意的风险应对措施，如果某种风险应对措施的效果达到最佳，但其成本非常高，那么这种措施未必是适合的。

第六节 审计证据的审定

审计证据则是审计人员得出客观公正的审计结论的基础,因而审计人员应尽量使审计证据真实可靠、合法充分。由于审计证据具有多样性和相对性的特点,加之收集审计证据的审计人员个人的工作素质不同,在判断审计证据和运用审计证据做出审计结论就可能出现主观不符合客观的情况。为了尽可能杜绝这种情况的发生,对审计证据本身进行审定就成为审计过程的重要环节。所谓审计证据的审定,即审计证据的审查判断,是指审计人员对收集的审计证据运用审计方法和技术进行分析、研究、鉴别真伪,审定质量程度,找出与被审事项的客观联系,从而正确认识被审计单位的经济活动。换言之,审计证据的审定,就是审查判断收集到的审计证据本身的客观真实性,能否依据它们做出审计结论,依据它们能做出什么样的审计结论,做出的审计结论是否客观正确反映被审计事项。

一、书面证据的审定

对书面证据的审定应重点审查其真实可靠性、正确性、重要性和充分性。

(一)审查判断书面证据的真实性、可靠性、正确性,确定其证据力

一般而言,对于来自被审单位内部的资料,应审查产生这些资料的内部控制机制;对于由被审单位提供的、其他单位填制的资料,应审查有无篡改、伪造,是否符合国家规定;对外部获得的书面证据,应审查提供者的理解能力和可信程度;对专家提供的书面证据,应审查其声誉和资格。另外,还应分析专家所用的分析方法和假设,并测试被审单位提供的数据;对审计人员自己编制的资料,应审查其数据来源、计算程序、计算结果。审查书面证据真实、正确,除了确定审查要点外,更重要的是审查有无其他证据进行佐证,因为我们在发现书面记载、会计处理有问题后,还需要其他证据证明我们对疑问的分析和结论是否正确。

(二)审查判断书面证据的充分性

书面证据的充分性是指书面证据的数量必须全面地、客观地反映被审事项,并且据其只能做出唯一的审计结论。对书面证据的充分性审查,主要从以下三个方面进行:

首先，审查对会计记录、会计处理的错误或者其他不正常问题是否找到了根本原因，是否收集到足够证据证实该原因；

其次，审查对同一问题做出的审计结论的定性有无相反证据，如有，应进一步深入分析，或推翻原来的审计结论，或合理排除该相反证据的干扰；

最后，审查判断审计人员自己做的推理证据，主要是看有无其他查证属实的证据佐证等。

二、实物证据的审定

在审定实物证据时，内部审计人员应着重审查判断实物证据的真实可靠性、合法性和相关性。

（一）审查判断实物证据的真实可靠性

收集实物证据，通常运用监盘法，主要采取两种方式：

其一是直接清查验证法，即审计人员亲自清查验证。

其二是监督清查验证法，即审计人员到现场监督，由其他人员清查，审计人员只对其中的某一部分亲自清查验证。

无论采取哪一种方式，收集实物证据都是比较烦琐耗时的事，有的审计人员怕麻烦，工作不负责任，马虎了事，甚至根本不清点，不认真观察，只是听一下被审单位有关人员报一下数，记下来就算是取得了证据。这样取得的实物证据显然缺乏真实可靠性。

在审定时，应主要从两个方面进行审查：

一是审查实物证据的来源，即作为实物证据的财产物资是否属于被审单位所有，不能解决这个问题，就不能做出账实相符或不相符的结论。

二是审查实物证据的内容。作为实物证据的财产物资，在生产经营过程中，因消耗或销售、使用或损耗而使其实物形态和价值形态都有所变化，所以，财产物资的数量及价值的会计确认与核算直接影响到资产负债表中有关资产价值的真实性。审查实物证据的内容即是对被审单位的财产物资的实物形态和价值形态进行审查判断，看其会计处理是否合理、合规。

（二）审查判断实物证据的合法性

此即审查判断收集的实物证据是否符合国家法律法规的规定。一般从两方面进行审查：一方面，作为实物证据的财产物资，被审计单位在取得、使用、转让或报废等方面是否符合有关规定。

另一方面，审计人员收集实物证据的方法和程序是否符合有关规定，是否具有完备的法律手续等。审计人员直接清查验证时，必须有被审计单位的主管人员、具体经管人员等在场并在验证单据上签章，经过适当的法律程序，取得法律证明文件，以分清责任。例如，验证现金的真实性，一般应由审计人员在制订盘点计划后，实行突击性盘点。盘点时间应在全天业务开始之前或终止后，参加盘点的，除审计人员外，还应包括被审计单位财务负责人和现金管理人员。在盘点结束前，审计人员对所有的现金加以控制，对未能盘点的现金应予封存。

（三）审查判断实物证据的相关性

审计证据必须和审计结论有关，它们之间应当存在合乎逻辑的内在联系，使审计证据客观密切地反映被审计事项，有力支持审计结论。例如，当审计人员审查库存材料的数量时，一般采用清点实物数量的方法来获取证据，即清点数量后所得的总数是审计人员得出库存材料账与实有数量是否一致的重要证据。但因材料核算可采用多种计价方法，如果审计人员不对其计价方法的合理性、正确性和一贯性进行审查，仅凭点数无法做出库存材料账与实存价值是否相符的判断。

在审查实物证据是否支持审计结论的同时，内部审计人员应注意不要被一些表面现象所蒙蔽，应当认真深入考虑本次审计是否达到了纠错揭弊的目的。

三、电子证据的审定

从证据学原理来讲，某一证据要保证其真实可靠，必须在其运行的各个环节都有辅助证据加以证明，即构成证据锁链。由于电子证据易于伪造、篡改，对于电子证据的真实性、完整性审定更需要从其运行的各环节及专门技术等方面进行。

（一）审查电子证据的生成环节

主要包括：

（1）电子证据是否是在正常的活动中按常规程序生成的；

（2）生成电子证据的系统是否曾被非法人员控制，系统的维护和调试是否处于正常状态；

（3）生成电子证据的程序是否可靠，人工录入电子证据时，录入者是否被有效地监督并按照严格的操作程序合法录入等。

（二）审查电子证据的存储环节

主要包括：

（1）存储电子证据的方法是否科学；

（2）存储电子证据的介质是否可靠；

（3）存储电子证据的人员是否公正、独立；

（4）存储电子证据时是否加密；

（5）所存储的电子证据是否会遭受未经授权的接触。

（三）审查电子证据的传送环节

经过网络传递、输送的电子证据，其间的任何一个环节都可能发生信息丢失、改变，从而降低电子证据的证明力。因此，审定时要认真审查以下内容：

（1）传递、接收电子证据时所用的技术手段或方法是否科学、可靠；

（2）传递电子证据的"中间人"（如网络运营商等）是否公正；

（3）电子证据在传递的过程中有无加密措施、有无可能被非法截获等。

（四）审查电子证据的收集环节

主要包括：

（1）电子证据是由谁收集的，收集证据者与被审计事项有无利害冲突关系；

（2）收集电子证据的过程中是否遵守了法律的有关规定；

（3）收集、提取电子证据的方法（如备份、打印输出等）是否科学、可靠；

（4）收集者在对证据进行重组、取舍时是否客观公正，所采用的方法是否科学、可靠。

（五）针对电子证据的完整性进行特别认定

完整性是考察电子证据证明力的一个特殊指标。完整性共有两层意义：

一是电子证据本身的完整性，指数据内容保持完整和未予改动（不包括不影响内容完整性的一些必要的技术添加）。从理论上讲，电子证据所遭到的篡改往往是难以察觉的，如果一味强调举证方必须证明其真实可靠，有时是过于苛求的。因此，对电子证据可靠性的认定可以转向对相关否定因素的排除，如果电子证据所依赖的计算机系统的软硬件是可靠的，该系统有防止出错的监测或稽核手段，而且其运行过程是正常的，那么该电子证据就已经具备了足够的可靠性保障，应当推定其真实可靠，除非另有相反的证据。在审计工作中，针对电子证据是否被删改过，内部审计部门可以指派或聘请具有专门技术知识的人对证据进行鉴定。将电子证据与其曾经由第三方保留的原件或备份进行比较核实，是实践中可行的一种捷径。所以，事先公证无疑是最有效的措施。

二是电子证据所依赖的计算机系统的完整性，主要表现为：

（1）记录该数据的系统必须处于正常的运行状态；

（2）在正常运行状态下，系统对相关过程必须有完整的记录；

（3）该数据记录必须是在相关活动的当时或之后制作的。

计算机系统的完整性实际上与电子证据的完整性密切相关，前者是为了保证后者而设置的一项标准。

（六）审定电子证据的证明力

证明力的认定是证据认定的核心。一般认为：

（1）经过公证的电子证据的证明力大于未经公证的电子证据；

（2）在正常业务活动中制作的电子证据的证明力大于为非正常业务活动（如诉讼目的）而制作的视听电子证据；

（3）由中立的第三方（如ISP服务商、EDI服务中心）保存的电子证据的证明力最大，由不利方保存的电子证据的证明力次之，由有利方保存的电子证据的证明力最小。

第九章 内部审计管理基础

第一节 内部审计管理概述

管理就是通过计划、组织、领导和控制，协调以人为中心的组织资源与职能活动，以有效实现特定主体目标的社会性活动。

内部审计管理是指内部审计部门的负责人采取科学系统的技术方法和手段，对内部审计工作进行的计划、组织、领导与控制等一系列提高审计行为效率的活动。为了很好地理解内部审计管理，我们先来讨论一下内部审计管理系统。

一、内部审计管理系统的内涵

（一）管理系统的含义

所谓管理系统是指由相互联系、相互作用的若干要素或子系统，按照管理的整体功能和目标结合而成的有机整体。

（二）内部审计管理系统的内涵

内部审计管理系统是企业内部审计部门以实现内部审计目标为中心，由内部审计组织、计划、人事和监控等方面的具体管理活动所构成的一个有机体系。

（1）内部审计管理系统的管理主体是内部审计部门或机构的负责人。

（2）内部审计管理系统的管理对象是内部审计部门中的人力资源、业务流程、支持保障（财务资源、信息系统）等方面的相关活动。

（3）内部审计管理系统的管理目标是能够有效发挥内部审计部门的组织功能，提高审计工作效率和完善为公司实现增值服务的本质功能。

（4）内部审计管理系统的管理机制与方法：行政领导、业务规范、人才选拔与培训、决策与计划、财务预算、质量检查、信息整理、档案管理等。

（5）内部审计管理系统的管理环境是指企业内部审计管理所面临的内外部影响因素。例如，内部审计部门的工作气氛、团队意识、工作流程、规章制度、服务系统状况，管理层的重视，被审计部门是否配合与支持等。

二、内部审计管理系统的结构

一个理想的内部审计管理体系应该包括以下三个子系统。

（一）人力资源管理系统

人力资源管理系统是指以内部审计人员资源整合为主要内容的管理子系统。人力资源管理系统的任务是为审计业务工作提供高素质的具备专业资格和能力的审计人员，并通过建立级差薪资激励与约束制度、责任认定体系和培训管理制度，来有力保证内部审计人力资源的合理配置和流动。

（二）业务管理系统

业务管理系统是以内部审计业务的计划与执行为中心内容的管理子系统，内部审计部门负责人行使领导职能进行行政管理，通过期间审计业务计划和预算的分析、决策、制订等过程和督促落实来控制审计业务工作的执行进程，最终目的是保证审计任务的完成。

（三）支持保障系统

支持保障系统是以保障业务管理、质量控制和人力资源管理系统能够充分发挥功能的子系统。该系统的任务是为审计业务工作提供财务、信息和其他后勤等方面的保障，力求为内部审计工作创造一个良好的工作环境。

总之，内部审计工作管理体系中的各项管理制度必须充分协调配合，合理地调配审计部门的人、财、物等各方面的资源，协调审计计划或任务，确定审计方案，并通过对审计作业过程的严格监督和控制取得满意的结果，以保证内部审计工作能在一个良好的环境中高质量、高效率地运行，以达到预期的审计目的。

三、内部审计管理的分类

内部审计管理可以分为部门管理和项目管理两个层次。部门管理是指内部审计部门运行过程中的一般性行政管理。项目管理是内部审计部门对审计项目业务工作的管理与控制。

第二节　内部审计部门管理

内部审计部门管理的主要内容包括：制定内部审计政策与程序、制订年度审计计划、内部审计人力资源管理、财务预算管理等内容。

一、内部审计政策与程序

依据IPPF规定，内部审计负责人必须制定政策与程序，为内部审计活动提供指导。政策与程序的形式和内容取决于内部审计部门的规模、架构及其工作的复杂程度。内部审计的政策与程序通常是以审计工作手册的形式体现的。审计工作手册应包括以下主要内容：

（1）内部审计部门的目标、权限和职责的说明。
（2）内部审计部门的组织、管理及工作说明。
（3）内部审计部门的岗位设置及岗位职责说明。
（4）主要审计工作流程。
（5）内部审计质量控制政策和程序。
（6）内部审计道德规范和奖惩措施。
（7）内部审计工作中应注意的事项。

当然，并非所有的内部审计活动都需要正式的管理和审计技术手册。小型的内部审计活动的管理可以是非正式的，可以通过日常的、密切的监督和遵循政策与程序的备忘录来指导和控制审计人员。在大型的内部审计活动中，更加正规、综合的政策与程序对指导内部审计人员执行年度审计计划是必不可少的。

二、内部审计人力资源管理

人力资源管理是针对内部审计部门人力资源的配置和有效使用的管理。内部审计人力资源管理的目的是实现内部审计目标和计划，为了充分发挥审计人员的专业特长、积极性和主动性，使内部审计发挥其最大的管理价值和经济价值而进行全面整合的过程。

（一）人力资源管理的要素

内部审计部门制定的人力资源政策和程序应当解决下列人事问题。
（1）内部审计团队建设。

（2）内部审计人员的雇用。

（3）内部审计人员的培训。

（4）内部审计人员的工作任务安排。

（5）内部审计人员知识结构及专业能力。

（6）内部审计人员的业绩考核与激励机制。

（二）内部审计团队建设

一个有战斗力的团队就是一个紧密团结、目标一致、行动划一的工作群体，内部审计部门也是如此。内部审计部门应根据不同层次、不同规模的单位和实际需要，采取定编定岗定责最优化的配置原则，尽快优化内部审计人员的专业结构和知识结构，逐步形成一支结构合理、优势互补、数量与质量相统一的复合型的有战斗力的专业审计团队。为了使审计工作更有战斗力和效率，必须做好以下几点。

（1）设置合理且必要的相关工作岗位，从审计经理、审计项目小组组长到审计小组成员，要做到由专人负责专职工作。

（2）预测审计人员需求。有助于内部审计部门确定完成其业务所需要人员的数量和素质。没有足够的人员，将对业务质量产生不利影响，制约内部审计的发展；如果人员胜任能力没有达到必需的标准，将直接导致业务质量下降。

（3）要合理考虑人员的结构，以保持较为稳定的人员配置，这不仅体现在审计小组成员年龄上要以老带新，以达到激情与经验并重，还表现在内部审计小组成员间不同专业的协作，尤其在现代公司集团中跨行业经营、跨国经营的现象很普遍，如果审计小组仅配备财务专业的人员，将无法收到良好的效果甚至无法开展工作。

（4）定期进行工作轮换。为了避免出现舞弊、互相串通及工作倦怠等现象，审计成员需要适当轮岗，这既可以使内部审计人员得到不同的工作经验和体会，更有利于内部审计工作的健康发展。

（三）人员雇用

人员雇用是人力资源管理的首要环节，为此，内部审计部门应当会同单位人力资源管理部门制定雇用程序，以选择正直的、通过发展能够具备执行业务所需的必要胜任能力的人员。

鉴于内部审计工作专业性、技术性要求较高的特点，具有较强的专业胜任能力和应有的职业谨慎的专业背景的人才是加入内部审计队伍重要且必要的条件和基本要求。在选择内部审计人员时，应注意挑选一些取得相关专业资格书，如CIA、CPA、AICPA、CGA等方面的人才。必须明白，没有基本的知识与能力根本无法适应内部审计的复杂多变的技术要求。

此外，在招聘内部审计人员时，还要注重业务素养的考查。既要考查是否有准确理解和执行国家方针政策、财经法规及单位内部规章制度的能力，还要考查被聘用的人员是否敢于坚持原则，是否在主观上能以强烈的事业心和责任感甘于献身审计事业，有任劳任怨、爱岗敬业、不计个人得失的奉献精神。只有这样，才能做到严把进入关，从整体上提高内部审计人员的综合素质。

（四）人员培训

内部审计是一个需要终身学习的职业。培训是提高人员素质、专业胜任能力和帮助员工职业发展的重要途径。由于执业环境和工作要求不断变化，培训是内部审计部门的一项长期和持续的工作。内部审计部门应当在人力资源政策和程序中强调对各级别人员进行培训的重要性，并提供必要的培训资源和帮助，以使人员能够发展与保持必要的素质和专业胜任能力。大型企业的内部审计部门人数较多，具有资源优势，可以自行组织面对各层次员工和各种内容的培训。规模较小的内部审计部门如果没有足够的资源自行培训，可以利用外部资源，安排员工参加外部培训，同样可达到培训效果。

（五）工作任务安排

在实务中，内部审计部门所承接的每项业务都是委派给项目组具体办理的。委派项目组是否得当，直接关系到业务完成的质量。

内部审计部门应当对每项业务委派至少一名项目负责人，并配备具有必要素质、专业胜任能力和时间的员工组成审计项目组。这样规定对于明确每项业务的质量控制责任，确保业务质量有特别重要的作用。

委派项目组成员时应考虑下列事项。

（1）项目负责人必须具有履行职责所必要的素质、专业胜任能力、权限和时间；项目负责人必须清楚界定自己的职责。

（2）业务类型、规模、重要程度、复杂性和风险。

（3）需要具备的经验、专业知识和技能。

（4）对人员的需求，以及在需要时能否获得具备相应素质的人员。

（5）拟执行工作的时间。

（6）人员的连续性和轮换要求。

（7）在职培训的机会。

（8）需要考虑独立性和客观性的情形。

（六）业绩评价与激励机制

业绩评价与激励是事关每个人员切身利益的重大问题，为此，内部审计部门应当制定业绩评价、工薪及晋升程序等激励机制，对发展和保持专业胜任能力并遵守职业道德规范的人员给予应有的肯定和奖励。

业绩评价是决定奖励，包括工薪和晋升的基础。公平、公正的业绩评价对于实现绩效评价的整体目标至关重要。

工薪制度应当体现对员工的激励作用。因此，每年的薪金调整应当与对人员当年评估结果直接相关。表现良好的员工在同级别薪金中处于高端，而表现不足的员工处于同级别的低端。

人员结构和晋级的阶梯方式，向员工传递了清晰的职业发展道路信息，直接帮助员工制定规划，具有明显的激励作用。内部审计部门应明确定义各部门不同级别职位对应的工作内容、职责范围和技能要求，并在业绩评价过程中使员工充分了解提高业务质量和遵守职业道德规范是晋升的主要途径。

内部审计部门应针对每个层次的人员，制定不同的业绩评价、工薪及晋升的标准，并指定专人或专门机构对员工的业绩进行定期评估，从而做出晋升的决策。通常来说，员工业绩评估有两种，即"项目执行情况评估表"和"个人发展计划评估"。这里主要介绍项目执行情况评估表。

1.项目执行情况评估表

参照国际通行的做法，审计小组成员应该就每个预算时间在40小时以上的审计项目，准备"项目执行情况评估表"。

在审计计划阶段，所有参加审计项目的小组成员在了解了审计项目的目标、范围、自己应该承担的任务之后，就应该准备"项目执行情况评估表"。首先，制定出个人在该审计项目中所要达到的目标，包括八方面：达到客户的期望、项目组内的沟通、个人发展、对项目组其他成员的帮助、审计效率、审计效果、风险控制和审计技巧。设定目标时应该充分考虑工作分配、难易程度、经验水平，不能盲目订立完全不切合实际的或者不经过任何努力就能达到的目标。与上一级督导人沟通之后，就八个目标达成一致，双方签字确认。

在审计实施阶段，每个审计人员都应该按照预先设定好的目标实施审计程序，完成项目经理和审计小组负责人分配给自己的任务。这里尤其要强调的是期中反馈，这是一个连续的过程，是督导人员职能的重要部分。如果不能提供及时的反馈，将是督导人员工作的失职。期中绩效讨论应该对优势和尚待改进的地方进行分析，着重强调如何改进绩效的建设性行为。尽管期中评价并不一定需要通过书面形式，但是仍然可以作为期末评估的参考和依据。

在审计报告阶段，项目小组负责人应该就所督导的审计人员在审计项目实施过程中的表现，进行业绩评价。项目小组负责人的评估应该由项目经理来完成。评估的标准如下：

"1"：非常优秀。完全超出了一般胜任的专业水平和期望水平。具有超常的实力和表现。

"2"：基本上超过了一般胜任的专业水平和期望水平，个别方面有超常的实力和表现。

"3"：达到一般胜任的专业水平和期望水平。

"4"：基本上达到一般胜任的专业水平和期望水平，个别方面还有待改进。

"5"：完全没有达到一般胜任的专业水平和期望水平。

2.个人发展计划评估

个人发展计划，要求审计部门的员工以半年为一个期间，制定个人职业发展目标，在期末按照发展计划来评估员工整体表现。

个人发展计划的主要内容包括：个人主要长处、需改进的方面、个人发展计划的实施过程、对未来工作重点的期望。

个人发展计划的实施过程：每年12月和6月制订未来6个月的个人发展计划；每年1月和7月就以前6个月的员工个人发展计划执行情况进行评估；评估后对工资和奖金发放提出建议。

对未来工作重点的期望：员工可以在这里表达个人对未来工作重点的期望，如希望从事更多的财务审计，或者希望对工程审计方面有更多的接触。部门经理和总监会在未来的工作中尽可能考虑员工的需求。

三、财务预算管理

内部审计部门应当根据年度审计计划和人力资源计划编制财务预算。编制财务预算时应考虑以下因素。

（1）内部审计人员的数量。

（2）审计工作的安排。

（3）内部审计部门的行政管理活动。

（4）内部审计人员的教育及培训要求。

（5）审计工作的研究和发展。

（6）其他有关事项。

第三节　内部审计项目管理

一、内部审计项目管理的含义

审计项目管理是指以审计项目为对象，通过组成专门的审计项目小组，对审计项目进行的协调、管理和控制，从而实现审计项目目标的过程。审计项目管理既有审计的特点，又具有项目的属性。审计项目管理是内部审计管理的一个重要组成部分，审计质量怎么样，就要看审计项目管理搞得怎么样。

审计项目管理的主要内容包括：审计项目组的选派与职责、审计方案的编制、审计过程的控制。

二、审计项目组的选派与职责

审计项目管理一般以审计项目经理为核心，形成以项目经理为中心的组织架构。项目能否顺利实施，能否取得预期的效果，从而实现目标，直接依赖审计项目经理对人员和资源的管理。

（一）审计项目组成员的管理

在一个审计项目中，审计项目组成员包括项目经理、审计小组负责人、审计小组成员。他们在审计项目的计划、执行、报告和后续阶段分别有着不同的职责。审计项目组一般实行"金字塔"形治理结构，项目经理为最高领导者，再往下是各专业小组，在小组长领导下完成本专业的任务，组长对项目经理负责。每个成员的职责及相互间的活动都要明确定义和分类，各岗位有什么责任、各人该做什么、如何做、什么结果、需要什么，都非常清楚。而且，这种层级负责制，能确保最高决策者的决策得到不折不扣的执行。

同时实行重要事项逐级报告制度，一线审计人员发现的问题线索向组长报告，组长汇总信息后反馈给审计项目经理，经理进行决策。特别重大的问题，项目经理需要向审计部门负责人汇报，由审计部门负责人决策。上行下达，有条不紊，可以避免出现审计人员目标不明确甚至打乱仗的现象，大大提高工作效率。

（二）项目管理中审计部门负责人的职责

在审计项目管理过程中，内部审计部门负责人与项目负责人应充分履行各自的职责，以确保审计质量，提高审计效率。

内部审计部门负责人对审计项目的管理负领导责任，其职责范围主要包括：

（1）选派审计项目负责人并对其进行有效的授权。

（2）审批项目审计计划。

（3）对审计项目的实施进行总体督导。

（4）审定并签发审计报告。

（5）其他有关事项。

（三）项目经理的职责

审计项目经理对审计项目的管理负直接责任，其职责范围主要包括：

（1）制订项目审计计划。

（2）制订审计方案。

（3）组织审计项目的实施。

（4）对项目审计工作进行现场督导。

（5）编制审计报告。

（6）组织后续审计的实施。

（7）其他有关事项。

三、审计过程控制

审计过程控制涉及审计项目的进度、成本、审计质量等。项目的进度、成本和质量并不是相辅相成的关系，加快进度可能要牺牲一定的成本和质量，提高质量可能不得不放慢进度，只有做到了三者有机统一，才能取得项目的成功。

（一）进度控制

项目进度是一个综合的概念，除工期以外，还包括工作量、资源的消耗量等因素。在项目管理工作中，进度控制的内容和职责为：制订进度计划、检查进度计划、调整进度计划。

在审计实施过程中，往往会出现完不成目标任务而三番五次返回被审计单位调查取证的被动局面。究其原因，主要是进度没有控制好。搞好进度控制应在实施方案上下足功夫，要将实施方案做细、做深，使之能有效指导审计工作。审计项目组内部可以做一个计划网络图，将实施方案中的内容都搬到图上来，标出关键线路。把关键线路上的工作做好了，目标任务也就能按期完成。

（二）资源管理

资源作为项目实施的基本要素，具有举足轻重的地位。审计项目的资源指信息资源，包括项目立项背景、工作方案等项目基本信息，审计过程中形成的分析资料，还包括被审计单位的信息，如财务数据、相关文件、营运资料等。审计项目的信息资源较之工程项目中的材料设备要复杂得多，材料设备的需求是单一的、可预见的，但是审计信息资源却包罗万象，不可预见。俗话说"巧妇难为无米之炊"，如果审计人员未掌握大量的信息资源，则同样面临"无米之炊"的后果。在审计实施过程中，需要在信息获取、消化、吸收等方面进行管理，需要主动获取信息，对获取的信息进行分析研究，使有用信息在审计组内部迅速流通，最终为审计人员提供思路和方向。

（三）成本控制

在审计项目中，成本为完成一个审计项目、实现预定审计目标所耗用的各种费用之和。一般审计人员可能会感觉成本控制与自身无太大关系，但若能以更小的成本产出更高质量的审计产品，还是值得推崇的。

所谓成本控制是指通过控制手段，在达到预定项目功能和时间要求的同时优化成本开支，将总成本控制在预算（计划）范围内。项目成本控制是企业的生命线，成本低意味着创造更高的经济效益。

（四）质量控制

在审计项目管理中贯彻质量第一的方针，体现在信息资源控制、过程控制、审计复核控制三方面。

四、审计管理手段

在内部审计管理中，可以有若干种用来改善公司审计管理工作的效率和效果的方法与手段。以下各段描述一般的审计管理手段及其如何改善审计工作。当然，并非所有的内部审计部门都要全部利用这些手段。

（一）工作授权表

工作授权表列示了某项审计工作的一些基本内容，同时用文件的形式正式予以认可。工作授权表主要反映与审计部门的时间及资源分配相关的周密性。审计不是靠异想天开来产生的。各项审计工作可利用的资源非常有限，但必须让审计所花的时间体现出价值或通过别的办法使开支不至于白花。因此，审计经理必须保证审计过程周密、细致、高效，用文件形式来下达各项工作任务。

（二）审计任务清单

审计实施过程的第一步是制定一个任务清单。项目经理通常使用审计清单，以反映执行审计所需要的各种管理细节。这一清单用来作为一个总体控制表，应该附在工作底稿首页。这一清单可以保证审计实施过程中的所有重要部分都被完成。

（三）审计会议议程

审计过程中要组织各种会议，至少包括：一次小组会议、动员会议、中期与被审计对象召开的会议、总结会议。计划好会议议程是组织审计工作程序的重要环节，安排好议程、组织好议题、合理分配会议时间、集中会议主题等都是会议议程中要事先考虑的内容，既有利于提高会议质量，也有利于将会议内容集中在主题上，保证有关业务事项能够在会议上得以讨论。否则，相关会议时间有可能会拖长，而一些重要的问题可能被遗漏或忽略。

（四）审计工作底稿检查表

审计工作底稿是审计人员记录审计程序和内容的重要手段，是对审计进展和审计质量进行监督的一种有效方法。在审计过程中，应对工作底稿定期检查，确保审计工作的实施，并按照审计方案的要求进行。审计工作底稿检查表是审计组长告知审计成员需要纠正和修改的重点和建议的表格。

（五）审计结果汇总表

审计结果汇总表能够简化报告编写过程，进而有助于改进审计管理、审计质量。要求审计人员注意审计结果的方方面面，如观察到的状况、所选判断标准、实际效果、所发现问题的原因等，从而使审计工作能够充分、细致。

（六）报告发送控制表

并非所有的内部审计部门都采用了正式的报告发送控制表。这些表特别适用于那些要求在组织内部将报告分发给人数众多的大型内部审计部门。如果没有该控制表，审计中一些重要步骤的某些细节，如审计报告的传递，就可能被忽略甚至造成管理失误。

总之，作为一个内部审计部门的成功管理者绝对不只是一个办公室里的"超级审计员"。事实上，有些成功的内部审计经理不是其所在部门最好的审计员。内部审计部门经理必须是能干的、有管理能力的审计员，他必须具备监督和管理内部审计部门行政工作的综合管理能力，这是现代企业内部审计工作迅速发展的必然要求。

第四节 内部审计质量控制

一、审计质量及审计质量控制的含义

（一）审计质量的含义

审计质量是指审计工作水平的高低。审计质量是一个总的概念，通过整个审计工作全过程的各个环节综合地反映出来。审计质量具体表现为审计人员的质量和审计过程的质量，最终体现为审计报告的质量，对被审计单位的审计结论是否正确、适当和完整。

德安杰罗的观点认为，审计质量是审计师能够发现被审计单位的会计系统存在违规现象并且报告这些违规现象的联合概率。要发现被审计单位的违规行为，就要求审计师要有相应的技术水平，在审计的过程要注重质量。

审计质量受诸多因素的制约，这些因素包括以下几项。

（1）内部审计人员的独立性及胜任能力的高低。

（2）内部审计工作管理的强弱。

（3）内部审计技术应用得是否恰当。

（4）被审计单位配合是否默契。

（5）内部制度及外部法律保障是否健全等。

审计工作的每一个环节即从签订审计业务约定书开始到制订审计方案，最后出具审计报告，都会关系到审计质量的优劣。因此，由于审计的复杂性，就要求我们要对审计质量有全面的目光，结合各方面的因素综合考虑。

（二）内部审计质量控制的含义

内部审计质量是指内部审计工作总体上的优劣程度，即内部审计工作体现合法性、准确性、客观性和效益性的程度，贯穿于内部审计活动各方面。但在具体使用时有不尽相同的含义，比如，内部审计工作质量、内部审计项目质量或内部审计报告质量。内部审计质量控制是指内部审计部门和人员根据审计质量标准,采用科学的组织手段和技术方法,使各项管理工作和业务工作按预定目标和规定程序运作,以提高审计工作水平以及审计工作效率和效益,内部审计质量控制是保证审计质量的重要途径。

二、内部审计质量控制的重要性

(一)加强内部审计质量控制有助于提高内部审计的质量

内部审计质量是内部审计工作的生命线,是内部审计工作的灵魂。内部审计部门所有的工作和措施都是为了履行内部审计的职责,发挥监督作用。而衡量和评价内部审计部门工作的核心是内部审计质量。只有不断提高内部审计质量,才能真正实现审计目的,履行审计职责,充分发挥内部审计作用。通过加强内部审计质量控制各环节的有效管理,可以控制一些影响内部审计质量的不良因素的发生或形成,对一些已发生或形成的影响内部审计质量的因素,通过内部审计质量控制工作也可以及早发现,并加以改进或消除,从而达到提高内部审计质量的目的。

(二)加强内部审计质量控制有助于有效降低审计风险

开展内部审计工作,势必存在审计风险,而决定内部审计风险的大小的主要因素是内部审计工作质量的高低,二者之间存在此消彼长的关系:内部审计质量越高,审计风险就越小;反之,则审计风险越大。所以提高内部审计工作质量是降低审计风险的核心。加强内部审计工作全过程的质量控制管理,可以有效地保证审计工作质量,规范审计工作行为,最大限度地降低审计风险,并有助于内部审计人员充分认识审计风险及其带来的影响,提高综合处置审计风险的能力,培养审计人员的敬业精神,强化审计责任,保证审计工作的质量和水平,促进审计目标的实现。

(三)加强内部审计质量控制有助于促进审计事业发展

加强内部审计质量控制,有利于促进内部审计生存发展、树立内部审计地位和形象,有助于我国审计事业与国际惯例接轨。在我国建立市场经济体制、推行现代企业制度的今天,需要不断发展和完善企业内部审计,而发展和完善企业内部审计,又必须不断提高其质量,二者是相辅相成、不可分割的。在实际工作中,很多单位的内部审计部门没有被赋予相应的地位和职责,内部审计工作游离于经营管理活动之外。这就要求内部审计部门用质量高的审计报告证明内部审计是不可缺少的内部监督部门。强化审计质量控制不只是我国审计工作发展的必然要求,也是世界审计发展的共同趋势,我们在加强自己审计质量控制的同时,也要积极借鉴国外成熟的理论和方法,适应发展趋势,有助于我国审计事业与国际接轨，以及提高单位经济效益。

三、内部审计质量控制的目标与要素

（一）内部审计质量控制的目标

依据《内部审计具体准则第19号——内部审计质量控制》，内部审计质量控制的目标如下。

（1）合理保证内部审计活动遵循内部审计准则和单位内部制定的审计工作手册的要求。

（2）合理保证内部审计活动的效率及效果达到既定要求。

（3）合理保证内部审计活动能够促进组织目标的实现，增加组织的价值。

（二）内部审计质量控制要素

内部审计质量控制要素一般包括：内部审计督导、内部自我质量控制与外部评价三方面。

（1）内部审计督导是内部审计部门负责人和审计项目负责人对实施审计工作的审计人员所进行的监督和指导。

（2）内部自我质量控制是内部审计部门负责人和审计项目负责人通过适当的手段对内部审计质量所实施的控制。

（3）外部评价是由内部审计部门以外的其他机构和人员对内部审计质量所进行的考核与评价。

四、内部审计督导

督导是指内部审计部门负责人和审计项目负责人对实施审计工作的审计人员所进行的监督与指导。内部审计督导是内部审计质量控制的第一道环节。为了规范内部审计的督导工作，保证内部审计的质量，中国内部审计协会于2003年制定发布了《内部审计具体准则第9号——内部审计督导》。

（一）内部审计督导的一般原则

（1）建立内部审计督导制度。内部审计部门应根据审计工作的具体情况，建立内部审计督导制度，明确督导的目的、范围及各级督导人员的责任。

（2）明确内部审计质量控制责任人。内部审计部门负责人对督导工作负主要责任。审计项目负责人负责审计现场的督导工作。对于重大或敏感的审计问题，审计部门负责人应直接进行督导。审计部门负责人应采取适当的措施,尽可能减少内部审计人员的专业判断风险。

(3) 重要性原则。督导人员应根据内部审计人员的知识与技能,以及审计项目的复杂性,有重点地进行督导工作。

(4) 谨慎性原则。实施督导时,应当保持应有的职业谨慎,进行合理的专业判断,减少审计风险。

(5) 客观性原则。实施督导时,必须以事实为依据,做到客观公正。

(6) 全过程控制原则。督导应当贯穿于审计项目的全过程,包括审计准备、审计实施和审计终结三个阶段。在审计准备阶段,内部审计质量控制部门应对审计实施方案中的可行性、重要性水平的审计风险评估的合理性等进行审核,做到有的放矢,不打无准备之仗。在审计实施阶段,内部审计质量控制部门要对审计过程的工作记录和审计技术方法进行控制。在审计终结阶段,内部审计质量控制部门要对审计报告的质量和审计结论的执行情况进行控制。内部审计部门应定期对落实整改的情况进行检查,防止落实整改走过场,这样才能真正体现审计行为的价值,有效保证审计项目的质量控制。

(二) 内部审计督导的内容与方法

(1) 确保审计人员明确审计目标和审计责任,并具有完成审计项目所必需的知识和技能。

(2) 确保审计人员了解被审计单位的业务性质和需要特别关注的重大经营问题,制定可行的审计方案。

(3) 确认审计人员按批准后的审计方案实施必要的审计程序,并针对新发现的重要问题修订审计方案。

(4) 复核审计人员所编制工作底稿的质量。

(5) 确认审计目标实现的情况,确定是否存在尚未解决的重要问题。

(6) 确认审计人员遵循内部审计准则的情况。

(7) 确认审计证据的充分性、相关性及可靠性。

(8) 确认审计报告、审计建议的可靠性。

(9) 对被审计单位提出的异议,督导人员应进行核实、复查,并及时给予答复。

五、内部自我质量控制

内部自我质量控制包括内部审计部门质量控制与内部审计项目质量控制两个层次。

（一）内部审计部门质量控制的目的和要求

内部审计部门质量控制是为合理保证所有内部审计活动符合内部审计准则的要求而制定的控制政策和程序。

内部审计部门应将内部自我质量控制政策与程序列入审计工作手册，并以适当的方式传达给每一位内部审计人员。

制定内部审计部门质量控制程序与方法应考虑以下问题。

（1）内部审计机构的组织形式及授权状况。
（2）内部审计人员的素质与专业结构。
（3）内部审计业务的范围与特点。
（4）成本与效益原则的要求等。

（二）内部审计部门质量控制的内容

内部审计部门质量控制主要包括以下内容。

（1）遵守职业道德规范。
（2）保持并不断提升内部审计人员的专业胜任能力。
（3）合理分派内部审计业务。
（4）依据内部审计准则制定操作规程。
（5）适当运用咨询手段。
（6）进行审计质量的内部考核与评价。
（7）评估审计报告的使用效果。
（8）监控内部审计部门质量控制政策与程序的执行。

（三）内部审计项目质量控制的目的和要求

内部审计项目质量控制是为合理保证审计项目的实施，符合内部审计准则的要求而制定的控制程序与方法。

制定内部审计项目质量控制程序与方法应考虑以下问题。

（1）审计项目的性质及复杂程度。
（2）参与该项目的内部审计人员的专业胜任能力等。

（四）内部审计项目质量控制的内容

内部审计项目质量控制主要包括以下内容。

（1）指导内部审计人员执行审计计划。

（2）监督内部审计过程。
（3）复核审计工作底稿及审计报告。

六、内部审计外部评价

内部审计部门负责人应按照管理层的要求，并结合实际情况，建立、实施外部评价制度。

（一）外部评价的内容

外部评价一般包括以下内容。
（1）内部审计部门组织结构的合理程度。
（2）内部审计人员履行内部审计准则的情况。
（3）内部审计人员的专业胜任能力。
（4）内部审计目标的实现程度。
（5）内部自我质量控制的适当性及有效性。

（二）外部评价的方式

可以从以下途径选择外部评价机构和人员：组织内部其他机构和人员、会计师事务所、管理咨询公司、内部审计协会等。

（1）组织内部其他机构和人员。由组织内部其他机构和人员进行的评价，通常又称为内部检查。内部检查通常由管理层组织公司内部其他专业人员和审计主管对内部审计人员的工作定期进行自我检查。

（2）由其他内部审计部门进行的外部检查。由其他内部审计部门进行的外部检查是对内部审计部门进行的外部检查中最常见的一种形式，它由同一集团组织内的其他内部审计部门进行。例如，集团公司总部的内部审计部门可以对下属单位的内部审计部门进行检查。

（3）由外部审计人员进行的外部检查。这里外部审计包括政府审计和注册会计师审计。对内部审计部门的外部检查有时是由受聘于该组织的外部会计师事务所和当地审计局进行，在开展这项工作时，重要的是，要保证外部会计师事务所或审计局对内部审计部门的评估是合理的。所谓合理只是指内部审计部门是否遵守了内部审计从业标准。相对来说，其他检查方法（监督和内部检查）不直接关注于对从业标准的遵守，而是更注重于对照部门的政策和计划检查其审计工作的质量。因此，管理部门有必要保证会计师事务所对内部审计部门进行外部检查的基础是审计事务所充分理解和采用内部审计从业标准作为其任务大纲。

（4）由管理咨询公司的专家顾问进行的外部检查。专家主要是没有从事过本单位内部审计工作的相关人员，他们是否具有开展这项工作所需要的资格，取决于他们的经验如何。许多职业团体都保存一份资深会员名单，这些人愿意并有能力在处理一些法律案件时作为专家旁证。这些专家顾问比其他方式的检查人员更独立于被审计部门，更能排除实际或明显的偏见。

总之，上述这些检查途径应由独立于该组织的、合格的专业人员来进行，并且与企业内部审计没有真正或明显的利益冲突。这种检查至少每3年进行一次。在检查时，作为检查组一般要检查和评价内部审计部门的政策与程序；与内部审计部门内外有关人员进行面谈；对单项审计工作进行深入细致的检查。在检查完成时，要提交一份书面报告。这个报告应发表对内部审计部门遵守内部审计准则情况的意见，并且还应包括适当的改进意见。

第十章　智慧型内部审计

第一节　内部审计数字化核心能力建设

随着数字化时代的到来，内部审计也正在经历一场前所未有的变革。为了适应这个新的环境，内部审计需要不断地提高其数字化核心能力，以便更好地应对各种挑战，提高工作效率，同时降低风险。

一、了解业务，深入数字化领域

在数字化时代，内部审计的角色正在从传统的"查错纠弊"向提供业务洞察和风险管理咨询转变。为了适应这一转变，内部审计人员需要深入了解业务，掌握数字化工具和技术，以便更好地支持业务决策。因此，内部审计人员需要具备数据分析、数据挖掘、数据可视化等技能，以便从海量的数据中提取出有价值的信息。

（一）了解业务

内部审计部门需要了解单位的业务模式、业务流程和业务风险，以便更好地支持管理层决策和单位目标的实现。因此，内部审计人员需要关注以下方面。

（1）深入了解单位业务流程，包括各个环节的风险点和管理难点，以便为数字化技术的应用提供支持。

（2）与业务部门建立紧密合作关系，加强沟通和信息共享，以获得更多的业务信息和业务数据。

（3）关注单位战略规划和发展方向，了解单位未来的发展方向和战略重点，以便为数字化技术的应用提供方向和目标。

（二）深入数字化领域

数字化技术的应用是内部审计部门面临的重要挑战之一。为了更好地应对这一挑战，内部审计人员需要深入了解数字化技术，包括以下方面。

（1）学习掌握数字化技术的基本原理和应用方法，包括大数据分析、人工智能、云计算等新兴技术。

（2）关注数字化技术的发展趋势和应用场景，以便为数字化技术的应用提供支持和指导。

（3）积极参与数字化领域的培训和交流活动，与同行共同学习和进步，提高数字化应用水平。

内部审计部门需要了解业务、深入数字化领域，这是内部审计数字化核心能力建设的重要内容。只有通过加强培训、规范应用、优化工具和平台以及加强风险管理，才能提高内部审计部门的数字化核心能力，更好地服务于单位管理和发展。

二、建立数字化审计平台

数字化审计平台是内部审计数字化的重要载体。通过建立数字化审计平台，内部审计人员可以更好地整合数据、提高工作效率、降低成本，也可以更好地保护单位的信息安全。数字化审计平台的建设包括数据采集、数据处理、数据分析、结果呈现等多个环节，需要内部审计人员具备全面的技术知识和技能。

数字化审计平台的建设目标是实现审计工作的数字化、智能化和自动化，提高审计效率和准确性，降低审计成本，并为单位管理层提供更加及时、准确的风险预警和内部控制建议。具体而言，数字化审计平台应具备以下功能。

（1）自动化审计：通过引入人工智能、大数据等技术，实现自动化审计，提高审计效率。

（2）实时监控：实时监控单位财务、业务等数据，及时发现异常和风险。

（3）数据分析：利用数据挖掘和分析技术，对数据进行深度分析，发现潜在风险和问题。

（4）风险预警：根据数据分析结果，为单位提供风险预警和内部控制建议。

数字化审计平台的建设需要从以下方面入手。

（1）制定数字化审计平台建设规划：根据单位实际情况，制定数字化审计平台建设规划，明确建设目标、时间表和资源投入。

（2）优化审计流程：对现有审计流程进行优化，引入数字化技术，提高审计效率和质量。

（3）建立数据采集和分析体系：建立完善的数据采集和分析体系，确保数据来源的准确性和完整性。

（4）引入人工智能和大数据技术：引入人工智能和大数据技术，实现自动化审计和数据分析，提高审计效率和准确性。

（5）加强人才队伍建设：加强数字化审计人才队伍建设，提高审计人员的数字化技能和综合素质。

综上所述，建立数字化审计平台是内部审计部门应对数字化时代挑战的重要举措。通过加强数字化核心能力建设，建立数字化审计平台，内部审计部门可以提高审计效率和准确性，降低审计成本，并为单位管理层提供更加及时、准确的风险预警和内部控制建议。同时，数字化审计平台还需要不断加以优化和完善，以适应不断变化的市场环境和监管要求。

三、提升风险管理能力

在数字化时代，风险管理的内涵和外延都发生了巨大的变化。因此，内部审计需要提升自身的风险管理能力，以便更好地应对数字化带来的各种风险。为此，内部审计人员需要具备全面的风险管理知识，包括但不限于网络安全、数据保护、隐私保护等方面。同时，内部审计人员也需要掌握数字化工具和技术，以便更好地识别、评估和应对风险。

内部审计的数字化转型，不仅意味着审计工具和方法的改变，还意味着审计理念的转变。数字化技术使得内部审计人员能够更快速、更准确地收集、分析和报告数据，从而提高审计效率，减少人为错误。同时，数字化技术还能使审计人员更好地预测和识别风险，提升风险管理能力。

数字化提升风险管理能力的途径如下：

（1）数据收集与分析：数字化技术可以帮助审计人员从各种渠道收集数据，包括内部信息系统、业务报表、社交媒体等，并对这些数据进行深入分析，以便识别潜在的风险。

（2）实时监控：通过实时数据收集和数据分析，内部审计人员可以实时监控单位的运营状况，及时发现异常情况，从而预防潜在风险。

（3）风险评估模型：利用数字化技术建立风险评估模型，可以更精确地评估风险发生的可能性及其影响，为风险管理提供更有价值的参考。

（4）风险报告与预警：数字化技术可以使风险报告和预警更加及时、准确，帮助管理层做出及时、有效的应对措施。

总的来说，内部审计数字化的核心能力建设对于提升风险管理能力具有重要作用。通过数字化技术，内部审计人员能够更快速、更准确地收集、分析和报告数据，从而提高审计效率，减少人为错误，更好地预测和识别风险，提升单位的风险管理能力。为此，单位应重视并积极推动内部审计的数字化转型，培养数字化审计人才，建立数字化审计平台，持续优化风险评估模型，加强与其他部门的沟通与协作。只有这样，单位才能更好地应对复杂多变的市场环境，实现可持续发展。

四、保持与外部环境的互动

在数字化时代，外部环境的变化非常迅速。因此，内部审计需要保持与外部环境的互动，以便及时了解和应对新的挑战和机遇。为此，内部审计人员需要具备良好的信息搜集和分析能力，以便及时获取最新的行业动态和政策变化。同时，内部审计也需要与其他部门保持密切的沟通和合作，以便更好地支持单位的整体战略。

在数字化时代，内部审计的数字化核心能力建设至关重要。为了适应这个新的环境，内部审计需要深入了解业务、建立数字化审计平台、提升风险管理能力、强化团队建设并保持与外部环境的互动。只有这样，内部审计才能更好地应对各种挑战，提高工作效率，同时降低风险。未来，随着数字化技术的不断进步和应用范围的扩大，内部审计的数字化核心能力建设将更加重要。

第二节　大数据审计

在数字化时代，对内部审计具体活动而言，其相关的审计思想、方法、工具或者审计项目都无可避免地与大数据紧密关联。从一般数据分析到大数据分析，或者从一般数据审计到大数据审计，其背后都体现出各种新形势的审计内容和审计要求的变化。

对内部审计机构和内部审计人员来说，熟悉与掌握大数据审计的原理、方法和工具，将其应用于具体的审计项目之中，并应用大数据审计思想来改造传统审计思维是当前十分紧迫的重要任务。本节内容简要介绍了与大数据审计和数字化审计相关的概念及程序。

一、大数据挖掘分析

大数据挖掘分析是指基于数学和统计学原理，应用特定的工具和算法对数据进行分析并挖掘其商业价值和科研价值的体系过程。常见的大数据挖掘分析方法如下：

（1）关联分析：从一组数据中，基于设定的规则查找数据之间的相关关系或预测可能出现的情况。经典案例有超市购物篮分析。

（2）分类分析：分类是最为重要的数据分析方式，它试图找出描述并区分数据类别的模型，以便使用模型预测给定数据所属的数据类。常见的分类方法有决策树归纳、贝叶斯分类、基于特定规则的分类、支持向量机、K-近邻算法、遗传算法。

（3）聚类分析："物以类聚，人以群分"，这句话通俗地表达了聚类分析的基本思想。聚类分析是把大量数据依据其特征划分为不同子集的过程。常见的聚类分析方法有K-均值聚类、K-中心点聚类、基于层次的聚类、基于密度的聚类、基于概率的聚类。

（4）演变分析：描述时间序列数据随时间变化的规律或趋势，并对其建模。常见的演变分析方法有时间序列趋势分析、周期模式匹配等。

（5）异常检测：数据集中往往包含一些特别的数据，其行为和模式与一般的数据不同，这些数据被称为"异常数据"。对异常数据的分析称为"异常分析"，如可疑金融交易检测、欺诈识别、网络入侵检测等。

二、大数据审计及其程序

（一）大数据审计

大数据审计是指利用特定的审计方法和工具对海量的数据进行分析，进而寻找风险和问题，并根据数据特征与结果评价风险的大小和问题的严重程度。大数据审计是在一般数据分析的基础上逐步发展起来的。具体来说，随着大数据时代海量数据的采集和存储，内部审计人员可以借助专业数据分析工具，基于大数据平台系统对与被审计事项关联的数据进行深度分析，往往能够发现潜藏在这些数据背后的可疑迹象、关联关系和隐性风险。

国家审计署2018年发布的《关于加强内部审计工作业务指导和监督的意见》指出，内部审计机构应该积极推广大数据审计工作模式等先进审计技术方法，推动提高内部审计人员运用信息化技术核查问题、评价判断和分析问题的能力，促进提高内部审计工作效率和质量。

大数据审计的常见方法就是大数据分析和挖掘，具体方式包括数据比较分析、数据描述性分析、分类分析、关联分析、聚类分析、序列模式分析、异常检查和偏离检测等。

（二）数字化审计

数字化审计是指在数字思维的指导下，利用数字技术和数字工具，基于内部审计的方法论和流程开展专业的审计工作。数字化审计与大数据审计的差别是，大数据审计侧重于从海量数据中发现问题，而数字化审计是指利用数字化的方法和手段来执行标准审计。

在传统审计中，利用内部审计系统中的规则模型来对风险进行预警，利用指标来对风险进行监控，这里的审计系统、规则模型和指标都可以理解为数字化审计工具。

在数字化审计中，利用网络爬虫技术爬取互联网上的海量信息进行分析，利用RPA并结合OCR技术对费用报销单进行自动核对，利用Python对数据库中的销售数据进行多维分析或对销售报告、风险报告、授信报告进行文本分析，利用R语言构建预测模型对员工行为风险进行监控，利用SAS[①]构建的分类模型对机构风险进行分类，利用BI系统对客户服务数据进行智能分析，利用遥感设备对农业领域的客户风险进行分析，利用可视化看板对信息系统建设流程进行合规性监控，等等。这些都是数字化审计时代所提倡的数字化审计方式。

数字化审计体系可划分为三个层次：第一层是数字化审计体系分系统，包括作业分系统、管理分系统、支撑保障分系统，涵盖作业、管理和相关支撑保障的所有内容；第二层是子系统，由若干紧密联系、相互作用的要素组成，并具有一定的独立性；第三层是要素，是系统最基础的部分。

（三）大数据审计的程序

传统内部审计的基本程序：审计计划→审计执行→审计报告→问题整改→审计跟踪。大数据分析的基本程序：目标分析→数据采集→数据分析→结果判定→持续优化。结合两者来看，大数据审计的程序可以设计为总体数据审计计划→目标分析→数据采集→数据分析→结果判定→审计报告→问题整改→持续优化。

三、大数据审计和数字化审计方法

建设大数据审计和开展数字化审计的关键是对数据的科学与高效的采集、保管、分析和应用。单位可以从内部审计数字旅程出发，开展内部审计数据治理，执行内部审计数据分析，建设内部审计数字看板，利用数据建模助力内部审计活动，等等。本节主要介绍大数据审计和数字化内部审计的建设方法。

（一）内部审计数字旅程

1.内部审计数字旅程的定义和分类

数字旅程是指一个宏观或微观的单位管理或操作活动中，数字的产生、流转直至消亡的生命周期过程。内部审计数字旅程是指在鉴证、监督或咨询活动中，从审计计划开始至审计目标达成的流程中，以风险与价值导向的各种审计数据的产生、流转和消亡的全生命周期过程。内部审计数字旅程对数据的完整性和准确性要求一般高于其他领域的相关

---

① SAS，Statistical Analysis System，统计分析系统。

要求。

按照不同类型的审计活动或审计对象的特征，可将内部审计数字旅程划分为如下类型：

（1）按照审计活动类型划分

①鉴证活动的数字旅程。本项是指鉴证式审计项目中，审计计划、审前分析、执行审计、审计报告、审计跟踪、质量控制等活动中被审计数据的提取、核实、分析和应用的旅程。

②监督活动的数字旅程。本项是指审计监督项目中，设计监督方案、开发监督指标、执行监督、监督报告、问题跟踪和问题解决等活动中监督数据的提取、核实、分析和应用的旅程。

③咨询活动的数字旅程。本项是指审计咨询项目中，确认咨询目标、设计咨询方案、执行咨询、咨询报告和问题解决等活动中咨询数据的提取、核实、分析和应用的旅程。

（2）按照审计对象划分

①被审计事项的数字旅程。本项是指被审计的业务活动或管理活动的数字旅程。例如，一个信贷业务的数字旅程包括从客户营销、客户申请、业务受理、业务评估至资产保全、客户退出的全流程，一个保险业务的数字旅程包括从客户营销、投保、承保、核保至理赔、客户退出的全流程。

②审计项目的数字旅程。本项是指按照内部审计标准作业流程，从审计计划、审前分析、制订明细方案、审计通知、执行审计至审计跟踪、质量评价完整闭环的数字旅程。

2.内部审计数字旅程的建设

当前在内部审计领域中，数字旅程的概念还未普及，内部审计数字旅程建设方法论尚未形成。在这样的背景之下，如果单位能够率先在市场上启动和完成内部审计数字旅程建设工作，无疑将抢占竞争高地，获得市场先机。

在非审计领域，数字旅程的思想和方法已经投入具体应用。例如，2017年德国安联保险集团的全球数字工厂推出生命规划旅程（Life Onboarding Journey），分别在比利时和西班牙上线，这是一种生命旅程的良好实践。该生命规划旅程解决方案完全从用户角度出发，为用户提供个性化建议，帮助其完成对产品的规划购买。

为此，具有领先思想和变革动力的首席审计官和内部审计人员，可以开始在单位内部推广以数字化内部审计为目标的数字旅程，研发内部审计数字旅程建设方法，并将其投产。内部审计数字旅程的建设方法主要包括以下几种。

①以业务或管理流程为核心域识别内部审计数字旅程。首先该方法对业务和管理活动进行全生命周期流程的梳理，建立流程清册；其次根据流程清册，识别各环节的数据和信

息流，通俗来讲，就是将数据流和信息流与流程环节进行关联；最后将数据流再次关联到信息系统，建立一个"流程+数据+系统"的数字旅程表。

②以客户生命周期旅程为基础重构内部审计数字旅程。首先该方法主要聚焦于业务活动，以客户生命周期旅程为主线，从早前的业务战略、营销策略、营销执行、客户申请到最终的客户退出，建立一个旅程地图；其次根据旅程地图，详细标记出客户的旅行路径，识别出路径中的各种数据；最后将旅程地图中的数据关联到信息系统，由此得到一个数据旅程图。

③以大数据管理流程为切入点设计内部审计数字旅程。首先该方法基于信息流模型，例如，此处的信息可以是大数据，以大数据作为核心主体，设计和管理数据从产生到销毁的过程；其次识别出数据在各类信息系统和数据库中的信息流向与存储位置；最后建立数据生态图，并在该图中标记信息系统和数据库。

（二）内部审计数据治理

数字化时代的内部审计对于大数据和小数据有着迫切的需求，充分利用各种数据是推动内部审计数字化转型最关键的方式。内部审计的"客观性"要求被采集与分析的数据是完整和准确的，而数据治理是提高数据完整性和准确性的最基础方法。

数据治理的目的是确保数据的全面性、完整性、一致性、可获得性、准确性和安全性。单位内部审计部门必须制定管理内部审计数据和信息质量的政策、流程，重构内部审计信息系统的设计和实施方案，提高内部审计数据的数量和质量。

与一般数据治理一样，内部审计数据治理也是一套包含策略、原则、标准、组织和职责、人员、政策制度、管理流程、工具方法和信息系统的框架，通过工作规划、治理机制、治理专题、治理对象和数据的开发运维来实现。内部审计数据治理的短期目标是提高数据质量，最终目标是创造数据价值。

内部审计数据治理与其他领域的数据治理一样，遵循统一的标准方法，主要包括以下四种措施。

1.数据治理架构

内部审计数据治理的架构在不同的方法论中具有一定差异，适合各家单位的方法也不一样。从单位整体层面来看，数据治理架构是一套确保实现数据目标的，包含策略、组织和人员、制度和流程、方法、信息系统和审计监督的完整体系；从具体运行角度来看，数据治理架构包含数据的识别和评估、数据分类、数据全景和数据条目管理、数据质量控制、数据安全和保护、数据合规和风险、数据考核和数据审计等内容。

2.开展数据管理

内部审计数据管理是指对数据的采集、接收、筛选、存储、传输、共享、处理、保管、备份、恢复和安全保护的过程。数据管理的目的是实现数据完整准确、数据安全、数据应用、数据资产增值、风险管理、隐私保护，以提高数据的可信度和增加数据资产的价值。数据管理可以从如下几方面入手：一是对单位现有的数据和预期未来可得的数据进行梳理，识别数据资产；二是对数据治理和管理相关的政策制度、管理层偏好和期望、单位整体业务战略和局部数据战略、信息系统概况等进行分析并识别数据问题，制订完善的计划并提出有效的措施；三是数据基础IT设施建设，包括但不限于元数据管理、基础数据库建设、数据集市升级、大数据平台建设等；四是数据关联图谱建设，打造统一视图和数据资产知识图谱；五是数据资产管理，建立数据资源目录和资产清单。

3.数据质量控制

关于数据质量控制的方法非常多，单位应基于自身所处的环境、具备的能力和享有的资源来确定一个恰当的方法。一般来说，较为通用的数据质量控制方法包括但不限于：一是数据标准的建设；二是数据分类分级管理；三是历史数据的质量分析和改进，从完整性、准确性、一致性、及时性四个要素的角度评估数据的质量（此处我们认为广义的质量包含数据的价值）；四是设计一套数据采集和清洗方法，并严格落实；五是对数据质量的具体执行工作进行考核和问责，严格按照既定质量控制规范进行管理和操作的行为应受到激励，反之应受到处罚。

4.数据价值管理

要实现数据价值，首先需要采取数据治理架构、数据管理和数据质量控制三大措施，除此之外，还可以采取如下行动：建立内部审计数据统一视图和专项视图；打破数据孤岛，建立集中的新一代审计数据集市；建立安全可控的数据安全管理体系，开展大数据安全控制和数据隐私保护；建立一个先进的审计大数据平台，作为实现数据价值的载体；开展数据资产管理，将内部审计数据视为单位重要资产并建立一套数据资产管理体系；建立数据价值管理体系，该体系至少包括数据价值的定义、识别、评估、分类、计算、应用、反馈、报告和披露等内容。

综上所述，加强内部审计数据治理，必须做到基于合规、高效的原则来打通、整合和利用单位内外部的跨业务、跨组织、跨渠道、跨产品、跨系统的数据信息；持续推荐和优化数据标准化建设，打造新形势下的数据集市、数据池、数据湖甚至数据海洋；完善现有数据质量控制体系，落实数据质量和信息安全的责任追究机制；培育和引进大数据审计人才。

（三）内部审计数据分析

1.问题分析

当前，内部审计一般会建立内部审计信息系统或平台，该系统或平台的后台建立一个内部审计数据库,从单位集中的数据库及部分重要信息系统获取数据,并将数据经过简单的汇总、分类、加工后传输至内部审计系统数据库。这种系统一般获取的数据均为结构化数据,对非结构化数据几乎没有采取有关措施进行获取和应用。

即使是在结构化数据的挖掘领域,大多数单位的内部审计人员也缺乏相应的知识和技能。当前内部审计人员中掌握概率论和统计学知识、数据分析与挖掘编程语言、数据挖掘算法以及数据分析与挖掘工具的比例极低。

由于数据治理不完善、数据接口不科学、数据质量有问题、信息安全风险大及数据人才不充足等,内部审计部门获取充分、准确、全面的内外部数据的难度较大,缺少数据使得内部审计开展数据挖掘工作缺乏坚实的基础。

大数据分析包括分类分析、关联分析、聚类分析、序列模式分析、异常检查、偏离检测等二级领域。在实践中,部分领先单位的内部审计部门应用了一些分类分析方法或聚类分析方法,其他方法一般较少使用。

2.解决方案

①探索和建设大数据审计平台、云审计平台、审计数据库。内部审计可以基于现有的单位内部数据库和数据集市,结合部门合法合规获取的外部数据,开展初期的大数据审计平台建设。利用大数据审计平台开展基础数据建模分析、中度统计分析挖掘和深度机器学习。此外,重视大数据审计平台的可视化建设,直观、完整、准确、实时、动态地展现审计过程和成果。

②打造内部审计数据湖。数据湖是基于大数据的发展要求,在数据库、数据集市、数据池的基础上演变发展,在近些年才兴起的一个新概念。数据湖是指一个存储单位各类原始数据的大型仓库,它将这些数据分类存储到不同的数据池,并对数据池中的数据做一定的标准化处理,以便更好地进行存取、处理、分析及传输。以往内部审计通常会借助内部审计信息系统打造一个数据集市,主要存储单位内部的一些结构化数据。然而在大数据时代,内部审计基于提升组织价值的目标,势必需要转变审计思维,拓展审计领域,而基于大数据的审计就是其中的一个发展方向。这样一来,发展大数据审计、建立内部审计数据湖、海纳各种有用的数据、提高数据质量成为内部审计数据分析的一个发展趋势。

③传统数据挖掘。传统数据一般是指结构化数据,是相对容易获取和分析的一种数据。内部审计可以借鉴客户管理、营销管理和风险管理领域的传统数据挖掘方法,对内部审计传统数据进行分析,挖掘其潜在的风险。

④文本数据挖掘。对于内部审计应用文本数据挖掘,可以从授信调查报告的情感分析、授信调查报告的重复性分析等入手。

⑤合法利用通用"网络爬虫"和聚焦"网络爬虫",获取内部审计系统和单位内部数据库之外的互联网公开数据信息,对这些数据信息进行分析,寻找业内最新的监管信息、

行业热点、异常点和风险点，或者利用其验证某些审计结论。

⑥将数据分析融入常规的现场和非现场审计流程中。当下一些审计项目以访谈和抽查档案为主，很少开展数据分析。实际上，可以利用数据分析来进行风险评估、审计抽样、异常点查询、审计证据收集等，如果在内部审计报告中通过数据可视化来描述审计问题，还有增光添彩的效果。

（四）内部审计数字看板

数字看板和数字驾驶舱非常相似，两者都是设计、采集、分析和展示各种类型数据的绝对数量、比率、关联关系、分布情况、变化情况等的方法。内部审计数字看板的建设和应用思路主要包括两方面。

1.数字看板指标的建设

具体实践中，单位内部审计部门可以这样操作：首先，对现有的审计对象进行一次专项梳理分析，提取出可以进一步进行数字化改造的关键审计对象，并映射到独立的审计项目中去；其次，针对该审计对象的重要风险开发并提炼定量指标，具体来说，可以按照操作风险中KRI的方法论和信息系统中GQ（I）M方法论等开发指标来进行；最后，为指标设计一套运行方案，最好是选中一两个项目开展试点，利用穿行测试的工作原理对利用指标开展自动化审计进行试验。

例如，经济责任审计是非常适合进行数字化再造的领域，因为这种以经济为基础，以风险、合规、廉洁自律等为辅的审计所需的信息许多来自本身具备良好数据基础的单位信息系统。设计一套涵盖3~5种类型的经济责任标准化指标体系，利用计算机技术和大数据思维对这些指标进行数字化改造，则在得到各种指标的数字化结果后，可以更加轻松、准确地量化经济责任，从而提升审计工作的科学性和客观性。此外，利用数字化的经济责任审计信息，可以为单位的各级领导干部进行精准画像。

例如，某商业银行针对IT项目管理建立了健康监测数字看板，从范围管理、进度管理、成本管理、问题管理、质量管理等维度开发了相关的统计指标和指数，开展24小时动态监测。

2.数字看板指标的应用

数字看板的各项指标主要用于审计分析、工作评价、审计监督和绩效考核。以工作评价为例，它本身能够与内部审计核心职能中的评价职能呼应，利用数字看板指标进行评价活动代表了数字化内部审计中评价工作的一种数字化转型方式。在数字看板指标完成设计开发并投入看板运行后，我们可以通过如下步骤开始具体的评价活动。

首先，设计和筹划评价的工作计划及方案，明确相关的评价策略、评价范围、评价主体、评价周期和评价指标等；其次，通过采集、确认和分析各项指标数据、信息或其他相关资料，按照商定的评价过程开展评价，针对评价结果确定后续计划、行动；再次，对初步得到的指标结果进行审核确认，并评价目标达成情况；最后，编写一份数字化报告并提交给审计管理层和公司管理层进行决策分析。

（五）内部审计数据建模

内部审计数据建模是一项具有较大难度的专业性工作，需要基于科学的方法论和程序的指导来实现。一般来说，在该工作中确定了审计目标之后，内部审计人员需要开展科学、严谨的业务和管理分析，准确地识别影响审计目标实现的成功要素，再识别出数据分析的要点，进而建立模型。根据行业实践，当前内部审计模型主要包括规则模型、指标模型和统计模型三种。下面我们以主流的"风险导向审计"为例阐述如何构建上述三种模型。

1.确定目标

目标管理法是广泛应用于单位战略、组织管理、风险管理、技术管理和审计管理领域的一种通用的方法，它符合事物发展和单位管理的基本规律，符合人类思维的基本逻辑。无论是编制审计计划、执行具体的审计项目，还是本处所指的内部审计模型构建，均可以使用目标管理法来进行分析。

确定目标时要依据单位总体目标、愿景和使命，并从正向和反向考虑内部审计部门的资源、能力，以防确定的目标脱离实际。

对内部审计数据建模来说，基本思路是基于审计目标来层层分解，例如，宏观的审计目标是助力实现单位战略（战略导向审计）、改善风险管理水平（风险导向审计）或评价合规遵循程度（合规导向审计）等，微观的审计目标是规范经营机构内部人员的日常行为、监控信息系统项目管理风险或评估消费者权益保护的能力等。在不同的审计目标下所构建的内部审计模型将具有较大的差异。

2.确定关键成功要素

本步骤的核心是在目标导向下，识别影响目标实现的关键成功领域中的关键成功要素。关键领域一般划分为治理领域、业务领域、职能领域，特殊情况下可以将技术领域、数字化领域等单独剥离另行处理。关键成功要素包括但不限于组织架构、人才、资金、流程、风险和技术。在具体执行过程中，可以参考监管和行业内现有的成熟体系，也可以个性化地重新设计符合本单位实际情况的新体系。

第三节 人工智能审计

当前最火的技术无疑是人工智能。有人说未来30年人工智能都将是持续的热点,且代表着新兴管理思想、新兴商业模式和新兴信息技术的一种融合。传统内部审计是需要投入大量的人力以手工的方式进行各类审计活动的,可以粗浅地理解为人工智能审计就是在合理的规划和管控下利用机器自动作业来取代人类手工作业,这种审计特点和人工智能特点共同决定了人工智能技术在内部审计工作中大有可为。本节主要介绍人工智能的相关概念、人工智能审计技术及其程序。

一、人工智能的基本介绍

1956年,达特茅斯会议首先提出人工智能(Artificial Intelligence,AI)的概念,并确定了人工智能的目标是"实现能够像人类一样利用知识去解决问题的机器"。

中国国家标准化管理委员会发布的《人工智能标准化白皮书(2018版)》指出:人工智能是利用数字计算机或者数字计算机控制的机器模拟、延伸和扩展人的智能,感知环境、获取知识并使用知识获得最佳结果的理论、方法、技术及应用系统。

人工智能是指由人类制造出来的机器或者系统所具备类似人类的思维和行为的智能,它的主要研究领域包括认知建模、知识学习、机器感知、机器思维、机器学习、机器推理及应用、机器行为和智能系统等。

与人工智能相关的知识涉及数学和统计学、计算机、机器学习框架、大数据以及问题求解、逻辑推理、智能规划、知识图谱、机器学习和分布式人工智能等方面。

人工智能是在大数据和高性能计算的基础上逐步发展壮大的一个十分热门且具有广阔应用前景的领域。从当前的研究和应用来看,人工智能的四大关键领域是计算机视觉、自然语言处理、机器学习和人机交互,它在相关行业的典型应用有智能移动设备、智能语音机器人、智能流程操作机器人、智能风险审批模型、智能投顾或保顾、智能预测模型、智慧财务、智慧合规和智能审计稽核等。

例如,根据《中国工商银行股份有限公司2020年度报告》,中国工商银行已经全面建成自主可控、同业领先的单位级人工智能技术体系,打造"看、听、想、说、做"五大人工智能核心能力,建成一站式人工智能建模工作站,利用人脸、声纹、虹膜等多种生物特征识别能力,实现机器学习、光学字符识别(OCR)、机器人流程自动化(Rabotic Process Automation，RPA）、知识图谱等主流人工智能技术的广泛应用。

二、人工智能审计及其程序

（一）人工智能审计的常见方法

1.统计学习

在生产生活中，我们听得比较多的是"机器学习"这个名词，而"统计学习"则听得较少，但是实际上统计学习与一般的机器学习极为相似。统计学习也称为统计机器学习，是关于计算机基于数据构建概率统计模型并运用模型对数据进行预测与分析的一门学科。由此看来，统计学习很类似于机器学习的概念，但是机器学习更强调使机器通过对数据进行学习而获得一种知识或能力，是更趋近人工智能的概念，而统计学习更强调理论上的数理统计分析和挖掘。

统计学习由监督学习、非监督学习、半监督学习和强化学习等组成。它的方法都是由模型、策略和算法三要素构成的，可以简单地表示：模型+策略+算法。其中，在监督学习过程中，模型就是所要学习的条件概率分布或决策函数。

统计学习和机器学习一样，需要对数据进行处理，数据的类型主要包括各种数字、文字、图像、视频、音频数据以及它们的组合。

统计学习对数据的预测与分析是通过构建概率统计模型实现的。统计学习的结果主要有两种情况，分别是决策函数和概率分布模型。

2.机器学习建模

利用大数据进行机器学习，可以构建多种模型，如客户营销模型、客户分类模型、客户画像、业务推荐模型、信用评级模型、审批决策模型、反欺诈分析、零售申请评分卡、零售行为评分卡、零售催收评分卡、贷后风险预警模型、债券预警模型、可疑金融交易监测模型、量化投资模型等。例如，在监督学习中，与统计学习一样，通过机器学习得到的模型一般也是条件概率分布和决策函数这两种形式。

3.RPA

基于操作流程节点，通过事先设计、开发配置和运行一定的规则，RPA可以模拟人的操作处理，进行复制、粘贴、点击、输入等操作，协助人类完成大量"流程较固定、规则较明确、重复性较高、附加值较低"的工作。当前，RPA是单位数字化转型和人工智能应用的热门方向之一。

我们甚至可以将遍布各地的银行自动取款机（ATM）、个人贷款的自动审批引擎理解为早期的RPA。当前，RPA在金融机构中已经有了一定的应用场景和案例。例如，一些商业银行已经开始利用RPA技术来进行客户自动化服务、个人贷款的审批决策、信用卡审批、房屋抵押贷款的抵押品查询、自动征信查询、自动联网核查、银行账户自动开户、自动对账、财务费用报销、发票核验、联网核查、洗钱风险监测等。

4.自然语言处理

自然语言处理（Natural Language Processing，NLP）是当今计算机和人工智能领域的热点方向，以语言为对象，利用计算机技术来分析、理解和处理自然语言。自然语言处理主要应用于机器翻译、舆情监测、自动摘要、观点提取、文本分类、问题回答、文本语义对比、语音识别、OCR等领域。

5.光学字符识别（OCR）技术

该技术可以对图片格式的文件进行扫描、分析和识别，获取文字及版面信息并将其翻译成计算机文字。常见的应用形式有OCR文本字符识别、OCR人脸识别、OCR图像识别等。

6.自动语音识别和处理

自动语音识别和处理能够将存储的语音转成数字信息，进而转化为可供进一步分析的文字，再对这些文字进行语义解析和文本分析。

7.知识图谱

知识图谱（Knowledge Graph）最早由Google公司在2012年提出并用于互联网信息检索。通过将应用数学、图形学、信息可视化技术、信息科学等学科的理论和方法与计量学引文分析、共现分析等方法结合，并利用可视化的图谱形象地展示某一事物的关键结构、历史演变、前沿趋势及整体框架，最后用可视化技术描述知识资源及其载体，挖掘、分析、构建、绘制和显示知识及它们之间的相互联系。知识图谱是当前大数据分析领域的热点之一，在单位风险管理、客户管理等领域有着广泛的应用。

（二）人工智能审计的程序

完成人工智能审计工具或系统的开发之后，内部审计可以使用其开展特定的审计活动，包括单一项目或单一项目中的某些特定的审计工作。

当执行单一项目时，审计程序仍然基于标准的审计程序进行，只不过由人工的方式变成了自动的方式。结合当前的审计智能工具和技术，全自动化的审计项目很难落地实施。

当执行单一项目中的某些特定审计工作时，人工智能审计的程序一般是目标设定→数据采集→数据分析→结果判定→持续优化。这个程序和大数据审计其实非常接近，主要是由内部审计本身采集数据和分析数据这一本质特点决定的。在单一项目的某些特定审计工作中采用人工智能技术和工具，应该是当前和未来一段时间内人工智能审计的主流。

三、人工智能审计方法

人工智能审计的方法是指开发一些智能程序、模型或工具，并利用其来执行特定的审计活动。本节先总体介绍人工智能审计存在的问题并提出初步解决方案，然后从AI自动数据采集和查询、AI数据建模分析机器人，再到非结构化数据的处理、RPA和内部审计报告自动化实现，介绍常见的人工智能审计形式和应用。

（一）人工智能审计的总体方法分析

当前人工智能火爆全球，许多领先单位持续加大对人工智能研发的投入，使得一些日常认知中与科技关联度并不密切的职能部门也开始进行人工智能职能探索。据了解，一些内部审计部门也在积极探索人工智能在审计工作中的运用，但是迟迟找不到切入口和突破点。

机器人流程自动化（RPA）是当下一种热门的技术或工具，在财务会计等领域已经取得了许多成果，但是在内部审计领域目前尚未有成熟的案例。一些单位也通过外部调研的方式了解如何利用RPA技术来改造内部审计工作，但是没有明确的思路。

自然语言处理、光学字符识别、自动语音识别和处理这些在其他领域已经有着丰富实践案例的技术在内部审计领域的应用非常少见，许多内部审计人员对此方面的概念还不够了解。

机器学习是人工智能领域的热点，并且在单位客户管理、营销管理、风险管理等领域积累了较为丰富的实践。但是在内部审计领域，能够很好地应用机器学习的单位非常少，有关的成熟案例也非常少见。

当今单位的掌握人工智能技术的内部审计人才十分稀少，这些专业人才的缺失直接导致了内部审计部门无法研发、引进和运用人工智能来变革及创新内部审计。

为了解决上述问题，可以从如下方面着手。

1.机器学习

内部审计引进人工智能可以先从机器学习入手。机器学习是当今内部审计进行人工智能应用的最为常见的方向，并且积累了一定的实践案例。简单来讲，机器学习就是计算机或机器来模仿人类的学习思维和学习能力，是基于各类数据，运用数学和计算算法等方法，获得知识和技能的行为。内部审计应用机器学习可以进行关联分析、分类分析和聚类分析等，进而识别预测风险。例如，利用K.Means算法可以通过比较不同分支机构的数据，寻找存在异常经营信息的机构；利用逻辑回归算法可以构建单位债券风险预警模型；利用关联规则可以寻找员工行为风险的影响因子等。

2.RPA

内部审计有两种应用 RPA 技术的思路。第一种思路是利用 RPA 技术助力内部审计核心监测体系建设,具体来说是内部审计部门自行设计基于自身职能和价值创造的核心指标,再利用 RPA 技术自动提取数据、进行计算,反馈监测结果。第二种思路是利用 RPA 技术来采集数据,例如,采集政府网站上的有关政策信息、监管信息、处罚信息、工商信息,从单位的内部网站上采集单位内部信息和数据(如非结构化数据),对采集的数据进行匹配比对分析,等等。一旦引入和使用 RPA 技术,还应该根据 RPA 来调整优化和变革现有的操作流程。

3.NLP

内部审计可以利用NLP技术对单位的非结构化数据进行挖掘分析。例如,可以采集商业银行各个时期的信贷业务贷前调查、贷中审查审批、贷后检查,利用NLP技术进行解析和挖掘,将目标信息转化为可进行分析的数据,再寻找其中的风险信息、异常信息,以用于审计取证、风险预警、行为评价等。

4.OCR技术

内部审计可以利用OCR技术对图片格式的非结构化文件进行扫描、分析和识别,再进行数据分析和审计核查。例如,进行财务费用开支审计时,实践中许多单位仍是通过内部审计人员手工逐笔检查报销凭证,效率低且效果差。如果通过OCR技术提取增值税发票上的科目、物品或服务信息、发票开具方、印章的文字信息后,对其进行分析,挖掘异常报销,可以大大提高效率和效果。

5.自动语音识别和处理

内部审计可以利用自动语音识别和处理技术,将单位内部存储的语音转变为数字信息和文字信息,再进行数据挖掘和分析,进而寻找风险点和异常点。实践中,我们常常看到内部审计人员在检查商业银行理财业务的销售档案时,会抽查销售录音,然后内部审计人员人工逐步复听录音内容。这种审计方法十分低效,审计覆盖面极窄,投入的人工和时间成本巨大。如果通过自动语音识别和处理技术,就能用计算机辅助的形式迅速完成大范围的录音核查。

此外,2017年12月,国际内部审计师协会发布《全球视角和见解:人工智能审计框架》,提出了人工智能审计的框架性规定。该框架所指的人工智能审计并不是利用人工智能技术和工具来开展审计项目,而是对"人工智能"这一对象开展确认或咨询服务。该框架提出人工智能审计包括人工智能的战略审计、人工智能的治理审计和人工智能的人员因素审计,覆盖AI能力、网络安全能力、数据架构和基础设施建设、数据质量、绩效衡量、人工智能相关的伦理学以及AI黑匣子等方面。因此,领先机构的内部审计部门可以先行一步,选择人工智能的一个恰当领域作为试点开展确认或咨询服务。毫无疑问,这是具有一定难度的，但也是极具价值的。

（二）人工智能自动数据采集和查询

1.数据采集机器人

数据采集机器人可以通过执行内部审计人员的采集指令，基于内部审计人员设定的采集规则，自动采集相关数据并将其保存在特定的位置。特点是低代码或零代码开发，无须改变单位原有的业务、技术和数据架构，操作便捷并且工作效率高。

内部审计人员可以通过部署类似的机器人来完成对各种情景下数据的采集，以释放审计资源，同时避免传统数据采集方式带来的数据泄露和数据篡改等风险。

2.自动爬取数据RPA

内部审计部门可以开展外部调研分析、审计执行或研究活动，如果能采集到大量的外部信息，无疑会给内部审计活动输入更丰富的素材，可以在一定程度上提高审计分析的全面性和先进性。通过人工互联网检索的方式往往效率低，投入大量的时间和精力也未必能达到预期的效果。

自动爬取数据RPA是一种简单可实现的自动化工具，通过执行RPA或者在审计系统中植入该RPA，内部审计人员无须编程，通过菜单式操作即可完成网络信息爬取。

3.自动查询数据RPA

内部审计部门在执行具体的审计活动时，一般都需要查询大量的数据做审前分析、预警监控和核实特定的审计问题。当前实践中，一般通过内部审计系统中的SQL程序菜单式地查询已有内部审计数据集市中的数据，或者以IT部门数据查询服务单的形式提交数据采集需求。

自动查询数据RPA比内部审计系统中的SQL程序更加智能和先进，能够覆盖多种场景、多种形式和多种展示的查询情况。比如，IT部门数据查询服务单的形式可以大大减少信息沟通、时间等待和数据核实等问题，大大提高查询效率，并且使内部审计人员掌握数据分析的主动权，更符合数字化内部审计的要求。

（三）人工智能数据建模分析机器人

人工智能数据建模是一项高难度的工作，需要掌握数据、统计学、计算机编程和特定业务领域的知识，受限于只有极少的内部审计人员具备AI数据建模的知识技能，该项技术仅在极少的内部审计部门有实践。

事实上，由模型需求部门（如业务部门、内部审计部门、风险部门、营销管理部门）基于自己的业务目标和业务逻辑开展数据建模是最科学、最有效的方式之一。如何弥补模型需求部门在数据、统计学、计算机编程等领域知识技能上的欠缺？一种办法是让模型需求部门选择部分骨干员工学习这些知识，另一种办法则是使用AI自动化的数据建模分析机器人。

低代码和零代码开发是人工智能领域一个蓬勃发展的新兴领域，有着良好的应用前景。AI自动化数据建模分析机器人就采用了低代码和零代码开发的理念与方法，使未掌握数学、统计学和计算机编程的人员也可以自己创建模型。

（四）文本、图片、语音和视频处理

1.自动文本分析

单位在日常经营管理中积累了许多文本数据，这些数据是内部审计数据分析的重要素材来源。长期以来，内部审计的非现场检查和现场检查一般会抽取一定比例的文本或档案资料样本进行人工检查，审计覆盖面一般较小，审计时长较长，审计人员产出较低。

内部审计可以采用自动文本分析技术对海量的文本执行自动化分析，以改进上述问题。具体来说自，动化文本分析技术可以分为三种：第一种，设定分析规则，由文本分析算法按照规则抓取相关的风险或问题数据；第二种，通过机器学习算法对文本进行专项分析，例如情感分析、关键特征分析等；第三种，设定相关规则识别文本内容之间的关系，进而识别风险或绩效。

2.OCR

OCR技术可以对图片文件进行扫描、分析和识别，获取文字及版面信息并翻译成计算机文字。单位在数字化转型过程中，会生产图片数据，内部审计活动必然需要针对图片数据做分析，而一般的内部审计软件和工具很难对图片数据进行分析，此时便可以借助于OCR技术完成图片数据的解码和转化，再用于一般分析。

OCR技术在单位里已经有了广泛的应用，例如OCR人脸识别、OCR身份证识别和OCR发票识别等。将OCR技术与特定的业务场景结合可以实现业务活动的数字化，如泰康在线基于"OCR+自动理算"技术推出的线上"一键理赔"服务。

3.自动语音检查

在传统的营销业务审计、客户服务审计或消费者权益保护审计等项目中，内部审计人员需要抽取语音文件来检查营销过程的合规性或客户权益保护规范的遵循情况等，这种审计形式很难在规定时间内完成足够多样本的检查，并且重听语音的过程十分痛苦，审计效率普遍较低。借助于人工智能中的语音处理技术，自动语音智能质检信息系统能够将内部审计人员从繁杂枯燥的手工质检工作中解放出来，大大提高审计检查的效率和效果。

内部审计部门可以通过构建语音检测系统来完成上述工作，一种较好的实现方式是：首先，按照审计实务要求在系统中设置好抽样规则，系统根据抽样规则自动抽取相关的语音样本；其次，由系统内置的程序对语音进行分析处理，识别异常情况，还可以根据

分析结果对该样本的合规性表现进行等级评定；最后，标记系统识别出的异常样本并推荐给内部审计人员，由内部审计人员进一步进行核定。

例如，华夏银行信用卡中心自2019年上线智能质检系统，先后对客户服务相关的挂失、销卡、分期营销等业务场景开展全方位、多维度监控，覆盖客户服务生命周期关键环节、高风险业务及价值营销等领域。该系统自动质检专项业务平均覆盖率达80%，专项质检效率提升16倍，准确率可达90%。借助于自动语音质检系统，仅需3名语音分析人员即可完成过往近80名质检人员的工作量，每年节约的人工质检成本可折合约900万元人民币。同理，内部审计人员在开展类似的语音专项审计时，可以借助该系统执行审计程序，不仅可以大大提高审计效率，还可以提升审计结果的准确性和客观性。

又如，微众银行将NLP技术应用到语音交互领域。在"电话核身"场景中，微众银行运用机器学习的算法，通过机器人完成对话与核对，并为不同风险等级的客户制定不同的身份核验策略。在服务质量控制方面，过去在针对电话银行的服务进行语音质检时一般采用人工抽检的方式进行，检查覆盖比例很低，而应用NLP技术后，微众银行可以做到对电话语音的100%检查。

4.自动视频核查

与图片一样，内部审计也面临对视频数据进行检查分析的需求，此时可以借助人工智能技术开发智能质检工具，利用AI技术对视频文件进行处理，核查视频数据是否完整、严谨、安全、合规。

（五）审计流程机器人

1.流程机器人简介

RPA技术大约从21世纪初开始应用于单位日常管理和操作活动中，但是应用的领域和范围十分狭小。从2010年开始，随着RPA技术的不断发展，其应用推广到一些自动化的高频次手工工作之中，如财务报销领域的发票核验。2015年之后，已有许多甲方和乙方单位开始布局RPA市场，一些领先金融机构、咨询公司、金融科技公司、人工智能创业单位开始研发与推广RPA相关的解决方案和信息系统。2020年前后，国内一批领先单位开始在年报等信息披露和宣传材料中声称其已经开始落地相关RPA技术。

想要更好地理解RPA，可以从如下四个方面着手：

①商业银行自动柜员机。该机器一般称为ATM，它利用计算机软件、硬件设备和网络等模仿传统人工柜台存取款、查询等操作，可以取代人工操作实现与客户的信息交互并完成存取款和查询的任务。虽然ATM不是严格意义上的RPA，但是它的设计出发点和工作思路与RPA并无本质差异，两者都通过相关的系统和控制程序取代人工完成一些高频的操作，只是ATM同时需要软件和硬件支持，而RPA更侧重于软件。

②商业银行贷款审批模型。传统上,信贷业务一般是以借款人递交申请材料,审批人员人工判断分析、出具审批结论的形式来完成贷款审批。但是,如今越来越多的贷款,特别是零售贷款通过审批模型(或决策引擎)来实现自动化和智能化的审批决策。贷款审批模型通过事先设定的风控模型和决策程序,对输入模型的信息进行自动化计算和分析,并自动给出审批是否通过的结论和拟定借款人授信额度。虽然很少有人将贷款审批模型(或决策引擎)纳入RPA范畴,但我们认为它本质上是一个智能审批机器人,是RPA的一种较好的应用示例。

③联网核查流程机器人。商业银行在受理客户的账户开立申请时,需要查询和确认客户的身份信息。在大批量的借记卡开卡业务中,如果通过人工一次性处理上万个客户的联网核查,工作量无疑是巨大的。这种查询属于高频次低技术含量的机械式操作。此时,可以开发一个联网核查流程机器人,该机器人可以自动获取申请人的身份证号码数据,再自动进入公安部网站查询和比对身份信息。同理,信贷业务中的借款人征信信息查询也可以通过同类RPA机器人完成,且更智能的征信查询RPA机器人还可以对征信报告完成自动化解析。

④增值税发票核验机器人。在许多单位中,在处理财务费用报销时,报销操作人员一般需要人工验证增值税发票的真实性。通过RPA机器人可以自动提取发票中的关键信息,如名称、纳税人识别号、发票号码、交易金额,再自动登录税务管理平台查询和比对发票信息,出具发票真伪的结论。

2.审计流程机器人的应用

应用RPA来执行内部审计活动的主要原因包括但不限于:其一,内部审计活动遵循特定、标准、严格的内部审计规则和程序,与RPA任务一样,是一种非常强调规则和流程的作业活动;其二,内部审计的执行需要采集和分析大量的数据,与RPA一样需要依赖足量的结构化数据分析(当前的RPA在处理非结构化数据上还存在一些不足);其三,一些内部审计活动为了提高结论的客观性,需要抽取大量的样本进行反复检查,与RPA适合处理大量重复务的特点非常匹配。

尽管RPA能够帮助内部审计在取代高频重复性的工作上发挥出重要作用,但存在两个典型现实问题:RPA程序本身的技术可靠性不足,可供RPA改造的内部审计活动不足。由于内部审计和外部审计的审计内容具有极大的差异,前者很少执行财务报表和财务数据审计,后者则以财务报表和财务数据审计为核心。RPA在财务管理和财务报表审计中有一定的用武之地,因此,RPA在向外部审计推广的过程中取得了一定的成效,但它在向单位内部审计部门推广的过程中却碰到了众多的问题和阻力。内部审计的审计内容千差万别,内部审计的审计环境亦各不相同,标准化程度远低于外部审计。

RPA在内部审计变革中起着重要的作用,那么单位该如何引进和应用RPA来执行内部审计活动，充分发挥RPA的价值呢？我们认为可以从以下方面着手。

①市场信息调查检索RPA。内部审计人员可以将RPA程序植入审计管理信息系统的"调查分析"模块中，通过RPA程序自动化爬取互联网上相关的信息和数据，进而为审计调查分析提供大量的素材。

②内部数据库信息检索RPA。事先设定信息查询规则，编写程序，由RPA执行查询程序，将结果返回至指定的信息存储位置。

③特定审计程序执行RPA。例如，财务费用报销审计中的发票核验RPA，员工异常行为排查审计中的员工投资经商办单位核查RPA，信贷合规性审计中的信贷资金回流核查RPA。

（六）审计报告自动化实现

内部审计准则中所称的审计报告是指内部审计人员根据审计计划对被审计单位实施必要的审计程序后，就被审计事项做出审计结论，提出审计意见和审计建议的书面文件。这种报告定义可理解为狭义的、严肃的报告。此外，内部审计还可以出具其他报告，如调查报告、调研报告、咨询报告、研究报告等。

从行业实践来看，审计报告一般包括用于记录审核项目结果的审计项目报告，用于审计分析、管理决策的专项分析报告。

审计报告数字化的核心是实现报告的自动化。实现该目标的方法：一是根据报告性质和特点设计出标准化、参数化的报告模板，并通过信息系统开发出来；二是由于报告需要采集很多定性和定量的信息，因此要做报告的数据治理，具体来说，对于定性信息要事先设定格式和内容要求，对于定量信息可以按照常规数据治理方法进行优化；三是借鉴监管科技所使用的报告自动化技术，在恰当的时点采集数据，形成所需的各种最终报告。

在监管科技中，监管报告的自动化技术是重要的组成部分。审计报告的自动化实现，完全可以借助监管报告自动化的方法和工具。此外，经营分析报告、财务报告、客户管理报告、营销管理报告和风险管理报告中的自动化技术也可以作为审计报告自动化实现的参考。

第十一章 智慧财务管理与内部审计的整合

第一节 智慧财务管理与内部审计的关联性

随着科技的进步和数字化的发展，智慧财务管理（Smart Financial Management）正在逐渐成为单位财务管理的核心。智慧财务管理不仅关注传统的财务数据，还借助大数据、人工智能等先进技术，深度挖掘和分析财务数据，以提供更精准、更及时的财务决策支持。与此同时，内部审计作为单位内部控制的重要组成部分，其职责也从传统的查错纠弊，逐渐转向风险评估、内部控制和业务咨询。智慧财务管理与内部审计的关联性日益增强，共同推动单位的健康发展。

一、智慧财务管理与内部审计的共同目标

智慧财务管理和内部审计的共同目标都是提高单位的运营效率和财务健康。智慧财务管理通过先进的算法和模型，预测和解决潜在的财务风险，提高财务决策的准确性。内部审计则通过对单位内部控制系统的评估，发现和解决潜在的风险，确保单位的运营安全。两者的结合，可以更好地实现这一目标。

二、智慧财务管理为内部审计提供支持

智慧财务管理通过大数据和人工智能技术，能够提供更全面、更准确的财务数据，为内部审计提供有力的支持。传统的内部审计主要依赖人工审查和判断，不仅效率低下，而且容易出错。智慧财务管理则可以通过自动化和智能化的方式，提高内部审计的效率和准确性，减少人为错误，降低审计成本。

（一）数据支持

智慧财务管理系统以其强大的数据处理和分析能力，为内部审计提供了丰富的数据支持。智慧财务管理系统能够实时收集、整合和分类各种财务数据，包括账目信息、交易记录、报表数据等，为内部审计人员提供了全面、准确的数据来源。此外，智慧财务管理系统还能通过数据挖掘和分析，发现隐藏在数据背后的潜在信息，为内部审计提供更有价值的洞察。

（二）风险预警

智慧财务管理系统通过实时监控和预测财务数据的变化，为内部审计提供了风险预警功能。系统能够识别潜在的财务风险，如资金流动异常、账目不符、违规操作等，并及时发出预警信号，提醒内部审计人员关注和调查。这不仅提高了内部审计的效率，而且增强了内部审计的风险防控能力，降低了单位的财务风险。

（三）自动化审计

智慧财务管理系统的自动化审计功能，进一步提升了内部审计的效率和质量。通过设置自动化的审计规则和程序，智慧财务管理系统能够自动进行财务报表的核对、交易记录的审查、合规性检查等任务，减少了内部审计人员的工作量。同时，系统还能对审计结果进行智能分析和判断，提出改进建议，为内部审计人员提供了更有价值的审计意见。

智慧财务管理与内部审计有着密切的关联性，智慧财务管理为内部审计提供了数据支持、风险预警和自动化审计等多方面的支持。

三、内部审计为智慧财务管理提供保障

随着科技的进步，财务管理正在经历一场深刻的变革，智慧财务管理应运而生。智慧财务管理是一种以数据驱动、智能化决策为特征的财务管理模式，它充分利用大数据、人工智能等先进技术，实现财务信息的实时获取、分析、预测和决策。然而，智慧财务管理的实施并非易事，它需要内部审计的保障，以确保其合规性、有效性和安全性。

内部审计在智慧财务管理中的作用不容忽视。首先，内部审计是智慧财务管理合规性的重要保障。智慧财务管理依赖于大量的数据和信息，这些数据和信息的真实性和准确性至关重要。内部审计通过定期审计和检查，可以确保财务数据的准确性和完整性，防止财务舞弊和欺诈行为的发生。其次，内部审计是智慧财务管理有效性的重要保证。智慧财务管理依赖于先进的技术和工具，这些工具的使用需要专业的审计人员进行监督和指导。内部审计可以通过对技术工具的审计和评估，确保其符合公司的要求和标准，从而提高智慧

财务管理的效率和质量。最后，内部审计是智慧财务管理安全性的重要防线。智慧财务管理依赖于网络和信息技术，因此网络安全问题至关重要。内部审计可以通过对网络安全的审计和检查，及时发现和解决潜在的安全风险，确保智慧财务管理的安全运行。

总的来说，内部审计在智慧财务管理中扮演着重要的角色，它是智慧财务管理的基础和保障。没有内部审计的保障，智慧财务管理将无法发挥其应有的作用。因此，单位应该重视内部审计在智慧财务管理中的作用，建立完善的内部审计体系，以确保智慧财务管理的有效实施。

未来，随着科技的进步和数字化的发展，内部审计在智慧财务管理中的作用将更加重要。它将不再是简单的合规性检查和风险控制，而将成为智慧财务管理的重要组成部分，为单位的财务决策提供更加全面、准确和及时的信息和支持。因此，单位应该加大对内部审计的投入，提高其专业素质和技能水平，以适应未来财务管理的变革和发展。

智慧财务管理与内部审计在单位的财务运营中具有高度关联性。智慧财务管理通过先进的技术手段，提高财务决策的准确性，而内部审计则通过风险评估和内部控制，保障智慧财务管理的安全运行。两者的结合，可以更好地实现单位的财务目标，提高单位的运营效率。未来，随着科技的进步和数字化的发展，这种关联性将会更加明显，智慧财务管理和内部审计将共同推动单位的健康发展。

第二节　智慧财务管理与内部审计的协同发展路径

随着科技的快速发展，智能财务管理（IFM）和内部审计（IA）已成为现代单位财务管理的两大重要支柱。它们分别从不同的角度，为单位提供全面的财务分析和风险控制。然而，如何将这两者有效地协同发展，以实现更高效、更精确的财务管理，是当前单位面临的一个重要问题。本节将探讨智能财务管理与内部审计的协同发展路径。

一、数据共享与整合

随着数字化、信息化、智能化的发展，智慧财务管理已经成为现代单位管理的核心部分。智慧财务管理不仅需要财务人员具备专业的财务知识，还需要他们具备数据分析、人工智能、云计算等现代科技能力。同时，内部审计作为单位内部控制的重要组成部分，也需要在智慧财务管理的背景下，寻求新的发展路径。

（一）数据共享是前提

在智慧财务管理与内部审计协同发展中，数据共享是关键前提。财务数据是单位最核心的信息资源，如何利用好这些数据是实现协同发展的关键。在数据共享的推动下，智慧财务管理与内部审计可以实现信息共享、资源整合、优势互补，从而更好地为单位决策提供支持。

首先，数据共享可以促进智慧财务管理与内部审计之间的信息交流。通过共享财务数据，双方可以更好地了解彼此的工作情况，发现存在的问题，并共同探讨解决方案。其次，数据共享可以提高财务管理的效率和效果。通过整合和分析财务数据，智慧财务管理可以为单位提供更准确、更及时的财务信息，从而更好地支持单位的决策和运营。最后，数据共享还可以提高内部审计的独立性和客观性。通过共享财务数据，内部审计可以更好地了解单位的财务状况，提高审计的准确性和有效性。

（二）数据整合是基础

在智慧财务管理与内部审计协同发展中，数据整合是基础工作。只有将各种财务和非财务数据整合在一起，才能更好地发挥智慧财务管理和内部审计的作用。因此，单位需要加强数据整合的力度，提高数据整合的水平和质量。

首先，单位需要建立统一的数据标准体系，确保数据的准确性和一致性。这包括统一数据口径、规范数据命名、定义数据分类等。其次，单位需要加强数据治理工作，确保数据的完整性和安全性。这包括建立数据备份机制、加强数据加密技术、建立数据安全管理制度等。最后，单位还需要加强数据的分析和利用工作，将数据分析结果转化为有用的信息，为单位的决策提供支持。

（三）协同发展是目标

智慧财务管理与内部审计的协同发展是最终目标。为了实现这一目标，单位需要加强两者之间的合作和沟通，共同为单位的发展贡献力量。

首先，单位需要建立有效的沟通机制和协作机制。通过定期召开会议、开展培训等方式，加强智慧财务管理和内部审计之间的沟通交流，共同探讨解决问题的方法和途径。其次，单位还需要建立有效的考核机制和激励机制。通过制定合理的考核指标和奖励制度，鼓励智慧财务管理和内部审计之间的合作和创新，激发员工的工作积极性和创造性。最后，单位还需要加强人才培养工作。通过培训和引进高素质人才，提高智慧财务管理和内部审计人员的专业能力和素质水平，为单位的长远发展奠定坚实的人才基础。

总之，智慧财务管理与内部审计协同发展是现代单位发展的必然趋势。在数据共享与整合的基础上，单位需要加强两者之间的合作和沟通，共同为单位的发展贡献力量。只有这样，才能更好地实现单位的战略目标和发展愿景。

二、引入智能化工具

随着科技的飞速发展，智能化工具已经深入各个领域，包括财务管理和内部审计。智慧财务管理与内部审计的协同发展，需要借助智能化工具的力量，以提升工作效率，增强决策的准确性和及时性。

（一）智能化工具在财务管理中的应用

智能化工具已经从最初的会计核算和报表生成，发展到涵盖了财务预测、决策、分析、监控等多个环节。比如，财务机器人，可以自动化完成一些重复性的工作，如发票验证、数据处理等；人工智能系统则能进行数据分析，提供决策支持。此外，云计算、大数据等新技术也在财务管理中发挥着越来越重要的作用。

（二）智能化工具在内部审计中的应用

内部审计是公司治理的重要环节，也是智慧财务管理体系的重要组成部分。智能化工具在内部审计中的应用，可以大大提高审计效率和质量。例如，审计机器人可以自动化执行审计程序，获取数据并进行分析，大大减少了人工干预，提高了审计的准确性和及时性。

积极引入财务机器人、人工智能系统、云计算、大数据等智能化工具，以提高工作效率和质量。同时，根据公司的实际情况，选择合适的工具，避免盲目追求新技术。

智能化工具的核心在于数据分析。智慧财务管理和内部审计都需要提升数据分析能力，以便更好地利用智能化工具提供的数据支持，做出更准确的决策。

虽然智能化工具可以提高工作效率，但也存在一定的风险。因此，需要强化风险控制，确保智能化工具的使用符合法律法规和公司政策，避免出现数据泄露、误判等问题。

随着科技的进步，智能化工具在财务管理和内部审计中的应用将越来越广泛。智慧财务管理与内部审计的协同发展，需要借助智能化工具的力量，提高工作效率和质量，增强决策的准确性和及时性。同时，要建立协同机制，引入合适的智能化工具，提升数据分析能力，并强化风险控制。只有这样，我们才能更好地利用智能化工具，实现智慧财务管理与内部审计的协同发展。

三、培养复合型人才的视角

随着科技的进步和数字化的发展，智慧财务管理和内部审计在单位的运营和发展中发挥着越来越重要的作用。为了实现两者的协同发展，关键在于培养具备复合型能力的专业人才。

为了实现智慧财务管理与内部审计的协同发展，单位需要培养一批具备复合型能力的专业人才。这些人才不仅需要掌握财务管理的专业知识，还需具备数字化技能和内部审计的基本素质。他们应熟悉最新的财务管理工具和技术，了解单位运营的各个环节，能够从全局角度分析和解决问题。为了实现这一目标，我们需要培养一批具备复合型技能的内部审计人才，并建立完善的培训体系、鼓励跨界学习、引入外部资源以及建立激励机制，以推动智慧财务管理与内部审计的协同发展。

（一）建立完善的培训体系

单位应设立专门的培训部门或委托专业培训机构，根据智慧财务管理和内部审计的需求，制订系统的培训计划和课程。培训内容应涵盖数字化技术、数据分析、风险管理和内部控制等方面的知识，以提高员工的综合素质和专业技能。此外，还应注重培养员工的沟通、协作和领导能力，以适应智慧财务管理和内部审计的团队协作需求。

（二）鼓励跨界学习

智慧财务管理和内部审计需要跨界人才，既懂财务又懂信息技术的人才。单位应鼓励员工通过自学、参加专业培训、参加行业交流等方式，拓展自己的知识面，以及自身技能水平。同时，单位可以设立跨界学习奖励机制，对在跨界学习中表现优秀的员工给予一定的奖励，以激励员工积极参与。

（三）引入外部资源

单位可以聘请外部专家或咨询机构，为智慧财务管理和内部审计提供专业指导和支持。这些外部资源可以为单位提供最新的行业动态、最佳实践和解决方案，帮助单位提高智慧财务管理和内部审计的水平。此外，单位还可以通过与高校、研究机构等合作，共同开展人才培养、研究和咨询工作，促进智慧财务管理和内部审计的发展。

（四）建立激励机制

为了促进智慧财务管理与内部审计的协同发展，单位应建立相应的激励机制。首先，可以将智慧财务管理和内部审计的绩效与薪酬挂钩，激励员工积极参与和提升自己的技能水平。其次，可以设立职业晋升通道，让员工看到自己在单位中的发展前景和机会，从而激发他们的积极性和创造力。最后，可以定期组织内部交流和分享活动，让员工分享自己的经验和成果，促进知识在团队中的传播和应用。

总之，培养复合型人才的路径需要从建立完善的培训体系、鼓励跨界学习、引入外部资源和建立激励机制等多方面入手。只有这样，我们才能更好地推动智慧财务管理与内部审计的协同发展，为单位创造更大的价值。

在未来的发展中，智慧财务管理和内部审计将扮演越来越重要的角色。只有通过不断的学习、交流和实践，我们才能培养出更多具备复合型技能的优秀人才，为单位的数字化转型和可持续发展提供有力支持。

智慧财务管理与内部审计的协同发展对于单位来说具有重要意义。引入智能化工具、培养复合型人才，可以实现智慧财务管理与内部审计的良性互动，提高单位的整体竞争力。同时，随着技术的不断进步和市场环境的变化，智慧财务管理与内部审计的协同发展路径也将不断演进和优化。因此，单位应保持对协同发展的关注和投入，以适应不断变化的市场环境。

第三节　智慧财务管理与内部审计的未来发展趋势

随着科技的飞速发展，财务管理和内部审计行业正在经历一场深度的变革。在这个过程中，智能财务管理和内部审计的发展趋势日益明显，它们正以前所未有的速度改变着这两个领域的运作方式。

一、智能财务管理的发展趋势

（一）自动化与智能化

在科技飞速发展的背景下，财务管理已经越来越依赖自动化和智能化工具。自动化技术能够使烦琐、重复的财务任务得到优化，从而释放出人力去从事更具价值的工作。人工智能，如机器学习和深度学习，已经开始在财务领域发挥作用，能够识别和预测财务趋势，提高决策的精准度。例如，智能财务机器人能够7×24小时不间断地执行任务，极大地提高了工作效率。未来，这种自动化和智能化的趋势将会持续，让人从更多复杂的财务任务中解放出来，让财务人员能够专注于更高层次的战略性工作。

（二）实时分析与决策支持

随着大数据和云计算技术的发展，财务数据获取和分析的实时性得到了显著提升。

实时分析能够使单位实时了解财务状况，及时发现潜在风险，做出快速响应。这不仅提高了决策的效率，还增强了决策的准确性。此外，人工智能和机器学习等先进技术，将进一步强化实时分析的能力，使单位能够从海量数据中提取更有价值的信息，为决策提供有力支持。

（三）财务云服务

财务云服务是云计算技术在财务管理领域的应用，它能够提供安全、高效、灵活的财务服务。通过财务云服务，单位可以轻松地实现财务数据的共享，提高财务管理的效率。同时，财务云服务还能提供一系列的财务应用服务，如报销、预算、报表等，极大地简化了财务管理流程。未来，随着云计算技术的进一步发展，财务云服务将更加普及，成为智慧财务管理的重要组成部分。

智慧财务管理的发展趋势主要体现在自动化与智能化、实时分析与决策支持、财务云服务三方面。这些趋势将极大地改变财务管理的方式，提高效率，增强决策的准确性，为单位的未来发展提供有力支持。单位应积极应对这些变化，拥抱新技术，提升财务管理水平，以适应未来的挑战。

二、内部审计的发展趋势

随着信息技术的快速发展，内部审计行业也在不断变革。智慧内部审计是未来内部审计的发展趋势，它将更加注重数字化审计、风险导向审计，以及内部审计与业务的协同。

（一）数字化审计

数字化审计是智慧内部审计的基础。随着大数据、人工智能、云计算等技术的发展，内部审计已经从传统的纸质审计逐渐转向数字化审计。数字化审计不仅可以提高审计效率，还可以通过数据分析，发现潜在的风险和问题，提高审计质量。未来，数字化审计将成为内部审计的主要形式，将更加注重数据的收集、分析和利用，以实现更加精准、高效的审计。

（二）风险导向审计

风险导向审计是智慧内部审计的核心。内部审计需要从传统的财务审计转向全面的风险导向审计，不仅要关注财务报表的合规性和准确性，还要关注业务流程、内部控制等方面的风险。通过风险评估，内部审计可以更加精准地发现潜在问题，及时提出改进措施，帮助单位规避风险，提高经济效益。未来，风险导向审计将成为内部审计的主要工作内容，它将更加注重风险的识别、评估和应对，以实现更加全面的风险管理。

（三）内部审计与业务协同

内部审计与业务协同是智慧内部审计的重要组成部分。内部审计不仅需要关注单位的财务和风险管理，还需要参与到单位的业务活动中，与业务部门协同工作，共同推动单位的发展。未来，内部审计将更加注重与业务部门的协同，通过信息共享、沟通协作等方式，实现内部审计与业务的无缝衔接，提高单位的整体效益。

首先，内部审计人员需要具备数字化审计的能力。他们需要掌握数据分析、数据挖掘等技术，以便更好地利用数据来发现潜在的风险和问题。同时，他们还需要具备风险管理的能力，能够准确评估和应对各种风险。

其次，内部审计人员需要具备与业务部门协同的能力。他们需要了解单位的业务运作和管理流程，以便更好地参与到单位的业务活动中，并与业务部门共同推动单位的发展。这将需要内部审计人员不断提高自己的沟通和协调能力，以便更好地与业务部门进行协作。

最后，内部审计人员需要具备创新和学习的能力。随着市场的变化和技术的进步，内部审计需要不断更新自己的知识和技能，以适应不断变化的市场环境和竞争形势。这将需要内部审计人员不断学习新知识、掌握新技能，以提高自己的综合素质和竞争力。

总的来说，智能财务管理和内部审计的未来发展趋势是自动化、智能化、数字化和风险导向。随着技术的不断进步和应用，这两个领域将迎来更多的机遇和挑战。单位需要积极应对这些变化，不断适应新的工作方式和流程，以提高工作效率和质量，降低财务风险，为单位的可持续发展提供有力保障。

结束语

在完成《智慧财务管理与内部审计研究》这本书的写作之后，我们感到无比欣慰和满足。回首整个写作过程，深感这是一次充满挑战和收获的旅程。

首先，要感谢所有支持和帮助过我们的人。要感谢家人，他们的理解和支持使我们能够全身心地投入这本书的写作中。也要感谢同事和朋友们，他们的建议和反馈使我们对财务管理和内部审计有了更深入的理解。此外，要感谢出版商，他们的专业指导和帮助使这本书能够更好地呈现给读者。

其次，这本书的核心内容围绕"智慧财务管理和内部审计研究"展开，通过一系列探究，希望能帮助读者更好地理解和应用这两大主题。然而，这仅仅是冰山一角，真正的智慧财务管理和内部审计的内涵远比这要丰富得多。未来，希望有机会更深入地探讨这两个话题，帮助更多的读者在财务管理和内部审计领域取得进步。尽管本书的内容旨在为读者提供实用的指导，但我们必须承认，财务管理和内部审计是一个复杂而多维的领域，对初学者来说可能会感到困惑。因此，我们建议读者在阅读本书时，要结合实际情况进行思考和应用，并寻求专业人士的指导。同时，我们也鼓励读者通过不断学习和实践，积累自己的经验和知识，逐步成为一名优秀的财务管理者和内部审计员。

最后，希望《智慧财务管理与内部审计研究》能够为读者带来实质性的帮助，并在未来的实践中得到验证和优化。也期待听到读者对本书的评价和建议，以便我们能继续改进和提高。通过不断的努力和探索，我们都能在财务管理和内部审计领域取得更大的成功。

参考文献

[1]张颖，郭瑞营.内部审计在数据治理中的职责与治理路径研究[J].现代商贸工业，2024，45（8）：76–79.

[2]安广实.要加强内部审计统计工作[J].中国内部审计，2024（3）：1.

[3]苗培让.研究型审计视角下内部审计发展路径探析[J].国际商务财会，2024（4）：71–74+79.

[4]刘洁.人工智能时代智慧审计发展存在的问题与应对策略[J].中国集体经济，2023（36）：160–162.

[5]何连峰，杨叠叠，王丽君，等.数智技术的应用对智能审计影响研究[J].内蒙古科技与经济，2023（23）：92–95.

[6]孟庆凯.数字化转型下智慧共享财务管理体系建设[J].财会学习，2023（31）：11–13.

[7]崔凯.数字化转型下智慧共享财务管理体系建构研究[J].营销界，2023（20）：113–115.

[8]路露.人工智能技术背景下智慧审计的发展探索[J].上海商业，2023（8）：86–88.

[9]姜逸飞，郑宇晨.大数据背景下智慧内部审计模式初探[J].经济研究导刊，2023（13）：110–112.

[10]罗航.数智时代审计技术方法创新应用及其影响因素[J].西华大学学报（哲学社会科学版），2023，42（4）：29–37.

[11]李乃仓.基于质量提升的内部审计创新思考[J].中国产经，2023（10）：51–53.

[12]朱昊，孙宇.基于人工智能下智慧审计的探究[J].国际商务财会，2023（8）：33–37.

[13]巨敏.人工智能时代下的大数据审计应用及人才培养[J].商业会计，2023（7）：74–77.